메이지기 학제의 변천을 통해 본
근대 일본의
국민국가 형성과 교육

지은이

이권희(李權熙, LEE, Kwon-Hee) _ 일본의 상대문학 및 근대 교육사상 전공. 단국대학교, 한국외국어대학교 대학원 일본어과 석사과정을 졸업하고 일본 도쿄대학 총합문화대학원 비교문학비교문화 전공과정에서 석·박사과정을 수료했다. 문학박사. 현재 단국대학교 동양학연구원의 연구교수(Research Fellow)로 재직중이다.

고대가요를 중심으로 하는 내러티브 분석을 통해 『古事記』의 구조론 연구에 진력해 왔으며, 최근에는 창가(唱歌)를 중심으로 하는 근대 일본의 교육사상에 관한 연구에 주력하고 있다. 저서로는 『일본문화 속 에도·도쿄 표상연구』(공저, 제이엔씨, 2009), 『『古事記』 왕권의 내러티브』(제이엔씨, 2010)가 있고, 「근대일본의 '소리문화'와 창가(唱歌)」, 「근대기 일본의 국민국가 형성과 창가(唱歌)」, 「메이지기(明治期) 국민교육과 전쟁·전쟁」, 「메이지기(明治期) 일본의 교육과 전쟁에 대해서」 등 다수의 논문이 있다.

메이지기 학제의 변천을 통해 본
근대 일본의 국민국가 형성과 교육

초판 인쇄 2013년 11월 15일 **초판 발행** 2013년 11월 25일
지은이 이권희 **펴낸이** 공홍 **펴낸곳** 케포이북스
출판등록 제22-3210호 **주소** 서울시 서초구 서초동 1599-2 엘지에클라트 302호
전화 02-521-7840 **팩스** 02-6442-7840 **전자우편** kephoibooks@korea.com

값 17,000원
ISBN 978-89-94519-38-8 93910

ⓒ 이권희, 2013

잘못된 책은 바꾸어드립니다.
이 책은 저작권법의 보호를 받는 저작물이므로 무단전재와 복제를 금하며, 이 책의 전부 또는 일부를 이용하려면 반드시 사전에 소명출판의 동의를 받아야 합니다.

메이지기 학제의 변천을 통해 본
근대 일본의 국민국가 형성과 교육

Formation of Nation-State and Education in Japanese Modern Times through the Transformation of School System during Meiji Era

이권희

| 서장 |

　근대 일본의 발자취를 개관할 때 메이지유신[明治維新]이 갖는 의미는 참으로 크다. 그 어느 학문 분야를 막론하고 메이지유신의 의의를 특필(特筆)하고, 오늘날 경제 대국, 문화대국으로서의 일본의 출발점을 거기에 두지 않는 연구자는 아마 없을 것이다. 그런 의미에서 메이지유신은 근대 일본의 문명사적 의미를 갖는 중대한 사건이었음에 틀림없다.
　메이지유신을 거칠게 정의해 보면, 19세기 중엽 이후 자국의 경제적 이익을 위해 일본의 개국을 요구하던 서구 열강의 군사적 위협과, 이에 대응하는 도쿠가와 막부(幕府)의 무능함을 비판하는 몇몇 웅번(雄藩)의 도막(倒幕)·토막(討幕)운동으로 야기된 내적 혼란이라는, 대내외의 급박한 환경 변화 속에서 이를 돌파하고자 선택한 정치적 변혁이었다고 할 수 있을 것이다. 대내외적인 환경이 어찌 되었건, 스스로 전근대적 요소를 과감히 개혁하고 근대화의 길로 들어서는 정치개혁을 주변 여러 나라에 비해 비교적 이른 시기에 단행했다는 점에 있어서 그것이 초래한 불행한 역사는 차치하더라도 빠른 기간 내에 서구 열강과 어깨를 나란히 하는 대국이 될 수 있었던 결정적 계기가 바로 메이지유신에 있었음은 틀림없다.
　일본의 근대교육 또한 메이지 신정부 주도의 유신의 일환으로 추진되었다. 전근대적 봉건사회에서 근대 국민국가로의 이행이 교육의 개혁에 따른 보통교육의 보급을 통해 이루어졌다고 할 때, 일본의 근대교육이 갖는 문명사적 의미 또한 결코 작다고 할 수 없다. 일본의 근대교육은 1872년 학제(學制)의 반포에 따라 소규모·개인적으로 이루어지던 종래의 개별교육은 국가가 직접 이를 관리하는 집단적 교육으로 바뀌게 되었다. 서구 열강에 비해 늦게 근대화의 길로 들어선 일본이 이를 극복하기 위해 주력했던 것이 바로 교육의 근대화였으며 이를 국가의 주도하에 진행해 나갔다. 다시 말해, 메이지 신정부가 목표로 했던 부국강병(富國强兵)과 식산흥업(殖産興業)이라는 국가적 어젠다(Agenda)를 달성하기 위해서는 무엇보다도 이를 추진해 나갈 인재의 양성이 시급했으며, 인재의 양성을 위해서는 하루빨리 선진 교육제도를 갖추고, 공리주의(功利主義)적 실학사상을 바탕으로 하는 교육내용의 확립이 절실했는데, 근대 일본의 교육개혁, 그중에서도 특히 초등교육에 관한 의무교육 실현을 위한 노력과 이른 시기에 그것을 달성했다는 것에 20세기에 들어 일본이 선진 일류국가로서 우뚝 설 수 있었던 힘의 원천이었다고 필자는 생각한다.

근대 국민국가는 국민통합이라는 절대적 조건 위에 성립하며, 국민통합은 공통된 이데올로기의 공유를 전제로 한다. 일본의 근대 국민국가 형성기에 있어 국민통합을 위한 이데올로기는 다름 아닌 문명개화를 통한 근대화였으며, 그 선두에서 이를 이끌 강력한 전제군주, 즉 만세일계의 황통보(皇統譜)를 자랑하는 천황 그 자체였다. 이에 메이지 신정부는 문부성(文部省)을 통해 국민교육을 철저히 통제·관리하면서 일본제국(日本帝國)의 신민(臣民)으로서 갖춰야 할 사상적 통일을 꾀하였다. 국어·수신(修身)·역사 과목은 두말할 나위도 없고, 특히 창가(唱歌)

라는 음악교육을 통해 청각과 발성의 이중작용을 도야(陶冶)함은 물론, 합창을 통해 대동단결의 정신을 강화시켜 나갔다. 충군애국(忠君愛國) 사상과 유교적 교양을 담은 가사를 소리 높이 부르게 함으로써 국가와 국민을 강하게 의식하게 했으며, 신민으로서의 바른 사고와 행동규범을 반복해서 학습시켰다. 국가 제창이나 교가, 응원가, 아니면 애창곡을 함께 부르며 공유한다는 것이 공동체 의식과 연대의식을 높이기 위한 가장 유효한 수단이라는 것을 우리는 19세기 유럽에서 일어난 합창운동이나 플라톤의 선법론(旋法論)을 운운할 필요도 없이 유소년시절부터의 일상생활의 경험을 통해 잘 알고 있는데, 메이지의 교육 수뇌들은 바로 노래가 갖는 이러한 효능에 착목했던 것이다.

지금까지 일본의 근대교육에 대한 국내 연구자들의 관심은 그다지 높지 않았다. 소수이기는 하지만 관심이 있었다면 그것은 주로 교육사적 관점에 입각하여, 일본의 교육제도의 한국에의 영향이라는 비교 프레임 속에서 양국 제도의 영향관계를 비교하거나, 식민지 조선의 굴절된 신교육이라는 점에 주로 초점이 맞추어져 왔다.[1] 그러나 필자는 종래의 교육사적 비교 프레임이 아닌 문화사적 관점에서 일본의 근대교육을 해부해 보려 한다. 오늘날 일본이 세계 유수의 선진 대국 대열에서 고도의 문화적 성숙을 자랑하는 초일류 국가로 발돋움할 수 있었던 요인에 대해서는 각각의 연구 분야에서 심도 높은 논의가 가능하겠으

---

[1] 교육사적 관점에 입각하여 제2차세계대전 이후의 한일 양국의 학제 변천 과정에 대한 비교 연구에 윤종혁, 『한국과 일본의 학제 변천 과정 비교 연구』(한국학술정보, 2008), 교육교류사적 관점에서 일본의 개화기 교육개혁과 한국에의 영향 등에 대해서는 한용진, 『근대 이후 일본의 교육』(문, 2010), 특정 분야의 구체적 연구 중 교육령 반포 이후의 수신(修身)과목에 주목한 김순전 외, 『수신하는 제국』(제이엔씨, 2004) 등이 있다.

나, 필자는 그 계기가 다름 아닌 메이지유신(明治維新)에 있었고, 유신을 성공시킬 수 있었던 절대적 원동력이 바로 전국민을 대상으로 하는 보통교육의 실시와 그것을 통한 전체주의적 국가사상의 확립, 게다가 그러한 교육환경에서 배출된, 국가와 민족을 강하게 인식하는 우수한 인재들의 활약이 있었기에 가능했다고 확신하고 있기 때문이다.

본서에서 많은 지면을 할애해 다루고 있는 학제는 교육에 관한 모든 제도를 법률로써 정한 것이다. 구체적으로는 교육의 목표, 내용, 대상, 취학연령, 수학연한, 학교 간의 접속과 분화 관계 및 연계 등, 교육 전반에 관한 포괄적 제도를 말한다. 민주주의 국가에서 법률이나 제도는 시대의 추이와 변화, 그에 따른 개정의 필요성에 대한 국민의 합의를 전제로 하여 만들어지거나 개정되는 것이라는 것은 주지하는 바와 같다. 그러나 메이지 신정부는 겉으로는 자유민주주의를 기반으로 하는 정치체제를 표방하면서도 많은 경우 위정자들의 의지에 따라 제도를 만들거나 개정하기를 반복했다. 따라서 교육목표의 변화에 따른 학제의 개정과 이에 따른 교육 전반에 걸친 변화에 대한 통시적 고찰을 통해 우리는 메이지 신정부 관료들이 설정했던 시대적 가치와, 일본이라는 근대국가의 지향점이 어디를 향하고 있었는지를 조금은 이해할 수 있을 것이다.

어린 학생들은 사물(事物)을 스스로 생각하거나 이해하는 능력이 현저히 떨어진다. 따라서 누구로부터 어떤 교육프로그램에 의해 무엇을 배우느냐에 따라 사물을 바라보고 생각하는 방식과 능력이 크게 달라질 수 있다. 우리의 지난날을 돌이켜 보면 정통성이 결여된 권력집단이 체제의 허물을 감추기 위해 만들어낸 반공(反共)이라는 절대적 통치이데올로기와, 이를 무비판・무사고적으로 주입・세뇌시키기 위해 자행된

반 교육적 행태가 오랜 세월 학교라는 울타리 안에서 선량한 어린아이들의 자율적 사고와 판단력을 마비시켜왔다. 1970년대 교육환경에서 자란 필자는 어린 시절 학교라는 울타리 안에서 강제되었던 다양한 이념 교육, 예를 들면 각종 반공 글짓기, 반공 포스터 그리기, 국기에 대한 맹세[盟誓] 및 국민교육헌장의 암송, 각종 단체 행동 시에 강제되었던 이념 색이 짙은 동요나 군가의 합창, 군무(群舞) 유희, 호국의 달에 있었던 단체 영화 관람, 교련(敎鍊)을 위시로 한 각종 군사교육 등을 통해 스스로 생각하고 판단할 능력도 없는 상태에서 왜곡된 사상(事象)의 세뇌를 받았다.

특히 한국전쟁 당시의 북한군의 극악무도함과 이따금 들려오던 무장공비와 간첩들의 잔악상에 대한 교육 현장에서의 반복된 학습을 통해 우리는 38선 이북에는 금수만도 못한 인간말종의 괴뢰정권이 호시탐탐 적화통일의 기회를 노리고 있다는 것에 추호의 의심도 품지 않았으며, 시시때때로 광장이나 운동장에 모여 괴뢰집단의 수괴에 대한 적개심을 불태웠다. 또한, 한국전쟁 당시 목숨을 아끼지 않고 활약했던 전쟁영웅들의 구국미담(救國美談)은 학교 교육을 위시로 다양한 미디어 채널을 통해 확대·재생산을 반복하며 우리의 머릿속에 각인되었고, 조국과 민족을 위한 충성과 헌신이야말로 시대의 최고의 가치임을 강요받았다.

심지어 유신헌법(維新憲法) 체제하에서는 군사 독재정권에 반대하거나 불만을 토로하던 이들이 모두 종북세력, 즉 '빨갱이'라 매도당해 목숨을 잃거나 모진 고초를 겪어야만 했는데, 더욱 가관인 것은 21세기도 10여 년이 지난 현재도 유학·무학을 막론하고, 지난 시절 학교 교육을 위시로 한 각종 매체를 통해 자행되었던 세뇌의 메커니즘을 자각하지 못한 일부 노인들이 자칭 우익단체가 주최하는 각종 행사에 동원되어 원색적인 문구가 적힌 피켓을 들고 반대 세력을 향해 막무가내로 '빨갱이'를 입에 담는 광경을 볼 때마다 세뇌, 특히 교육에 의한 세뇌가 얼마나 무서운지를 새삼 느끼게 된다. 그런데 불과 반세기 전의 우리네 학교를 중심으로 벌어졌던 이와 같은 행태가 대략 100여 년 전에 일본의 교육현장에서 자행되었던 방법을 그대로 흉내 낸 것이었다는 사실을 알고 있는 사람이 과연 몇이나 될까.

필자는 본서를 통해 메이지기 일본 국민교육의 실태에 대해서 주로 교육이념의 설정과 변화를 중심으로 이를 개관하며, 시의(時宜)에 따른 제도와 이념의 변화가 창가 교육이라는 특수한 영역에 어떠한 방식으로 영향을 미쳤는가, 아니면 교육이념의 변화는 창가 교육의 내실을 어떻게 변화시켰는가 하는 메이지기[明治期] 국민교육의 실태를 창가 교육의 실례를 통해 통시적으로 고찰해 보고자 했다. 이는 제국주의, 군국주의로 치닫는 20세기 초 이른바 '아시아·태평양전쟁' 시기의 제국 일본의 사상적 정체성 확립에 학교 교육이 어떻게 관여하고 진행되었는가를 살펴보기 위한 선행 작업이 될 수도 있고, 근대 국민국가 일본의 규범 형성과 교육이라는 문제를 규명할 수 있는 작은 실마리가 될 수도 있을 것이다.

끝으로 본서는 필자가 2009년~2010년 한국연구재단의 지원을 받아 수행한 연구과제의 결과물로 발표한 여섯 편의 논문을 바탕으로 이를 대폭 수정·보완하여, 연구서라기보다는 일반인들을 대상으로 하는 개론서 형태로 재구성하였음을 밝혀둔다. 원컨대 본서를 통해 근대 일본의 학교 교육, 특히 창가 교육이라는 아직은 우리에게 생소한 연구 분야에 연구자분들께서 많은 관심을 갖게 되는 계기가 되었으면 좋겠다.

이 책이 나오기 많은 분들의 도움이 있었다. 사랑하는 가족과 늘 곁에서 지켜봐 주시고 격려해 주시는 많은 선·후배 학형과 사랑하는 벗들에게도 감사의 마음을 전하고 싶다. 끝으로 본서의 출판을 위해 애써 주신 케포이북스의 공홍 대표님 이하 출판 관계자 여러분께도 감사의 마음을 전한다.

2013년 10월 3일
저자 이권희

차례 근대 일본의 국민국가 형성과 교육

서장 3

제1장 메이지[明治] 전기 국민국가 형성과 교육 ············· 13
―학제(學制)의 제정과 지육(智育)

메이지유신[明治維新] 13 / 메이지유신 약사 17 / 메이지유신의 교육사적 의의 22 / 유신 초기 관학(官學)의 흐름 27 / 서구의 교육사정 소개 30 / 이와쿠라사절단〔岩倉使節団〕 33 / 보통교육(普通敎育)의 도입 39 / 동양의 도덕과 서양의 예술 45 / 1872년 학제(學制) 제정 48 / 학제 서문―피앙출서(被仰出書) 53 / 학제의 공리주의(功利主義) 교육관 57

제2장 메이지[明治] 중·후기 국민국가 형성과 교육 ········ 61
―지육(智育)에서 덕육(德育)으로

1879년 교육령(敎育令) 61 / 1879년 교학성지(敎學聖旨) 63 / 자유민권운동(自由民權運動) 69 / 1880년 교육령(敎育令) 개정 73 / 1886년 모리 아리노리[森有禮]의 종별 학교령(種別學校令) 75 / 1890년의 교육칙어(敎育勅語) 78 / 종별(種別) 전문화·특성화 교육 81 / 전문학교령(專門學校令) 83

제3장 국민국가 형성과 창가(唱歌) Ⅰ ···························· 85
―메이지 전기 창가 교육을 중심으로

일본의 음악 85 / 일본 전통음악의 특징 88 / 창가(唱歌)의 도입 90 / 일본 근대음악의 창시자 이자와 슈지〔伊澤修二〕 97 / 창가유희〔唱歌遊戱〕 102 / 음악조사계〔音樂取調掛〕 설치 107 / 음악조사계〔音樂取調掛〕의 활동 111 / 음악교육 전문가 메이슨의 초빙 116 / 일본 최초의 창가집『소학창가집(小學唱歌集)』 120 / 창가를 통한 도덕교육 127 /『소학창가집』의 노래 분석 130 /『소학창가집』의 완성까지 134 /『유치원창가집(幼稚園唱歌集)』 141 / 이자와 슈지〔澤修二〕는 변절자인가 144

제4장 국민국가 형성과 창가(唱歌) II ·················· 149
　　　　－메이지 후기 창가 교육을 중심으로

　　문부성창가(文部省唱歌)　149 / 『심상소학독본창가(尋常小學讀本唱歌)』　150 / 준
　　(準)국정창가집(國定唱歌集) 153 / 『심상소학창가(尋常小學唱歌)』 157 / 『심상소
　　학창가』의 노래 분류　158 / 『심상소학창가』의 노래 분석　160 / 전쟁영웅(戰爭英
　　雄)과 창가　165 / 교육을 통한 천황제이데올로기 창출　169

종장　음악교육을 통한 국민국가 만들기 ················ 175

부록　에도(江戶) 시대의 교육 ···························· 183

　　참고문헌(參考文獻)　209
　　초출일람(初出一覽)　213
　　찾아보기　214

제1장
메이지[明治] 전기 국민국가 형성과 교육
― 학제(學制)의 제정과 지육(智育)

메이지유신[明治維新]

　근대 일본의 발자취를 개관할 때 메이지유신의 의의를 한마디로 정의하기란 무척 어렵다. 정치・경제・사회・문화 그 어떤 연구 분야를 막론하고 전시대와 단절되는 메이지유신의 의의를 특필(特筆)하고, 나아가 21세기의 경제・문화 대국으로서의 일본의 출발점을 거기에 두지 않는 연구자는 아마도 없을 것이다. 유신(維新)이라는 말은 "(이것은) 새롭다"라는 뜻으로, '변혁(變革)' 혹은 '개혁(改革)'과 서로 통하는 의미이다.[1] 메이지유신은 그야말로 '메이지시대의 변혁', '메이지시대의 개혁'이라는 의미로, 옛 것을 고쳐 새롭게 시작한다는, 메이지 신정부에 의한 천황친정체제로의 정치형태의 전환과 그 후 이루어진 일련의 개혁 전체를 말한다.

------

[1] '유신(維新)'이라는 용어에 관한 담론에 관해서는 三谷博, 『明治維新を考える』(岩波書店, 2012)의 1~3쪽에서 자세히 소개하고 있다.

유신은 일반적으로 1853년 6월 3일 미국의 동인도함대 사령장관(司令長官) 페리의 내항(來航) 이후 도쿠가와 막부가 무너지는 과정과, 유신 이후의 근대국가 건설과정이라는 두 프로세스로 나누어 생각할 수 있다. 따라서 그 시기(始期)와 종기(終期)를 어디에 두느냐는 유신의 성격을 어떻게 보느냐에 따라 크게 달라진다.[2] 필자는 막부 말기의 대외 상황, 즉 자국의 경제적 이익을 위해 일본에 개국을 요구했던 서구 열강의 군사적 위협과, 이에 대응하는 도쿠가와 막부(德川幕府)의 무능함을 비판하는 사쓰마(薩摩)·조슈(長州)를 중심으로 하는 몇몇 웅번(雄藩)이 주도한 도막·토막양이운동(倒幕·討幕攘夷運動)이 결실을 맺고, 마침내 막부의 마지막 장군 도쿠가와 요시노부(德川慶喜, 1837~1913)의 대정봉환(大政奉還)에 의한 천황친정체제(天皇親政體制)로의 전환이라는 정치적 변혁이 이루어

---

2 시기(始期)에 대해서는 ① 덴포기(天保期, 1830~43), 특히 1837년의 오시오 헤이하치로(大塩平八郎)의 난, 혹은 막부의 권위와 위신이 땅에 떨어지게 되는 계기가 된 '덴포의 개혁(天保의 改革)'의 실패에 두는 설. 메이지유신의 계기가 된 국내적 조건, 즉 계급투쟁의 격화와 막부의 연이는 실정(失政)에 따른 반막부 정치세력의 출현을 중시하는 입장이다. ② 1853년의 페리 내항(來航) 이후 1858년 미국과의 통상조약을 그 시기로 보는 것으로, 메이지유신이 일어난 결정적 계기를 당시의 외적요인에서 찾고 세계사적 흐름에 비추어 메이지유신의 필연성을 강조하는 견해이다.
종기(終期)에 대해서는 ① 1877년의 서남전쟁(西南戰爭)으로 보는 설. 즉, 사족(士族)의 유신정부에 대한 반대와 저항운동이 이것으로 종식되고, 이후 통일국가 건설과 자본주의화의 방식을 둘러싸고 메이지정부와 자유민권운동(自由民權運動) 세력과의 대립이 현저화해짐을 모멘텀으로 보는 설. ② 자유민권운동의 절정기에 일어난 1884년의 지치부(秩父) 사건에 두는 설. 자본가·기생지주(寄生地主) 대 소작인·노동자의 대립이라는, 자본주의를 바탕을 하는 근대 국민국가 사회의 기본적 계급투쟁 관계가 대두되는 출발점으로 지치부사건을 보고 있다. ③ 1889년의 대일본제국헌법(大日本帝國主義憲法)의 반포에 두는 설. 헌법의 반포를 통해 천황제국가라는 유신 이후 일본이 지향했던 절대군주체하의 근대 국민국가의 체제·기구의 정비가 어느 정도 확립되었다고 보는 것이다. 경제사적으로도 이 시기를 전후로 하여 근대 일본의 산업자본주의 성립 토대가 거의 완성되었다고 보고 있다(遠山茂樹, 『明治維新』, 岩波現代文庫, 2000 참조).

지는 1868년 전후의 시기를 그 시기(始期)로 보고, 천황이라는 절대군주를 중심으로 강력한 중앙집권정부 하에서 근대 국민국가 형성을 목표로 벌어진 일련의 개혁이 어느 정도 마무리되는 1890년을 전후로 하는 시기를 그 종기(終期)라 보고 싶다.[3]

유신은 비단 중앙관제(中央官制)·법제(法制)·신분제(身分制)·지방행정(地方行政)·징병제·외교 등의 정치·군사 분야뿐만 아니라, 금융·

〈그림 1〉 명치천황

유통·조세 등을 포함하는 경제 분야, 종교·사상·교육 등을 포함하는 문화 분야 등의 전 분야에 걸쳐 전 시대와 단절되는 새로운 가치 체계를 형성하게 되는데, 메이지유신의 성공으로 말미암아 일본은 19세기 말 아시아에서 벌어진 서구 열강의 식민지정책의 경쟁 속에서 독립을 유지할 수 있었으며, 나아가 아시아에서는 유일한 서양식 근대 국민국가로서 우뚝 설 수 있었다.

주지하는 바와 같이 18세기 중엽 산업혁명을 성공적으로 마친 서구 열강은 값싼 원자재 조달과 대량으로 만들어내는 상품의 판로를 위한 시장을 확보하기 위해 앞 다투어 식민지 개척에 주력한다. 먼저 동남아

---

[3] 1889년의 대일본제국헌법(大日本帝國憲法)의 공포와 1890년의 대일본제국의회(大日本帝國議會) 개설, 1890년의 교육에 관한 칙어(勅語), 이른바 '교육칙어(敎育勅語)' 반포 등을 통해 외형적으로는 어느 정도 근대 국민국가의 체제를 갖추었다고 볼 수 있을 것이다.

〈그림 2〉 메이지 천황의 도쿄 입성

시아 등지에서 식민지 분할을 마친 영국·프랑스·독일, 그리고 이들 열강에 조금 늦게 러시아·미국 등이 일본·만주·조선 등에 관심을 갖기 시작했다. 이러한 급박한 대외 상황의 변화를 적확하게 파악하고 국가의 존립이라는 절대 절명의 위기에 대처하기 위해 여러 우여곡절 끝에 일본이 선택한 것이 바로 메이지유신이라는 개혁정책이었다.

일본의 근·현대사를 개관해 볼 때, 서구 열강의 군사적 위협이라는 대외적 환경이 어찌 되었건 간에 일본 스스로 전근대적 요소를 과감히 개혁하고 근대화의 길로 들어서는 개혁을 단행했으며 결과적으로 그것을 성공시켰다는 점에서, 그것이 초래한 동북아시아 지역을 중심으로 하는 근대 시기의 불행한 역사는 차치하더라도 오늘날 세계 일등국가로서 일본이 존재할 수 있는 계기와 출발점이 다름 아닌 메이지유신에 있었음을 부정할 수 없을 것이다. 그런 의미에서 메이지유신은 일본뿐만이 아니라 한국과 중국을 포함하는 동아시아의 기존 질서를 새롭게 재현하고, 나아가 문명사의 기술의 흐름을 뒤바꿔버린 중대한 사건이었음에 틀림없다.

메이지유신 약사

1867년 10월 14일 도쿠가와 막부의 마지막 장군 도쿠가와 요시노부의 대정봉환에 따라 그 해 12월 9일 왕정복고(王政復古)의 대호령(大號令)이 발령되고, 이듬해인 1868년 3월 14일 메이지천황의 5개조 서문(誓文) 공포와 함께 메이지 신정부가 출범한다.

- 一. 널리 회의를 열어 모든 일을 공론의 장에서 결정할 것
- 一. 상하 마음을 하나로 하여 경륜(국가질서)을 활발히 할 것
- 一. 문관과 무관을 비롯해 일반 서민에 이르기까지 모두 뜻을 이루고 도중에 포기하거나 게을리 하는 일이 없도록 도모할 것
- 一. 과거의 잘못된 폐해와 풍습을 타파하고 모든 일을 천지 도리에 따를 것
- 一. 지식을 전 세계에서 구하고 '황기(皇基)'를 진기할 것

서문은 근대 국민국가 건설이라는 대명제(大命題)하에 신정부의 국가 통치에 관한 기본방침을 천명하는 내용으로 구성되어 있다.[4]

1868년 9월에는 연호를 '메이지[明治]'라 고치고, '일세일원제(一世一元制)'를 채택한다. 1871년에는 폐번치현(廢藩置縣)이 단행되어 306개의 현

을 두고, 정부에서 지사(知事)를 임명하고 직접 세금을 징수함으로써 중앙집권체제가 성립했다. 1871년의 신분해방령에 의해 사농공상(士農工商)의 신분이 재편되었고, 전 시대의 지배계급이었던 무사(武士)들은 대부분 실업자가 되었다. 이에 신정부는 학제(學制)·병제(兵制)·세제(稅制) 개혁에 박차를 가하며 국민개학(國民皆學)과 국민개병(國民皆兵)이라는 슬로건을 내걸고 공평·평등의 이념과 능력주의(能力主義)를 정부가 채용함으로써 몰락한 300만 무사 계층을 위무했다. 적어도 표면상으로는 능력만 있으면 고위(高位)에 오르고 고관(高官)이 될 수 있다는 새로운 분위기 속에서 몰락한 무사계급이 신정부의 저항세력이 되지 않았다는 것은 교육의 근대화 성공과 더불어 메이지유신을 성공시킬 수 있었던 커다란 요인 중에 하나였다.

1868년의 메이지유신이 있기까지, 혹은 유신 후 1910년 한일합방을 전후로 하는 이른바 메이지 시대의 일련의 발자취를 특기할만한 역사적 사건을 중심으로 극히 개략적으로 정리해 보면 다음과 같다.

    1792   러시아가 네무로[根室]와 나가사키[長崎] 등에서 무역 요구
    1825   외국선 추방령[外國船打拂令]
    1840   아편전쟁

---

4   문안은 최종적으로 기도 다카요시[木戶孝允]가 작성했다고 전해진다. 5개조 서문(誓文)은 일본 문부과학성 홈페이지(http://www.mext.go.jp)의 '學制百年史 資料編'에서 인용. 五ヶ條ノ御誓文(明治元年三月十四日) 一 廣ク會議ヲ興シ萬機公論ニ決スヘシ 一 上下心ヲ一ニシテ盛ニ經綸ヲ行フヘシ 一 官武一途庶民ニ至ル迄各其志ヲ遂ケ人心ヲシテ倦マサラシメン事ヲ要ス 一 舊來ノ陋習ヲ破リ天地ノ公道ニ基クヘシ 一 智識ヲ世界ニ求メ大ニ皇基ヲ振起スヘシ我國未曾有ノ変革ヲ爲ントシ朕躬ヲ以テ衆ニ先ンシ天地神明ニ誓ヒ大ニ斯國是ヲ定メ萬民保全ノ道ヲ立ントス衆亦此旨趣ニ基キ協心努力セヨ。

1844   네덜란드 친서(개국권고)

1853   미국 동아시아함대 페리제독 내일(포경선의 기항과 중국진출을 위한 거점 확보를 위한 개항 요구)

       러시아 나가사키 내항. 개국 요구 – 거절

1854   페리 재입항. 시모다[下田], 하코다테[函館] 개항. 시모다에 영사관 설치

1856   미국 통상조약체결 요구(헤리스)

1858   이이 나오스케[井伊直弼] 일미수호통상조약 체결

       가나가와[神奈川], 니가타[新潟], 나가사키[長崎], 효고[兵庫]의 4개항 개항 → 안세이[安政] 5개국조약, 치외법권, 관세자주권 부정(불평등조약)

*   안세이다이고쿠[安政大獄] – 요시다 쇼인[吉田松陰], 하시모토 사나이[橋本左內] 등 막부를 비판하는 세력에 대한 탄압

1859   무역개시(요코하마, 나가사키, 하코다테)

1860   미일조약비준을 위해 도미(서구문명에 대한 충격)

       이이 나오스케 암살[櫻田門外の変] – 막부타격. 에도에서 교토로

*   공무합체운동(公武合體運動) – 안도 노부마사[安藤信正], 구제 히로치카[久世廣周] 조정과 막부의 화합. 존왕양이파의 반대 → 안도 습격 → 실패[坂下門外の変]

*   사쓰마번의 번주의 아버지 시마즈 히사미[島津久光]가 병력을 이끌고 상경(막정개혁 요구)

1862   시마즈 히사미쓰, 에도로 가 막부에 정치개혁 요구. 나마무기[生麥]사건
       양이운동 전개. 시모노세키 해협 봉쇄 – 미·프의 반격

1863   영국 사쓰마[薩摩]의 가고시마[鹿兒島] 포격 – 사쓰에이전쟁[薩英戰爭]
       급진 양이론(조슈) – 사쓰마가 이를 제지(공무합체파)
       산조 사네토모[三條實朝] 및 급진양이파(조슈세력)를 조정에서 축출

　　　　막부-교토 슈고쇼쿠[守護職] 하에 로닝[浪士]으로 구성된 신센구미[新選組]는 존왕 양이파, 토막파 탄압에 앞장

1864　조슈번의 외국함대 포격의 보복으로 영·프·미·네덜란드의 4개국 함대 시모노세키 포격, 공무합체파 해체(웅번과 막부의 대립), 이케다야[池田屋] 사건, 긴몬의 변[禁門の変], 제1차 조슈 정벌 → 양이파 후퇴

1866　도사[土佐]의 사카모토 료마[坂本龍馬], 조슈의 기도 다카요시[木戶孝允], 사쓰마의 사이고 다카모리[西鄕隆盛] → 교토에서 군사동맹 → 막부타도, 제2차 조슈정벌(실패), 도쿠가와 이에모치[德川家茂] 사망, 고메이[孝明]천황 사망 → 전국 각지에서 폭동과 반란

　*　사쓰마번의 공무합체파(公武合體派)가 조정의 보수파와 결탁, 양이 계획을 중지시키고 실각했던 산조 사네토모 등 양이파의 구게[公家] 7인이 조슈로 망명하자 급진적 반 막부파는 거병하여 막부군과 곳곳에서 충돌. 이에 막부는 조슈 정벌에 나서게 되고 양이파는 잠시 주춤. 조슈는 사쓰마와 연합하여 반격.

1866　도쿠가와 요시노부[德川慶喜] 장군 취임(15대)

1867　메이지[明治] 천황 즉위
　　　요시노부 대정봉환의 상주문 제출
　　　사이고 다카모리, 오쿠보 도시미치[大久保利通], 이와쿠라 도모미[岩倉具視] → 왕정복고를 선언하는 대호령(大號令) 반포(섭정·관백·정이대장군 등의 폐지) → 천황을 중심으로 하는 신정부 수립

1868　막부군, 아이즈번[會津藩], 구와나번[桑名藩] 등의 군대를 교토로 보내 사쓰마·조슈번의 신정부군과 도바[鳥羽]·후시미[伏見]에서 교전[戊辰戰爭] → 막부 패주 → 사이고를 지휘관으로 에도 진격 → 구 막부군 제압(저항하던 아이즈번을 위시로 하는 동북의 구 막부 동조군 제압), 5개

조서문 발표.

1869 홋카이도[北海道]로 도망간 해군 부총재 에노모토 다케아키[榎本武揚]를 추적. 동 5월에 항복을 받아냄 → 보신전쟁 종언 → 국내 통일

1869 도쿄[東京] 천도(遷都)
판적봉환(版籍奉還), 신분제도의 철폐(화족·사족·평민)

1870 징병규칙 제정

1871 폐번치현(廢藩置縣) - 261번을 폐지. 전국에 1사(使) 3부(府) 306현(縣)
전국의 성과 병기·탄약 접수. 신분해방령. 승려의 결혼·육식 허용
이와쿠라사절단[岩倉使節團] 출발

* 이와쿠라 도모미[岩倉具視]를 특명정권대사로 하는 조약개정을 위한 유럽·미국 순방 → 서양의 선진문명에 충격. 다수의 서양인들을 초빙 교육·제도·산업 등의 근대화 추진, 청(淸)과의 국교수립

1872 1사 3부 72현. 학제(學制) 반포. 단발령, 폐도령, 인신매매의 금지. 철도 개통

1873 징병령(徵兵令) 반포.

1875 '참방률(讒謗律)', '신문지조례(新聞紙條例)', '출판조례개정(出版條例改正)'

* 강화도사건

1876 조일수호조약(朝日修好條約)

1877 서남전쟁(西南戰爭) - 사이고 다카모리[西鄕隆盛]의 정한론(征韓論) → 묵살 → 귀향 후 사숙(私塾) → 거병)

1878 참모본부 설립

1880 집회조례(集會條例)

1882 집회조례개정추가(集會條例改正追加), 군인칙유(軍人勅諭)

*	임오군란(壬午軍亂)
1884	갑신정변(甲申政變)
*	천진(天津)조약 – 자동군사개입
1887	안보조례(安保條例)
1888	신문지조령(新聞紙條令)
1889	집회 및 정사법(政社法), 징병령 개정, 대일본제국헌법(大日本帝國憲法) 공포
1890	제국의회(帝國議會) 개설, 교육칙어(敎育勅語) 공포
1894	청일전쟁(淸日戰爭) – 조선의 지배를 둘러싼 이권(동학 농민의 반란)
*	시모노세키조약(下關條約)과 삼국간섭(요동과 대만을 일본에 양도)
1897	대한제국 탄생
1900	의화단의 폭동(북청사변)
1904	러일전쟁[露日戰爭]
	제2차 한일협약(외교권박탈, 통감부 설치)
1907	헤이그밀사사건
1910	한일합방

메이지유신의 교육사적 의의

　일본의 근대교육은 메이지 신정부의 교육에 대한 개혁의 일환으로 추진되었다. 서구 열강에 비해 늦게 근대화의 길로 들어선 메이지 신정부가 이를 극복하기 위해 착목하고 주력했던 것이 바로 교육의 근대화였다. 봉건사회에서 근대사회로의 이행이 교육의 보급을 통해서 이루어졌음은 말할 나위도 없겠지만, 신정부의 교육개혁, 그중에서도 특히 의무교육 실현을 위한 부단한 노력과, 이른 시기에 이를 달성했다는 것이 바로 20세기에 들어 일본이 근대화의 모델로 삼았던 서양 제국(諸國)을 뛰어넘어 선진 일류국가로서 우뚝 설 수 있었던 힘의 원천이었음을 필자는 강조하고 싶다.

근대 국민국가로의 이행을 위해 메이지 신정부가 설정한 국가적 어젠다는 부국강병(富國强兵)과 식산흥업(殖産興業)이었고, 이를 성공시키기 위해서는 무엇보다도 이를 수행할 인재가 필요했다. 몇 번에 걸친 막부의 견외사절(遣外使節) 파견과 1971년의 이와쿠라사절단(岩倉使節團)의 파견을 통해 선진 제국의 교육 현장을 직접 체험한 교육 수뇌들은 교육의 근대화를 위해서는 외국의 유명 학자 및 교육자들을 초빙하여 직접 선진 학문과 기술을 전수받는 것도 중요하지만, 이와 병행하여 사범학교(師範學校) 신설 등, 하루 빨리 선진 교육제도를 이식하여 자체적으로 인재를 양성해야 한다는 것에 합의하였다. 이에 신정부의 초기 교육 관료들은 당시의 선진 문명국이었던 미국과 독일, 프랑스 등의 선진 교육제도를 참고 혹은 모방하여 학제(學制)를 만들었고, 시류(時流)에 따라 세부규칙을 개정한 교육령의 발령을 통해 일본의 근대교육제도는 단기간 내에 급속한 발전을 이루게 된다.

1872년 학제 반포 당시 교육은 국가를 위해서가 아니라 개인의 입신(立身)과 치산(治産)의 중요성을 강조하며, 의무교육사상이라고도 할 수 있는 이른바 국민개학(國民皆學)을 슬로건으로 내세웠다. 서구 선진 제국의 교육제도를 참고로 시작한 일본의 근대교육이 서구의 그것과 절대적으로 다른 점이 바로 여기에 있었다. 전국민을 대상으로 재능과 능력을 충분히 발휘할 수 있는 공평하고도 평등한 교육 제도를 마련하고, 이것을 실현하기 위해 학제·교육령(敎育令)·학교령(學校令)으로 이어지는 일련의 교육개혁이 부단히 이루어졌다는 것이 그야말로 근대 일본의 국민국가 건설의 초석이었으며 힘의 원천이었다.

그러나 문명개화라는 미명하에 무차별적으로 수용한 서양의 문물과 사상(思想)의 범람은 필연적으로 전통적 일본문화와의 충돌을 초래했다. 메이지기 초기에 발생한 이질적 문화 간의 충돌, 즉 국학(國學)과 한학(漢學)을 중심으로 하는 전통 문화와, 양학(洋學)이란 말로 대표되는 서구 문화 간의 충돌은 교육 분야에 있어서도 그대로 나타나는데, 근대 합리주의 사상에 기초한 실학적 서양 학문은 신도(神道)와 유교주의를 바탕으로 하는 일본의 전통적 가치체계와는 서로 어울리지 않는 것이었기 때문이다.

이렇듯 메이지시대 초기의 국민교육은 상극(相剋)하는 두 문화의 충돌로 인한 가치의 혼란 속에서 복잡하게 전개되어 간다.

메이지유신 이후 1904년의 러일전쟁 발발까지의, 이른바 메이지기(明治期) 일본의 교육사를 교육제도의 변천을 중심으로 개략적으로 정리해 보면 다음과 같다.

1856 반쇼시라베쇼(蕃書調所, 훗날 가이세이죠(開成所))—서양과학의 조직적 교수

1868 교토에 학사제(學舍制) 파 계통의 황학소와 학습원(學習院)파 계통의 한학소(漢學所) 설치

국학자 히라타 가네타네[平田鐵胤]·다마마쓰 미사오[玉松操]·야노 하

루미치[矢野玄道] 3인을 각코가카리[學校掛]에 임명 → 학교 제도의 조사

메이지천황 '5개조 서문' 반포(메이지 신정부의 교육방침 제시)

1869 황학소와 한학소 모두를 폐지. 황학과 한학을 병합하는 형태의 대학교(大學校)를 도쿄에 설치

* '부현시정순서(府縣施政順序)' 포고(소학교 설립 장려)

기도 다카요시[木戶孝允]의 「보통학교 진흥에 대한 건언서안[普通學校の振興につき 建言書案]」, 이토 히로부미[伊藤博文]의 「국시강목(國是綱目)」, 「부현시정순서(府縣施政順序)」

1870 '대학교' 폐지 → '대학'

양학을 주요 내용으로 하는 '대학규칙(大學規則)'과 '중학규칙(中學規則) 발령

'대교선포의 칙[大敎宣布の勅]'으로 시작하는 신도국교화정책(神道國敎化政策)

도쿄에 외국어학습을 중심으로 한 '고등수준 학교들의 부속소학교'라고 부를만한 소학교 6개교 설립

1871 문부성(文部省) 설치. 에토 신페이[江藤新平] 문부대보(文部大輔)에 취임

1872 「학제에 관한 피앙출서[學制につき被仰出書]」(학제 서문)

학제 공포. '소학교칙(小學敎則)' 공포. 도쿄에 사범학교 설치

교부성(敎部省)하에 교도직(敎導職) 설치 → 삼조의 교헌을 바탕으로 인민교화정책 이 교부성을 중심으로 전개

* 삼조(三條)의 교헌(敎憲) - ① 경신애국(敬神愛國)의 취지를 몸소 실천할 것 ② 천리 인도(天理人道)를 분명히 할 것 ③ 황상(皇上)을 봉대(奉戴)하고 조지(朝旨)를 준수할 것

1873 공립 소학교 8천 교, 사립 4천 5백 교. * 취학률 31퍼센트

1878 학제의 '소학규칙(小學規則)' 폐지, 「교육령포고안(敎育令布告案)」

1879 「교학성지(敎學聖旨)」 교육령 제정(자유교육령). 이토 히로부미의 「교육의(敎育議)」 → 모토다 나가자네[元田永孚]의 「교육의부의(敎育議附議)」

1880 교육령 개정 (개정교육령)

1881 문부성달(文部省達) 14호 '소학교교칙강령(小學校敎則綱領)'. 「소학교교원심득(小學校敎員心得)」. 이노우에 고와시[井上毅]의 「인심교도의견안(人心敎導意見案)」

1882 「학제규칙에 대한 칙유(學制規則につき勅諭)」. 천황의 「유학강요(幼學綱要)」

1885 교육령 재개정(재개정교육령). 모리 아리노리[森有礼] 초대 문부대신에 취임. 「학정요령(學政要領)」

1886 종별 개별 학교령(제국대학령・사범학교령・소학교령・중학교령). 교과서 검정제(檢定制)

1887 도쿄대학(東京大學) 설립 (일본 최초의 대학)

1889 모리 아리노리 암살

  * 학교 거의 정비

1890 지방장관회의(地方長官會議) 「덕육함양의 의의에 대한 건의(德育涵養ノ義ニ付建言)」 → 「교육칙어(敎育勅語)」 발포. 제2차 소학교령 공포. 대학교령(大學校令)

1891 문부성달(文部省達) 19호 '소학교교칙대강(小學校敎則大綱)' '소학교축일대제일의식규정(小學校祝日大祭日儀式規定)'

1892 '실업보습학교규정(實業補習學校規程)' (문부성령, 14조로 구성), '축일대제일의식창가(祝日大帝日儀式唱歌)' 제정

1893 이노우에 고와시 문부대신 취임

1893 제국대학령 개정

1894 실업교육국고보조법(實業敎育國庫補助法), 공업교원양성규정(工業敎員養成規程), 심상중학교실과규정(尋常中學校實科規程)

'고등학교령(高等學校令)'에 의해 제1~제5 고등중학교가 고등학교라 개칭

'간이농업학교규정(簡易農業學校規程)', '도제학교규정(徒弟學校規定)'

1897 교토제국대학(京都帝國大學) 설립. 제국대학은 도쿄제국대학으로 개칭

1898 소학교 취학률 80퍼센트

1899 '실업학교령(實業學校令)'(실업보습학교와 도제학교 통합한 19조), '고등여학교령(高等女學校令)'을 칙령(勅令)으로 공포

1900 소학교 의무교육, 자동진급제, '소학교령시행규칙(小學校令施行規則)'

1903 '전문학교령(專門學校令)', '실업학교령(實業學校令)' 개정

교과서 국정제(國定制)

유신 초기 관학(官學)의 흐름

메이지 신정부의 개혁정책은 문명개화를 통한 부국강병이라는 국가적·시대적 요청에 기초하여, 적극적인 서구 선진문화의 섭취·수용을 통한 일본의 근대화라는 방향으로 추진되었다. 일본의 근대화 개혁은 밑으로부터의 요구가 아닌, 세계사적 흐름에 뒤쳐져 자칫하면 국가의 존립이 위태로울 수 있다는 판단하에 이루어진 위로부터의 강제적

인 개혁이었다는 점에서 민중이 중심이 되어 진행된 서양의 근대화 과정과 차별된다.

메이지유신의 정치사적 의의로는 전 시대의 봉건적 막번(幕藩)체재를 무너뜨리고 전제군주를 중심으로 하는 절대주의 국가체재로의 전환을 들 수 있는데, 메이지 신정부는 이 또한 위로부터의 강제 혹은 물리적 강압 방식으로 추진해 나갔다. 즉, 신정부의 절대주의체재는 정치적 지도집단이 관장하는 권위주의적 대응체재로서, 왕정복고의 개혁 성향이 강한 사회 구성과 사상을 설정했다. 따라서 정치뿐만 아니라 근대 일본의 교육문제 또한 근세 봉건사회의 다양하고 중층적인 신분성, 지역성, 문화성을 국민(國民)이라는 일원적이고도 중앙적인 가치로 이를 통합하는 방법이라 볼 수 있을 것이다.[5]

1868년 2월 메이지 신정부는 히라타 아쓰타네(平田篤胤, 1776~1843)의 양자이자 당시 신기사무국(神祇事務局)의 판사(判事)였던 히라타 가네타네(平田鐵胤, 1799~1880), 내국사무국(內國事務局) 권판사(權判事)였던 다마마쓰 미사오(玉松操, 1810~1872), 야노 하루미치(矢野玄道, 1823~1887) 3인에게 학교제도를 조사하라는 명령을 내리는데, 이들 3인은 모두 히라타파(平田派)의 국학자로서 메이지 초기 신정부가 이들 국학자들에게 학교제도에 대해서 조사하라 한 것은 에도 시대의 관학이었던 한학 중심의 교육에서 국학(國學) 중심의 교육으로 교육의 내용을 전환하려 했다는 것을 의미한다.

이리하여 같은 해 3월 28일 '학사제(學舍制)'라 불리는 학제안(學制案)이

---

5 쓰지모토 마사시 외, 이기원·오성철 역, 『일본교육의 사회사』, 경인문화사, 2012, 351쪽.

만들어졌다. 그러나 나라[奈良] 시대의 대학료(大學寮) 제도를 모방해 국학사상을 중심으로 종래의 한학 중심적 교육 풍토를 타파하려 했던 이른바 학사제파(學舍制派)의 기획은 메이지 신정부의 근대화 정책에 반대했던 교토[京都]의 학습원(學習院)을 중심으로 하는 학습원파의 반발에 의해 무산되었다.[6]

이러한 가운데 새로운 대안으로써 어느 파에도 속하지 않은 하세가와 아키미치(長谷川昭道, 1816~1897)가 황도주의(皇道主義)에 입각한 교육론을 담은 건언서(建言書)를 이와쿠라 도모미(岩倉具視, 1825~1883)에게 제출한 것을 계기로, 1868년 9월 13일 국학을 교수하는 황학소(皇學所),와 조정(朝廷)의 유학교(儒學校)였던 학습원(學習院)을 모체로 하는 한학소(漢學所)를 설치한다는 발령이 내려지지만, 이 두 학습기관은 거의 실체를 보지는 못하였다. 종래의 한학 중심의 교육으로부터 탈피하려 했던 이와쿠라 도모미를 중심으로 한 신정부의 의도는 종래의 한학 중심 교육에 황학(皇學)을 포함시키는 정도로 만족해야 했고, 도쿄[東京] 천도 이후 정부의 교토에서의 학교계획은 중지되었다.

그러던 중 메이지 신정부는 이듬해인 1869년에 갑자기 황학소와 한학소 모두를 폐지해버리고 황학과 한학을 병합하는 형태의 대학교(大學校)를 도쿄에 설치한다. 도쿄에서는 이미 신정부가 접수한 구 막부의 학교에 대한 개편안이 마련되어 있었는데, 7월의 신정부의 관제개혁에 따라 에도 시대의 대표적 관학 시설이었던 쇼헤이자카가쿠몬죠[昌平坂學問所]

------
6 1847년 개강(開講)한 교토의 구게[公家] 학교 학습원(學習院)은 1869년 대학료대(大學寮代)로 개칭을 하는데, 이는 옛 대학료(大學寮)를 계승한다는 승격을 의미한다. 학습원은 한학 중심의 교육기관이었기에 히라타 외 3인의 신학제안에 대해 반발하였다.

를 국학을 중심으로 하면서 한학도 교수하고, 교육행정과 교육활동의 두 가지 기능을 동시에 갖는 대학교로, 양학 연구와 번역을 주로 담당했던 가이세이조(開成所)를 가이세이각코(開成學校)로, 의학소(醫學所)를 의학교(醫學校)로 각각 분립시켰다. 12월에는 또 대학교를 대학으로, 가이세이각코는 대학남교(大學南校)로, 의학교를 대학동교(大學東校)라 각각 개칭하였는데, 여기에 이르러서 비로소 학사제파의 황학소도 사실상 소멸하게 되었으며 이로 인해 국학파의 세력은 완전히 후퇴하게 된다.[7]

얼마 지나지 않아 대학은 폐쇄되었고, 대학남교와 대학동교는 존속한다. 새로운 시대를 향한 교육의 체질개선·패러다임의 변화가 이루어진 것이다. 이것은 즉, 전 시대의 한학과 황학 중심 교육에서 양학 중심 교육으로 완전한 전환이 시작되었다는 것을 의미하며, 서구식 교육제도와 학교행정을 전담하는 새로운 부서의 출현을 예고하는 것이기도 했다.

서구의 교육사정 소개

막부 말기부터 유신 초기에 걸쳐 일본 사회는 서양의 사물과 사상(事象)에 대한 관심으로 가득했을 뿐만 아니라, 그 이해를 위해 많은 시간과 경

---

7 大久保利謙, 『大久保俊謙歷史著作集 4 明治維新と敎育』, 吉川弘文館, 1987, 158쪽.

비를 투자하고 있었다. 민관(民官)의 구별 없이 교육에 대한 관심 또한 높아 각종 계몽서의 출판 또한 끊이질 않았다. 이 시기의 가장 대표적인 계몽사상가라 할 수 있는 후쿠자와 유키치(福澤諭吉, 1835~1901)는 1860년 견미사절단(遣米使節團)의 일원으로 미국으로 건너갔고, 1862년에는 막부의 견구사절단(遣歐使節團)의 일원으로 프랑스·영국·네덜란드·독일·러시아·포르투갈의 6개국을 회람(回覽)했다. 이러한 외국경험을 바탕으로 후쿠자와는 1866년 선진 구미 제국(諸國)의 정치·조세·화폐·사회·외교·병제(兵制) 등과 함께 문학기술, 학교 등을 일본에 소개하는 『서양사정(西洋事情)』 초편을 세상에 내놓았다.

〈그림 3〉 후쿠자와 유키치(福澤諭吉)

『서양사정 초편』을 보면 예전에 주류를 이루었던 그리스의 학문의 쇠퇴를 다시금 아라비아인들이 부흥·발전시킴으로써 구주(歐洲)에서의 학문 전체의 발달을 가져왔다는 것, 갈릴레오의 지동설, 뉴턴의 만유인력이 나타남에 따라 서양의 학문은 면목을 일신하였고, 지금 각국의 연구자는 절차탁마(切磋琢磨)하여 학문의 융성을 이끌어가고 있다는 등, 그의 서양학문에 대한 깊은 조예(造詣)를 알 수가 있다. 또한 18세기서부터 19세기 중엽까지의 증기기관, 전신기(傳信機), 전기(電氣) 등의 대발명을 열거하며 새롭게 발명해낸 기계(器械)를 말하자면 끝이 없다고도 말하고 있다.[8]

---

8 『西洋事情』, 福澤諭吉著作集 第一卷, 慶応義塾大學出版社, 2002.

이처럼 서양의 진보한 학문과 문명의 현상(現狀)을 소개한 후 후쿠자와는 서양 각국에는 도시 뿐만 아니라 농촌에 이르기까지 학교가 없는 곳이 없고, 학교는 정부와 민간에 의해 만들어지는데, 맨 처음 들어가는 학교가 소학교이고, 소학교에서는 글자를 배우고, 자국의 역사·지리·산술·천문·궁리학(窮理學) 초보·시·회화·음악 등을 7, 8년에 걸쳐 배운다는 등, 서양의 교육 사정을 소개하고 있다. 이어지는 『서양사정(西洋事情)』 2편에서는 좀 더 구체적으로 교육제정, 학비, 대학의 교원급여 등에 대한 언급이 이어진다.

오바타 진자부로(小幡甚三郞, 1846~1873)는 『서양학교규범(西洋學校規範)』(1870)을 통해 영국·네덜란드·프랑스·독일·러시아·미국의 교육제도의 개요를 소개했다. 먼저 영국은 19세기 중엽 경제와 사회가 발전함에 따라 중등교육이 발달했으며, 보통교육을 담당하는 퍼브릭스쿨(Public School), 캠브릿지·옥스퍼드대학 등과 함께 학위인정교(學位認定校)로서 런던대학이 있음을 소개하고 있다. 프랑스에 대해서는 고등교육 기관으로 26현 각 현에 하나의 아카데미가 설치되어 있으며, 교원양성교(敎員養成校) 등에 대해서도 언급하고 있다. 이어서 프로시아(독일)는 교육제도가 대체로 완성되어 있어, 초등교육이 의무교육화되어 있고, 취학연령은 6세~14세, 가정이 빈곤할 경우에는 학비를 나라에서 부담한다고 하며, 대학은 베르린·브레슬로·본대학 등 6개의 대학 이외에 대학에 준하는 전문교가 2교 있음을 소개하고 있다.

또한 미국에 대해서는 북부의 교육제도가 잘 정비되어 있고, 다른 나라에 비해 우수하다고 하였다. 대학교는 120개가 있는데, 교회에서 세운 학교와 주립 학교가 있으며, 유명한 학교로는 하버드, 엘대학이 있다고 소개하고 있다. 대학 이외에는 신학교 40교, 의학교 35교, 법률학교 13교가 있다고 하면서, 콜롬비아대학의 학칙과 더불어 설치학부의 종별과 이사 구성, 교수진, 학년제, 입학제도, 커리큘럼, 시간표, 학비 등에 대해서 자세히 소개하고 있다.[9]

후쿠자와와 오바타의 서양 교육사정에 대한 소개가 근대 일본의 교육 입안자들에게 영향을 미쳤으며, 1872년 일본 최초의 근대식 학교제도를 제정할 때 크게 참고가 되었음은 말할 나위도 없다.

이와쿠라사절단 〔岩倉使節團〕

1871년 11월 12일, 메이지 신정부의 미래를 짊어질 젊은이들이 요코하마(橫濱)를 떠나 구미 14개국을 방문하는 장도의 여행길에 오른다. 바로 이와쿠라사절단(岩倉使節団)이다.[10] 막 출범한 메이지 신정부의 중추

---

9 뉴욕에 있는 콜롬비아대학이 아니라 현재 워싱턴DC에 있는 존 워싱턴대학을 말한다. 1904년 콜롬비아대학에서 존 워싱턴대학으로 학교이름을 변경했다.
10 사절단은 우대신(右大臣) 이와쿠라 도모미(岩倉具視)를 전권대사(全權大使)로 하여, 부사(副使)에 참의(參議) 기도 타요시(木戶孝允), 대장경(大藏卿) 오쿠보 도시미치(大久保利通), 공부대보(工部大輔) 이토 히로부미(伊藤博文), 외무소보(外務少輔) 야마구치 마스카(山口尙芳), 사법대보(司法大輔) 사사키 다카유키(佐々木高行) 병부대승(兵部大丞) 야마다 아키요시(山田顯義), 호적두(戶籍頭) 다나카 미쓰아키(田中光顯), 문부대승(文部大丞) 다나카 후지마로(田中不二麿) 등의 정부 요인, 서기관(書記官)·통역(通譯)·수행원(隨行員)을 비롯한 미즈타니 긴나류(水谷公考)·나베시마 나오히로(鍋島直大)·구로다 나가토모(黑田長知) 등의 옛 번주(藩主) 출신 화족(華族)들과, 나카에 조민(中江兆民), 쓰다 우메코(津田梅子) 등의 여학생을 포함한 유학생 등, 신정부의 개명파(開明派) 인사들과, 서구 제국에 흥미를 갖고 있던 지식인

를 담당했던, 평균 연령 30세 남짓의 정예들로 구성된 사절단의 구미 방문 목적은 막부 말기 수교조약을 맺은 선진 제국의 지도자에게 천황의 친서를 전달함과 동시에 조약개정을 위한 예비교섭, 그리고 신흥국 일본의 그랜드 디자인을 찾기 위해 서구 열강의 선진화된 제도를 면밀히 조사하고 연구하는데 있었다.

당시 정부에서는 사절단 파견 그 자체에 대해서는 반대하지 않았지만 수행원들의 인선에 있어서는 이론이 있었다고 한다. 태정대신(太政大臣) 산조 도모미[三條實美]는 기도 다카요시[木戶孝允]와 오쿠보 도시미치[大久保利通] 등 정부의 주요 인물이 국정을 뒤로 하고 사절단의 부사(副使)로 참가하는 것을 반대하였고, 이노우에 가오루[井上馨]도 국정 운영의 애로 등을 이유로 상사인 오쿠보의 사절단 합류를 반대하였다. 그러나 일본의 근대화를 위해서는 선진 제국을 직접 시찰할 필요가 있었고, 이는 정부의 개명파 인사들을 모두 데리고 갈만큼의 충분한 의의가 있다는 이와쿠라의 최종 결단에 의해 당시 정부의 주요 요인 대부분이 사절단에 포함되었다.

그렇긴 하더라도 신정부의 정예들이 모두 사절단으로 떠나버리면 정국을 운영해 갈 인재가 그리 많지 않다는 것이 걱정이었다. 실제로 당시 신정부 내에는 개명파(開明派)와 무단파(武斷派)가 병립하고 있었다.[11] 사

....
46명으로 구성되어 있었고 미국에서 니지마 조[新島襄]가 합류하였다.
11 메이지 정부 초기 신정부 인사들을 크게 양분시킨 것이 바로 정한(征韓) 문제였다. 메이지 정부는 1868년 11월 국서를 조선으로 보내 수교를 청했으나 조선은 그 수교사절을 거부하거나 때로는 모욕적 언사로 사절단을 분개시켰다. 이러한 상황에서 일본 정부 내에서도 무단파(武斷派)와 문치파(文治派)로 나뉘어 대 조선 문제로 서로 반목하고 있었다. 정한파는 산조 도모미를 지지하는 사이고 다카모리, 이타가키 다이스케, 고토 쇼지로, 후쿠시마 다네오미[副島種臣], 에토 신페이의 다섯 참의(參議)였고, 반대했던 문치파에는 이와쿠라 도모미를

이고 다카모리(西鄕隆盛, 1827~1877)를 필두로, 오쿠마 시게노부(大隈重信, 1838~1922), 이타가키 다이스케(板垣退助, 1837~1919), 야마가타 아리토모(山縣有朋, 1838~1922), 에토 신페이(江藤新平, 1834~1874), 고토 쇼지로(後藤象二郎, 1838~1897), 이노우에 가오루(井上馨, 1835~1915) 등은 대표적 무단파 인사들이었는데, 오쿠보는 사절단으로 떠나기 전에 미리 이들 무단파들에게 신규 정책을 펴지 말고 자신이 미리 준비해 놓은 정책만을 실행할 것을 요구했고, 또한 인사이동이나

〈그림 4〉 이와쿠라 사절단

증감도 최소한으로 하고 정책이나 인사에 불상사가 있을 시에는 반드시 이를 보고하여 지도를 받을 것을 확약 받았다고 한다.[12]

사절단의 문명관은 유럽 세계의 문명구분과 마찬가지로 문명(文明)·

......
비롯해 오쿠보 도시미치, 기도 다카요시, 오키 다카토(大木喬任), 오쿠마 시게노부(大隈重信)의 네 참의였다. 오쿠보, 기도 등이 사절단으로 떠나자 그 부재중에 사이고 다카모리, 이타가키 다이스케를 주축으로 하는 무단파의 정한론이 급속히 부상했다. 정한론자들의 의중은 조선국의 무례에 대한 불만이 표면적인 이유이기는 했지만, 유신 이후의 개혁과정에서 소외된 불평사족들의 불만을 국외로 돌려 국내 정치의 불안을 해소하려 했던 정치적 의도도 깔려 있었다고 봐야 할 것이다.

12 이러한 예방조치에도 불구하고 오쿠보가 순방 중에 급보를 받고 급거 귀국했을 때는 모든 약속이 깨져 있었다. 정책에는 새로운 정한론이 쟁점으로 떠올라 있었고, 인사도 오직(汚職) 사건이 적발되고, 야마가타 아리토모와 이노우에 가오루 등이 사법경(司法卿) 에토 신페이에 의해 관직을 잃거나 궁지에 몰려 있었다.

반개(半開)·미개(未開)라는 잣대로 세계를 파악하고 있었다. 대국은 미국·영국·프랑스였다. 사절단은 태평양을 건너 12월 6일에 샌프란시스코에 도착했다. 캘리포니아 주지사와 샌프란시스코 시장 등의 극진한 환대에 사절단은 당혹했으며, 엘리베이터와 수전(水栓)과 같은 발명품에 당혹했다. 이토 히로부미는 "오늘날 우리나라 정부와 국민이 가장 절망하고 있는 것은 선진 제국의 문명의 최고점에 빨리 도달하는 것이다"라고 연설해 갈채를 받았다.

사절단은 그 후 미국 대륙을 횡단하여 1972년 1월 21일 수도인 워싱턴에 도착했다. 일행은 대통령 그랜트를 알현하고 정중한 대접을 받았다. 우호적인 분위기 속에서 가는 곳 마다 환영을 받은 사절단의 수뇌들은 조약 개정 교섭도 어렵지 않을 것이라는 판단하에 교섭에 나섰다. 그러나 예상은 빗나갔고 미국 측에서는 불평등 조약을 개정해주기는커녕 일본 내 미국인 거류지의 확대와 자유로운 일본 국내의 여행, 부동산 취득을 위한 내지(內地) 개방, 수출세의 전폐 등 새로운 조약항목을 사절단에게 제안했다. 게다가 언론·출판·신앙의 자유도 일본 국내에서 이를 허락하도록 요구해 오는 등, 사절단의 수뇌는 혹독한 국제사회의 현실을 맛보았다. 그야말로 외교란 서로의 이익이 충돌되는 장(場)이라는 것을 통감했다. 애시 당초 사절단이 천황으로부터 조약 개정을 위한 전권을 부여받았다는 위임장을 갖고 있지 않았다는 것이 문제였다.

이렇게 8개월이나 미국에 머물며 조약 개정을 위해 분투했지만 결국 아무 것도 얻지 못하고 일행은 서둘러 대서양을 건너 영국으로 향했다. 영국에서는 빅토리아 여왕을 알현하고, 천황 중심의 중앙집권정치 구상의 힌트를 영국의 입헌군주제의 황제의 특권에서 얻었다. 고도로 공업화된 산업사회의 번영에 연일 감탄을 금하지 못했지만, 동시에 밤이 되자 길거리에서 잠을 청하는 부랑자를 보고는 충격을 받기도 했다. 오쿠보는 일본에 있던 사이고에게 "영국이 부강한 이유를 알았다"고 보고하는 한편으로, "서양을 다녀보면 우리는 이런 진보한 세상과는 맞지 않는다. 문명사회에는 아주 질려버렸다"는 등, 사절단에게는 서양문명에 대한 경이와 회의라는 상반된 체험이 이어졌다.

프랑스를 방문한 일행은 파리 코뮨 등을 보고 "인민의 자유와 평등의 도가 지나치면 위정자에게 좋지 않다"는 것을 깨달았다. 그 후 일행은 벨기에를 방문해 규슈(九州)보다 작은 소국이 레이스와 유리세공과 같은 전통 공예품의 기술로 오랜 세월 대국들 사이에서 존립해 왔음을 알고는, "이것은 평화 속의 전쟁이다. 국민의 자주를 기본으로 한 경제력에 있어서는 대국이라 할지라도 겁낼 필요가 없고, 소국이라 해서 얕잡아 봐서는 안 된다"고 이를 높게 평가했다.

벨기에를 시찰한 일행은 프러시아(독일)로 갔다. 프러시아에서 일행은 철혈재상(鐵血宰相) 비스마르크를 알현했다. 그 자리에서 일행은 비스마르크로부터 프러시아가 영국·프랑스·러시아와 같은 열강으로부터 독립과 국권을 지켜 온 부국강병책과 국제정치의 본질에 대한 이야기를 들었다. "대국은 자신들의 이익이 있을 때는 국제법을 따르지만 한번 불리하다고 판단하면 군사력으로 이를 해결하려 든다. 그러한 국제사회에 있어서 소국이 주권을 지키기 위해서는 군사력에 의지하는 것도 필요하다. 왜냐하면 각국이 대등한 힘을 가짐으로써 비로소 서로가 침략을 하지 않고 주권을 지킬 수 있는 공명정대한 국제사회가 실현되기 때문이다"라는 비스마르크의 말은, 그야말로 이제 막 독일과 같은 길을 가려하고 있던 극동 아시아의 소국 일본이 어떠한 자세로 서구 열강과 맞서야 하는지에 대한 답이었으며, 이후 독일의 독립과 부국강병의 과정에 대한 연구는 일본의 근대화에 큰 영향을 미쳤다.

비스마르크를 알현한 후 오쿠보는 급거 귀국을 하지만 나머지 일행들은 그 후에도 러시아·오스트리아·스위스·이탈리아 등을 시찰하고 6월 8일 마르세이유항에서 귀국길에 올랐다. 예정했던 스페인과 포르투갈에는 갈 수가 없었다.

사절단은 2년에 가까운 기간 동안 현재 금액으로 환산하면 약 100억 엔 이상의 거액을 투자하여 서구 선진 제국이 열강이 될 수 있었던 비결과 근대화에 성공한 서구 여러 나라의 정치·경제·산업·군사·사회·문화·사상·종교 등 모든 분야의 제도와 문물을 직접 몸으로 체험했다. 소국에 대한 관심 또한 높았다. 벨기에와 네덜란드가 강대국 사이에서 살아남을 수 있었던 비결을 전통 산업의 발달과 병사들의 기력에서 발견했고, 스위스에서는 중립 자위체제와 실리적이고 합리적인 소학교 교육, 애국심교육에 주목했다. 프로이센에서는 비스마르크로부터 만국공법(萬國公法), 즉 강대국 본위의 국제법의 허상과 소국이 대국이 되기 위해 해야 할 것들에 대해 배웠다. 그 밖에 지면의 제약 상 다 열거할 수 없을 정도의 수많은 체험을 통해 선진 서구사회의 의 실상과 허상을 목격했다.

귀국 후 1873년 오쿠보와 기도는 구미 시찰 경험을 바탕으로 건언서(建言書)를 제출하여 하루라도 빨리 식산흥업을 통해 부국강병을 이룸으로써 외세로부터의 독립과, 나아가서는 서구 열강과 어깨를 나란히 하는 근대 국민국가 건설이라는, 이후 일본이 나야가야 할 국가적 목표를 정부 수뇌들에게 분명히 제시하였다. 또한 군민공치(君民共治)의 헌법을 바탕으로 서구의 모방이 아닌 천황 중심의 독자적 정체(政體)를 지향했다.

정한론을 둘러싸고 국내에 남아 있던 무단파와의 갈등은 1873년 10월 정변으로 격화되었고,[13] 그 후 오쿠보 도시미치의 주도하에 내무성을 중심으로 오쿠보정권[大久保政權]이 성립, 구미 회람의 성과는 하나 둘씩 정책에 반영되었다.

이와쿠라사절단의 공식보고서가 구메 구니타케(久米邦武, 1839~1931)의 『특명전권대사미구회람실기(特命全權大使米歐回覽實記)』(1878)이며, 교육제도에 관한 보고서가 다나카 후지마로(田中不二麿, 1845~1909)의 『이사공정(理事功程)』(1877)이다.

보통교육(普通敎育)의 도입

일본 우편제도의 창시자로 유명한 마에지마 히소카(前島密, 1835~1919)는 1867년 상주(上奏)한 「한자어폐지의 의[漢子御廢之議]」 속에서 '보통교육(普通敎育)' 혹은 '보통일반의 교육[普通一般の敎育]'이라는 용어를 다용하며, 보통교육을 시행하는 것은 "국민들의 지식을 개도하고 정신을 발달시키며 도리와 예술 백반의 초보의 문으로 국가부강을 이루는 초지이다"라고 하며, 보통교육의 의의를 피력했다. 아마도 일본 교육사상 보

---

13 이른바 '메이지6년정변[明治六年政變]'은 정한론(征韓論)을 둘러싼 찬반 갈등에서 연유한 일대 정변. 당시의 정부 수뇌였던 참의(參議)의 거의 반수(半數)와, 군인, 관료 약 600명이 숙청되었다. '정한론정변(征韓論政變)'이라고도 한다.

통교육이라는 용어가 사용된 최초의 문헌일 것이다.[14]

메이지 신정부의 수뇌 중 한 사람이었던 기도 다카요시 또한 메이지 원년(1868)년 12월, 보통교육의 진흥에 대해 다음과 같이 건언(建言)하고 있다.

보통교육의 진흥에 대한 건언서안

신 준이치로 삼가 건언 올립니다. 왕정유신 아직 1년이 지나지 않았고 동북의 반도 전부 그 죄를 물었습니다. 이제부터 힘써 무정의 전압을 풀고, 인민평등의 정치를 펴고, 밖으로는 세계부강 각국에 대치하신다는 생각, 전혀 추호도 의심치 않으며 공찰하옵고, 미신도 언제나 광대한 조지를 봉체하고, 노둔을 아끼지 않고 미력을 다해, 자세히 장래의 형세를 추고함에, 일반 인민 무식빈약하여 끝내 오늘날의 체면 불변할 시에는, 가령 2, 3의 영웅호걸 조정을 보찬한다 할지라도 결코 전국의 부강을 진기할 수 없고, 그 결과 왕정 또한 전압에 빠지기 쉽습니다. 원래 국가의 부강은 국민의 부강으로, 일반 인민이 무식빈약의 경우에서 벗어나지 못하면 왕정유신의 미명(美名)이 결국 공명(空名)에 속하게 되고, 세계 부강의 각국과 대치하는 목적도 반드시 그 알맹이를 잃게 됩니다. 그리하여 일반 인민의 지식진보를 기대하여, 문명 각국의 규칙을 취사하여 서서히 전국에 학교를 진흥시키고, 크게 교육을 펼치시는 것이 오늘날의 급무라 생각합니다. 이제부터 단서를 여시더라도 원래 다소의 세월을 노력하지 않으면 그 결실을 거둘 수가 없는 것이 당연한 도리로, 갑자기 문명 각

14　普通教育を施すは國人の知識を開導し精神を發達し道理芸術百般に於ける初歩の門にして國家富強を爲すの礎地に御座候。(前島密,『國字國文改良建議書』, 1899, 6~24쪽)

국의 형상만을 모의하는 것은 결코 양도가 될 수 없고, 오히려 국가 인민의 불행을 양성하기 쉽다고 생각합니다. 잘 신속히 결정해 주실 것을 앙원하옵니다. 참으로 황황 황돈하며 재배 올립니다.

무진 12월 2일 기도 준이치로 경백.[15]

기도가 이와쿠라사절단의 부사(副使)로서 구미 회람 중에 가장 공들여 조사했던 것도 바로 선진 각국의 보통교육과 법전(法典)이었다.

또한 후쿠자와 유키치[福澤諭吉]는 1869년 마쓰야마 도안[松山東庵]에게 보낸 서간에서 '커먼 에듀케이션'이라는 말을 사용하고 있으며, 또한 1869년 교육행정과 교육활동을 동시에 수행했던 대학교(大學校)에서 대학 본교 폐교를 표명함과 동시에 대학·중학·소학에 관한 규칙을 제안하고 있는 「급무건건[急務件々]」에서는 소학(小學)의 목적을 '보통학을 배우는' 것이라 규정짓고 있는데, 여기서 말하는 보통학이 보통교육을 가리킴은 쉽게 추찰할 수가 있다. 또한 1870년의 중소학규칙(中小學規則)

---

15 「普通教育の振興につき建言書案」

「臣準一郎謹て奉建言候。王政維新未出一年東北之反徒盡伏其罪。從今勉て武政之專壓を解き、內は人民平等之政を施し、外は世界富强之各國と對峙する之思食、斷て毫も不容疑儀と奉恐察、微臣も夙に廣大之朝旨を奉体し、不顧駑鈍盡微力、熟將來之形勢を推考仕候に、一般之人民無識貧弱にして終に今日之体面を不一変時は、譬二三之英豪朝政を補贊仕候共、決し不能振起全國之富强して、勢王政も亦不得不陷專壓。元來國之富强は人民之富强にして、一般之人民無識貧弱之境を不能離ときは王政維新之美名も到底屬す空名、世界富强之各國に對峙する之目的も必失其實。付ては一般人民之智識進涉を期し、文明各國之規則を取捨し徐々全國に學校を振興し大に教育を被爲布候儀、則今日之一大急務と奉存候。今日より端緒を被爲開候とも、固より非多少之歲月ば不能擧其實は当然之道理にて、匆卒文明各國之形樣而已を模擬いたし候は必良図に有之間敷、却って國家人民之不幸を醸成候も難計と奉存候。宜速に御決定被爲在度奉仰願候。誠惶々々頓首再拝。戊辰十二月二日 木戸準一郎敬白」(山住正巳,『教育の体系』(日本近代思想大系 6), 岩波書店, 1990, 3쪽)

에서도 소학은 '보통학(普通學)을 배우는 것'이라 규정하고 있다.

게다가 『특명정권대사미구회람실기』(이하 『회람실기』라 약칭함)에도 보통교육의 개념을 명확히 의식하며 기술한 것으로 보이는 개소가 있다. 제1편 「해설」 부분이다.

> 미국의 신사는 모두 열심히 종교를 믿고, 널리 소학교를 세우고 고상한 학문을 뒤로 하고 보통의 교육에 힘쓴다.[16]

여기서 말하는 '보통의 교육(普通 /教育)'이 '고상한 학문(高尚 /學)'의 기본이 되는 교육, 즉 보통교육을 의미하고 있음은 말할 필요도 없을 것이다. 이와쿠라사절단은 각종 직업학교를 포함해 다양한 학교를 방문하여 서구의 교육사정의 정사(精査)를 통해 다양한 교육지식을 체득했으며, 그 경험을 『회람실기』에 실었다. 『회람실기』를 작성함에 있어서는 이미 간행되어 나온 『이사공정(理事功程)』이 많은 참고가 되었다.

이와쿠라사절단에 이사관(理事官) 자격으로 서구 제국의 교육제도를 면밀히 정사한 다나카 후지마로(田中不二麿, 1845~1909)는 귀국 후에 미국·영국·프랑스·벨기에·독일·네덜란드·스위스·덴마크·러시아의 교육제도에 관한 보고서를 정부에 제출하는데, 그 다나카의 보고서를 1673년부터 75년에 걸쳐 전 15권으로 출판한 것이 바로 『이사공정』이다. 『이사공정』은 1879년 9월에 제정된 교육령 입안에 중요한 자료가 되었을 뿐만 아니라, 근대 일본의 교육제도 수립에 큰 영향을 끼

---

16 米國ノ紳士ミナ熱心ニ宗教ヲ信ジ、盛ンニ小學ヲ興シ、高尚ノ學ヲ後ニシテ、普通ノ教育ヲ務ム。

친 역사적 의의를 갖는 것으로 높게 평가된다.

이와쿠라사절단은 귀국 후 귀국보고서인 『회람실기』 제작을 개시하는데, 각 성(省)의 이사관들은 각 성의 관점에서 시찰내용을 정리한 『이사공정』을 성 별로 먼저 정부에 제출하였다. 따라서 『회람실기』를 편찬하는 과정에서 교육 부분에 관해서만큼은 다나카의 보고서를 참고로 이를 보족(補足)하고, 거기에서 보고하고 있는 보통교육 개념도 참고를 했을 것이다.

『이사공정(理事功程)』 권1 합중국 교육약기

합중국 교육은—나라 전체에 일반적으로 시행되는 일전한 통법이 없다. 학비학교설비에서부터 학사직제 등에 이르기까지 각 주에서 스스로 정하는 것에 맡긴다. 따라서 각 주정부는 보통교육을 민정의 일대 사무로 삼는다. 매년 의사국에서 학비를 지급해야할 지방의 세액을 의정하고—당금의 교육의 실형을 개견함에 각 주 그 법제에 있어서 대동소이하다고 하지만, 그 요지를 말하자면 합중국의 체제는 인민의 뜻에 따라 정치를 하는 체제이므로 힘써 국민의 지식을 개도하여 고상으로 향하게 하는 것이야말로 더욱 그 국체를 견고히 하는 기본임에 다름 아니다. 단, 학법을 만들어 엄격히 이를 시행토록 압박하기보다는 오히려 너그러이 각자를 분기시키는 것보다 좋은 것은 없다. 따라서 메사츄세스주를 제외하고는 구미 각국과 마찬가지로 부형으로 하여금 반드시 그 자제를 학교에 보내야한다는 엄법을 적용하고 있지 않지만, 사람들이 또한 배우지 않고 사람 밑에 있음을 부끄러워하며 스스로가 게으름이 없다. 이것이 바로 합중국의 일종의 습속이어서 실로 민심을 학법으로 삼는 것이다. —단, 메사츄세스에서는 7세부터 16세까지의 아동이 있는데 이를 학교에 보내지 않으면 그 부형으로부터 20달러를 넘지 않는 벌금을 내게 하는 것이 1863년 이래의 법이다. ―¹⁷

  그렇다면 이들이 말하는 보통교육이란 어떤 의미였을까. 오늘날 보통교육의 의미는 우리나 일본이나 일반적으로 모든 국민에게 공통되는 일반적이면서도 기초적인, 즉 직업적·전문적이 아닌 초등교육과 중학교·고등학교 등의 중등교육에 관한 개념으로 인식되고 있다. 또한 의무교육을 가리키는 경우도 많고, 직업교육과 대학교육 이상의 고등교육에 대치되는 개념이라 정의할 수 있다. 물론 사회의 발전에 따라 국민으로서 공통되게 갖아야 할 기초적 교양으로써의 보통교육의 내용은 현저히 변화해 왔지만, 적어도 메이지기 초기 일본에서 보통교육이라 함은 초등교육을 가리키는 용어였음이 분명하다.

  근대 국민국가는 보통교육을 중시해 왔다. 국민 상호간의 이해의 폭을 넓히고, 국민의 사상·신조·가치관, 나아가서 행동양식의 일치를

---

17 『理事功程』, 卷之一 合衆國敎育略記 合衆國敎育ハ〜國中一般ニ行ハル、一定ノ通法ナシ 學費取立學校設備ヨリ學事職制等ニ至リ各州其自定スルニ任ス故ニ各州ノ政府ハ普通敎育ヲ以テ民政ノ一大事務トナシ每年議事局ニ於テ學費ヲ支給スベキ地方ノ稅額ヲ議定シ〜当今敎育ノ實形ヲ概見スルニ各州其法制ニ至テハ大同小異アリト雖モ其旨ヲ要スルニ合衆國体ハ人民ノ意ニ從テ政ヲナス者ナレバ務テ國民ノ知識ヲ開導シテ高尚ニ趣カシムルコソ益其國体ヲ堅フスルノ基ト云フニ外ナラス蓋シ學法ヲ設ルノ意タル嚴ヲ以テ迫ランヨリハ寧ロ寬ニシテ各自ヲ奮起セシムルニ如カスト故ニ麻沙朱色(마사추셋)一州ヲ除ケハ歐羅巴各國ノ如ク父兄タル者ヲシテ必ス其子弟ヲ學校ニ出スヘク督促スル嚴法ヲ用ヒスト雖モ人々亦不學ニシテ人ノ下ニ居ルヲ恥ヂ敢テ自ラ怠ラス是乃チ合衆國一種ノ習俗ニシテ實ニ民心ヲ以テ學法トスル者ナリ〜但シ麻沙朱色ニ於テハ七歲ヨリ十六歲マデノ童兒アリテ若シ學校ニ出サ丶レハ其父母ヨリ二十弗ヲ越エザル罰金ヲ收メシムル事千八百六十三年以來ノ法ナリ

44   근대일본의 국민국가형성과 교육

가져오는 일반화, 동질화의 역할을 교육이 담당했으며, 그 기본이 되는 것이 바로 초등교육이기 때문이다. 메이지 신정부의 수뇌가 국민교육, 특히 보통교육에 관심을 갖고 외국의 교육제도를 면밀히 조사·연구하고, 그 결과를 가지고 하루 빨리 근대교육의 기틀을 마련하여 이를 실현하려 했던 이유가 바로 여기에 있었던 것이다.

〈그림 5〉 요시다 쇼인[吉田松陰]

동양의 도덕과 서양의 예술

메이지 신정부는 보통교육의 기본이념을 막부 말기의 사쿠마 쇼잔(佐久間象山, 1811~1864)의 '동양도덕(東洋道德)·서양예술(西洋藝術)'이라는 개념과,[18] 요시다 쇼인(吉田松陰, 1830~1859)의 '화혼양재(和魂洋才)'[19] 사상에

......
18 1842년 주군이었던 사나다 유키쓰라[眞田幸貫]가 로쥬[老中] 가이보가카리[海防掛]에 취임하자 고문에 발탁되어, 아편전쟁 시에는 직접 중국으로 건너가 해외사정을 연구하고, 「해방팔책(海防八策)」을 상서했다. 이것을 계기로 양학의 필요성을 절감한 쇼잔은 1844년부터 네덜란드어를 배우기 시작하여 네덜란드의 자연과학·의학·병학서를 탐독하고, 양학의 지식을 습득하였다. 1851년에는 주쿠[塾]를 열어 포술(砲術)·병학(兵學) 등을 가르쳤다. 이 무렵부터 서양포술가(西洋砲術家)로서 이름이 널리 알려져, 가쓰 가이슈[勝海舟], 요시다 쇼인[吉田松陰], 사카모토 료마[坂本龍馬] 등의 수재들이 하나 둘 씩 그의 밑에 모여들었다. 페리

서 찾으려 했다. 즉, 유교주의를 교육의 근간으로 삼는 일본주의적 전통 속에서 서양의 실학을 받아들이고자 했던 태도였다고 할 수 있다. 그러나 메이지 초기의 교육정책은 부국강병을 통한 서구 따라잡기에 직접적으로 이용할 수 있는 법제, 산업, 군사 등의 분야에 중점을 두는 이른바 공리주의(功利主義) 교육관에 함몰되어 갔고, 서양문화의 근간이라고 할 수 있는 근대 합리주의 정신이라든지 개인에 대한 자각, 인격·기본적인 인권존중, 즉 천부인권, 사민평등, 이념의 계몽주의, 자유민권사상 등의 근대 서양사상 등에 대해서는 의식적으로 이를 회피했다.[20]

근대 국민국가(國民國家)는 자본주의 체제를 기본으로 하며, 자본주의

내항 이후 번군의역(藩軍議役)에 임명된 쇼잔은 로주 아베 마사히로[阿部正弘]에게 「급무십조(急務十條)」를 제출하는 한편으로, 애제자였던 쇼인에게 몰래 외국에 나가 배울 것을 권했다. 그러나 1854년 쇼인의 해외로의 밀항이 실패로 끝나자 쇼잔도 연좌되어 이후 9년 간 마쓰시로[松代]에서 칩거생활을 보낸다. 이 때 서양연구에 몰두한 쇼잔은 양학과 유학의 겸수(兼修)를 적극적으로 주장함과 동시에 양이론자(攘夷論者)에서 현실적인 화친개국론자(和親開國論者)로 돌아서 공무합체(公武合体) 정부를 적극 주장했다. 1864년 막부의 명을 받고 상경한 쇼잔은 공무합체·개국진취(開國進取)라는 국시(國是)를 실현시키기 위해 막부 수뇌부들을 설득하기에 이르렀는데, 그러한 언동이 존왕양이파를 자극하여 같은 해 7월 11일 54세의 나이로 참수된다. 쇼잔의 지적 세계는 인간의 내면인 이(理, 윤리)를 추구하는 '동양의 도덕과 인간 외면을 구성하는 천지만물의 이(理)를 규명하는 '서양의 예술'에 의해 구성되어 있었고, '윤리'와 '물리'를 연속적으로 파악함으로써 천일합일(天人合一)의 경지에 달하려 하는 주자학(朱子學)에 의해 통괄되어 있었다.

19 요시다 쇼인[吉田松陰]은 막부 말기의 사상가로서 대표적 존왕론자(尊王論者). 스승이었던 사쿠마 쇼잔의 권유로 구미유학을 결행했으나, 페리가 타고 온 배에 몰래 숨어들어 밀항을 시도했으나 실패하고 투옥되었다. 출옥 후에는 하기[萩]에 쇼카손주쿠[松下村塾]를 열고 다카스기 신사쿠[高杉晋作]·야마가타 아리토모[山縣有朋]·이토 히로부미[伊藤博文] 등, 메이지 신정부의 요인들을 육성했다. '안세이[安政]의 대옥(大獄)' 때 죽음을 당했다. 쇼인의 사상의 특징은 '지성유혼(至誠留魂)'이라는 말로 대표되듯이, 진심(眞心)을 갖고 일을 하면 저절로 뜻을 계승하는 자가 나타나 길이 열린다고 하는 신념으로, 사상과 실천의 일체화를 중시하는 교육철학이었다.
20 윤종혁, 『한국과 일본의 학제 변천 과정 비교 연구』, 한국학술정보, 2008, 26쪽.

체제는 공동체로부터의 개인의 독립을 전제로 한다. 즉, 자본주의 체제를 기본으로 하는 국민국가는 필연적으로 개인의 자각과 상호 경쟁을 사회발전의 동력으로 삼고, 이러한 환경 속에서 국민의 공공성을 어떻게 확보할 것인지가 교육의 과제로 등장하는 것이다. 이러한 맥락에서 볼 때 메이지 신정부의 초기 교육정책은 표면적으로는 개인의 자립이나 사적 이익추구라는, 서구 국민국가에서 볼 수 있는 교육의 보편적 가치를 지향하고 있는듯 하였으나, 실제로는 공리주의적 가치와 공공성이라는 국민의 규범 형성에 교육의 궁극적 목표를 설정하였고, 천부인권이나 사민평등, 자유민권주의(自由民權主義)라는 말로 대표되는 자아의 각성과 실현이라는 개인의 독립된 사상을 키우는 교육관을 강하게 갖고 있지 못했다.

신정부는 학제(學制)를 반포하기 이전에 이미 직할구역인 부현(府縣)의 학교 교육에 대한 적극적 자세를 보였다. 1869년 2월의 '부현시정순서(府縣施政順序)' 안에서 '소학교를 설치할 것'을 지시하였고, 3월에는 특히 도호쿠(東北)의 부현에 지시를 내려 소학교 설치를 서두를 것을 명령했다. 각 부와 현에 일반인의 자녀를 대상으로 하는 소학교 설치를 통해 독서와 산술을 통해서는 서간(書簡)이나 계산에 관한 지식을 가르치고, 강담(講談)을 통해서는 충효사상(忠孝思想)을 심어줄 것을 명했다. 이 '부현시정순서'에 의해 전국에 잠정적이기는 하여도 보통학교가 설립되게 되는데, 그 대부분은 전 시대의 데라코야(寺子屋)의 이행이었다.

이어서 1870년 2월에는 양학을 주요 내용으로 하는 '대학규칙(大學規則)'과 '중소학교교칙(中小學校規則)'을 발령하고, 도쿄에 외국어학습을 중심으로 한 고등수준 학교들의 부속소학교라고 부를 만한 소학교 6개교를 설립했다. 또한 1870년 3월에는 앞에서 이미 언급했듯이, 대학에 '부

현학교조사국(府縣學校取調局)'을 설치하는 등 부현에서의 학교 교육 보급에 적극적인 모습을 보였다.[21]

각 번(藩)에 대해서도 1870년 9월에 번정개혁(藩政改革)을 지시하기는 했지만, 폐번치현이 단행되기 전까지 신정부의 행정기능이 각 번에 직접 영향을 미치지는 못하였고, 따라서 번에서의 지방교육행정은 각 번마다 독립적으로 실시되고 있었다. 그러던 중 1871년 폐번치현의 단행과 중앙행정조직 개편에 따라 문부성(文部省)이 설치됨에 따라 전국의 학교 행정과 교육에 관한 모든 업무는 문부성이 이를 통괄하게 된다.

1872년 학제(學制) 제정

초대 문부경(文部卿) 오키 다카토(大木喬任, 1832~1899)의 재직 시인 1972년 8월 태정관(太政官) 포고로 일본 최초의 체계적 교육법제인 학제가 반포되었다.[22] 학제는 국가교육의 핵심을 이루는 학교 교육에 관한 제도로서,[23]

---

21 메이지유신 이후 신정부는 1871년의 폐번치현 이전에 먼저 옛 막부와 하타모토(旗本)가 소유하고 있던 지역을 직할지로 접수하고 여기에 현(縣)을 설치했다. 따라서 부현학교조사국(府縣學校取調局)에서 관리하던 현은 바로 이 현을 말한다.

22 학제는 모두 213장으로 구성되어 있다. 메이지 5년 학제가 반포되기 이전까지 서양의 학교에 대한 체계적인 연구조사라 할 수 있는 것은 우치다 마사오(內田正雄)가 막부 말기 네덜란드에 유학한 후 귀국해 1869년에 번역한 『화란학제(和蘭學制)』정도였다. 학제의 기초(起草) 위원에는 우치다 이외에 1873년 『불국학제(佛國學制)』를 번역한 가와즈 스케유키(河津祐之), 프랑스 사정에 정통한 미쓰쿠리 린쇼(箕作麟祥)와 쓰지 신지(辻新次), 영국학에 정통

네덜란드의 학제를 비롯하여 프랑스의 학구제(學區制)와 독일의 독학제(督學制) 등, 당시의 선진 제국의 학제를 모방·수용하여, 교육을 정부의 통제하에 놓는 일본 최초의 체계적 교육법제(敎育法制)라 할 수 있다.

학제를 통한 신식 학교의 창설 및 정비, 교육 내용과 시행에 관련된 각종 포고(布告), 거기에다가 칙어(勅語) 형식으로 반포된 국가의 교육이념과 목표의 현시(顯示)는 메이지 사회 전반에 절대적인 영향을 미쳤으며, 이는 국가 레벨의 문명사적 의미를 갖는 사건이었다고 해도 과언이 아닐 것이다.

먼저 학교제도는 미국을 모델로 삼아 소학·중등·대학의 세 개의 레벨로 구성되었다. 한편으로, 지방교육행정제도인 학구제는 프랑스로부터 수입했는데, 일반 지방행정과는 별도로 독립된 행정구획·기구에 의해 운영되는 중앙집권적 제도로 구상되었다. 즉, 전국의 교육행정을 문부성이 이를 모두 통괄하고, 전국을 8개의 대학구(大學區)로 나누고 각 대학구를 32의 중학구(中學區)로, 각 중학구를 210의 소학구로 나누어 각 각 하나의 학구에 학교를 하나씩 설치한다는 계획으로, 계획대로 추진된다면 전국에 8개의 대학과 256개의 중학교, 5만 개가

한 우류 하지무[瓜生寅] 등이다.

23 일본에서 최초의 학제는 '오미령[近江令]'에 보이는 '대학료(大學寮)'라 할 수 있다. '다이호령[大宝令]'에서는 시키부성[式部省] 소관의 대학료가 있다. 요로령[養老令] '학령(學令)'에 의하면 대학료는 사무 관료 이외에 교관(敎官)으로 현재의 교수에 해당하는 박사(博士) 1명, 조박사(助博士) 2명, 음박사(音博士) 2명, 산박사(算博士) 2명, 서박사(書博士) 2명으로 구성되어 있으며, 학생은 400명, 산생(算生) 30명, 서학생(書學生)이 약간 있었다. 학생은 5위(位) 이상의 13~16세 '총명(聰命)한 자'를 원칙으로, 6~8위의 자제들도 원하면 들어갈 수가 있었다(『律令』, 日本思想体系3, 岩波書店, 1976, 262쪽). 1872년의 학제에서는 대중소(大中小)의 학구(學區), 학교, 교육, 생도시업(生徒試業), 해외유학생, 학자(學資) 등에 대해 원칙을 정하고 있다.

넘는 소학교가 생기는, 그야말로 장대하고도 야심찬 계획이었다.

이들 학구는 단지 학교 설치를 위한 기본 구획을 정한 것뿐만이 아니라, 동시에 지방교육행정의 단위로도 삼았다. 그러나 대학구는 실제로 교육행정구획으로서 기능하지 못했고, 중·소학구 또한 실제로는 당시의 일반 행정구역이었던 대구(大區)나 소구(小區), 또는 막부시절의 옛 제도로서 잔존하고 있던 마치[町]·무라[村] 등을 기본으로 하는 학구가 만들어진 예가 많았다.

소학교는 상급(上級)과 하급(下級)으로 나누어 각 각 4년의 수학연한을 설정했고, 국민개학(國民皆學)이라는 원칙하에 남녀의 구별과 부모의 사회적 지위고하에 관계없이 원하는 자는 모두가 입학을 할 수 있도록 했다. 교사는 일부 서양식 건물로 신축한 것도 있었지만 대부분은 전 시대의 번교(藩校), 데라코야(寺子屋), 사숙(私塾) 등의 건물을 그대로 사용하거나 민가를 빌려 사용하였고, 교원 또한 데라코야의 시쇼[師匠]였던 하급무사, 승려, 신관(神官) 등으로, 데라코야의 시쇼 층이 대부분 그대로 신식 학교의 교원으로 채용되었다.[24]

교육재정 또한 그리 녹녹치 않았다. 8개교를 설립 목표로 했던 대학도 1887년에 도쿄대학[東京大學]이 설립되었을 뿐이다. 학제 자체가 워낙 포괄적이며 개혁적인 내용이었기에 실질이 수반되기까지는 좀 더 시간을 필요로 했고, 교육비 또한 수급자 부담원칙이었기에 취학률 또한 그리 높지 않았다. 그럼에도 불구하고 메이지 5년의 학제를 긍정적으

---

24 메이지 신정부는 막부 직할의 유학사상을 중심으로 한 교육기관 쇼헤이자카가쿠몬조[昌平坂學問所]는 폐지했으나 에도 말기 설립한 양학 중심의 교육기관 가이세이죠[開成所]와 의학교(醫學校)는 존속시켰다.

로 평가할 수 있는 것은 1872년이라는, 유신 단행 이후 다른 여러 제도의 개혁에 비해 비교적 이른 단계에 교육의 대계(大計)를 구상했다는 점이며, 무엇보다도 국민개학이라는 목표를 설정하고 그 구체적 실천으로써 초등학교 보급과 실학적 서양학문의 일본 접목을 위해 고등교육의 정비에 주력했다는 것이다.

어찌 되었건, 학제의 공포에 따라 번교나 데라코야, 사숙을 중심으로 이루어졌던 전근대적 일본의 교육체계는 학제를 중심으로 하는 근대적 교육으로 일대 전환이 이루어지게 되는데, 특히 소학교와 사범학교에 중점을 두고 남녀 모두 균등하게 교육을 받을 수 있도록 하는, 고도의 중앙통제식 교육행정체제로서 일본의 근대교육이 출발을 하고 있다는 점은 특기할 만하다.

초등교육의 내용과 방법을 구체화하기 위해 신정부는 미국으로부터 교육학 분야의 전문가를 초빙하여, 학제가 반포된 같은 해에 바로 도쿄에 사범학교를 설립하였으며,[25] 각 학문 영역 별로 다수의 외국인교사를 채용하였다. 사범학교 졸업생들은 대부분이 초등교육에 종사했고, 또한 많은 유능한 인재들을 국비유학생으로 선발하여 해외에 파견함으로써 선진 학문을 배워오게 했는데, 이들이 귀국 후에는 고급관료가 되거나 외국인 전문교사를 대신하여 고등교육을 담당하게 되는 것이다.

천황의 이름으로 메이지 원년에 발포된 '5개조 서문(誓文)'에는 메이

---

25 1971년 폐지된 쇼헤이자카가쿠몬죠[昌平坂學問所]를 일부 계승하는 형태로 1872년 도쿄에 설립된 일본 최초의 사범학교에서는 미국인 교사 스콧(Marion McCarrell Scott, 1843~1922)을 초빙하여 소학교수법(小學敎授法)을 가르치는데, 이것이 일본 사범학교의 시초이다. 1886년 초대 문부대신 모리 아리노리[森有禮]에 의해 사범학교령이 제정되어 순량(順良)·신애(信愛)·위중(威重)의 3대 기질을 목표로 하는 사범학교 교육의 윤곽이 거의 정비되었다.

지 신정부의 교육에 대한 기본방침이 명확히 나타나 있는데,[26] 앞으로의 교육은 한마디로 서구의 지식을 습득하여 결과적으로는 천황과 국가를 위한 교육이어야 할 것임을 분명히 명시하고 있다. 그러나 1872년 반포된 학제 속에 담겨져 있던 교육이념은 사쿠마 쇼잔이 말하는 서양예술만을 너무 강조하는 것이었다. 이것은 어찌 보면 근대국가의 후발주자였던 일본이 서구 열강을 따라잡기 위해서는 그 무엇보다도 서양의 실용적 학문 섭취가 절실했기 때문에 나타난 현상이라고 할 수 있는데, 여기에는 신정부의 강한 의지와 획일적 강제가 수반되었다.

학제 반포를 통해 메이지 신정부가 지향했던 근대 일본의 교육목표는 흔히 학제의 서문(序文)이라 불리는 태정관포고 214호「학사장려에 관한 피앙출서[學事獎勵に關する被仰出書]」(이하 '피앙출서'라 함)를 통해 확인할 수 있다.

---

[26] 문안은 최종적으로 기도 다카요시[木戸孝允]가 작성했으며, 천황이 시신덴[紫宸殿]에 공경제후(公卿諸侯)를 모아놓고 천신지기(天神地祇)에게 제를 올리며 서약한 다섯 사항. ①널리 회의를 열어 모든 일을 공론의 장에서 결정할 것[廣ク會議ヲ興シ万機公論ニ決スヘシ], ②상하 마음을 하나로 하여 경론(국가질서)을 활발히 할 것[上下心ヲ一ニシ盛ニ経綸ヲ行フヘシ], ③문관과 무관을 비롯해 일반 서민에 이르기까지 모두 뜻을 이루고 도중에 포기하거나 게을리 하는 일이 없도록 도모할 것[官武一途庶民ニ至ル迄各其志ヲ遂ケ人心ヲシテ倦マサラシメン事ヲ要ス], ④과거의 잘못된 폐해와 풍습을 타파하고 모든 일을 천지 도리에 따를 것[旧來ノ陋習ヲ破リ天地ノ公動ニ基クヘシ], ⑤지식을 전 세계에서 구하고 황기를 진기할 것[智識ヲ世界ニ求メ大ニ皇基ヲ振起スヘシ]. 5개조 서문(誓文)은 일본 문부과학성 홈페이지(http://www.mext.go.jp)의 '學制百年史 資料編'에서 인용.

학제 서문(序文) — 피앙출서(被仰出書)

　사람들이 스스로 입신하고 치산하며 창업함으로써 그 생을 완수하는 연유 그것은 다름 아닌 수신하고, 지식을 넓히고 재능과 재예를 신장시키는 것은 학문에 의하지 않으면 안 된다. 이것이 학교를 개설하는 이유로서 일용상행(日用常行)·언어서산(言語書算)을 비롯하여 사관(士官)·농민·상인·여러 직업인·기예와 법률·정치·천문·의료 등에 이르기까지 무릇 사람이 영위하는 것에 학문이 관계하지 않는 것이 없다. 사람은 그 재능이 있는 곳에 따라 면려(勉勵)하여 이에 종사하고, 그리하여 비로소 생을 다스리고 산업을 일으키고 일을 번창 시킬 수가 있을 것이다. 그러므로 학문은 입신을 위한 재본(財本)이라 해야 할 것으로 인간인 자 그 누가 학문을 하지 않아도 된다고 할 수 있겠는가. 길을 잃고 기아에 빠지고 집안을 망치고 몸을 망치는 무리들은 필경 불학에 의해 그러한 잘못을 저지르는 것이다. 종래 학교를 설립한 이후 많은 해가 지났다고는 해도 혹은 그 방도를 얻지 못하여 사람들이 그 방향을 잘못 잡아 학문은 사인(士人) 이상이 하는 일이라 여겨 농공상과 부녀자에 이르러서는 이것을 도외시하고 학문이 무엇인가를 분별하지 못한다. 또한 사인 이상의 드물게 배운 자들도 자칫하면 학문은 국가를 위해 하는 것이라 주장하며 입신의 기초임을 모르고, 혹은 사장기송(詞章記誦)에 경주하며 공리허담(空理虛談)의 길로 빠져들어 그 논리가 고상한 것 같아 보이기는 해도 이것을 신행사시(身行事施) 할 수 없는 것이 적지 않다. 이것은 즉, 연습(沿襲)의 습폐(習弊)이어서 문명이 보급되지 않고 재능과 재예가 신장되지 않아 빈핍(貧乏)·파산·상가(喪家)한 무리가 많은 이유이다. 이 때문에 사람은 배우지 않으면 안 된다. 이것을 배우기 위해서는 응당 그 취지를 잘못 이해하면 안 된다. 이에 이번에 문부성에서 학제를 정해 순서에 따라 교칙 또한 개정하여 포고에 이르러야 하기에 자금 이후에 일반인민 화족·사족·졸족(卒族)·농민·기능인·상인 및 부녀자는 반드시 마을에 불학하는 집이 없고 집에 불학하는 자가 없을 것을 기대한다. 사람의 부형인 자 잘 이 뜻을 체인(體認)하고 그 애육(愛育)의 정을 두텁게 하며, 그 자제로 하여금 반드시 학문에 종사하지 않는 자가 없도록 해야 할 것이다. 고상(高上)의 학문에 이르러서는 그 사람의 재예에 맡긴다 하더라도 유동(幼童)의 자제는 남녀의 구별 없이 소학에 종사케 하지 않는 것은 그 부형의 월도(越度)인 것. 단, 종래의 연습의 폐 학문은 사인계급 이상의 일이고 국가를 위해 하는 것이라 주창함으로써 학비 및 그 의식의 비용에 이르기까지 대부분을 관에 의뢰하고 이것을 얻지 못하면 배우지 않겠다고 생각하여 일생을 자기(自棄)하는 자가 적지 않다. 이 모두 몹시 곤혹스러운 일이다. 자금 이후 이들 폐를 고쳐 일반 인민이 다른 일을 내던지고 스스로 분기하여 반드시 학문에 종사하도록 터득해야 할 것.

　이상과 같이 앙출(仰出)되었음으로 지방관에서 변우(邊隅) 소민(小民)에 이르기까지 누락되는 일이 없도록 적절히 해석을 더해 정세히 신유(申諭)하기를 문부성의 규칙에 따라 학문이 보급될 수 있도록 방법을 만들어 시행해야 할 것.[27]

27　人々自ラ其身ヲ立テ其産ヲ治メ其業ヲ昌ニシテ以テ其生ヲ遂ル所以ノモノハ他ナシ身ヲ脩メ智ヲ開キ才藝ヲ長スルニヨルナリ而テ其身ヲ脩メ智ヲ開キ才藝ヲ長スルハ學ニアラサレハ能ハス　是レ學校ノ設アル所以ニシテ日用常行言語書算ヲ初メ士官農商百工技藝及ヒ

학제의 서문인 '피앙출서'는 국가주의 관점을 고수하고 있었던 계몽주의 교육사상가 후쿠자와 유키치의 『학문의 권장[學問のすすめ]』(1872~1876) 등, 당시의 진보적 교육사상의 영향을 받아 사민평등・계몽주의・지식주의・권학주의라는 실용성 및 공리성에 기초한 국민개학과 교육의 기회균등을 이상으로 삼았다.

여기에서는 먼저 학문을 하는 목적이 개인의 입신출세에 의한 풍요로운 삶을 살아가는 것에 있으며, 그것을 위해 지식재예(知識才藝)가 필요하고 그것을 배울 수 있는 곳이 학교라고 정의하고 있다. 이것은 극히 실용적이며 자유주의적 근대 실학교육사상과 공리주의 사상에 입

法律政治天文醫療等ニ至ル迄凡人ノ營ムトコロノ事學アラサルハナシ人能ク其ノアル所ニ應シ勉勵シテ之ニ從事シ而シテ後初テ生ヲ治メ産ヲ興シ業ヲ昌ニスルヲ得ヘシサレハニシテ人タルモノ誰カ學ハスシテ可ナランヤ夫レノ道路ニ迷ヒ飢餓ニ陷リ家ヲ破リ身ヲ喪ノ徒ノ如キハ畢竟不學ヨリシテカヽル過チヲ生スルナリ從來學校ノ設アリテヨリ年ヲ歷ルコトクシト雖トモ或ハ其道ヲ得サルヨリシテ人其方向ヲ誤リ學問ハ士人以上ノ事トシ農工商及ヒ婦女子ニ至ツテハノ之ノ度外ニヲキ學問ノ何物タルヲ辨セス又士人以上ノ稀ニ學フ者モ動モスレハ國家ノ爲ニスト唱ヘ身ヲ立ルノ基タルヲ知ラスシテ或ハ詞章記誦ノ末ニ趨リ空理虛談ノ途ニ陷リ其論高尙ニ似タリト雖トモ之ヲ身ニ行ヒ事ニ施スコト能ハサルモノ少カラス是卽チ沿襲ノ習弊ニシテ文明普ネカラス才藝ノ長セスシテ貧乏破産喪家ノ徒多キ所以ナリ是故ニ人タルモノハ學ハスンハ有ヘカラス之ヲ學フニハ宜シク其旨ヲ誤ルヘカラス之ニ依テ今般文部省ニ於テ學制ヲ定メ追々敎則ヲモ改正シ布吿ニ及フヘキニツキ自今以後一般ノ人民 華士族卒農工商及婦女子必ス邑ニ不學ノ戶ナク家ニ不學ノ人ナカラシメン事ヲ期ス人ノ父兄タル者宜シク此意ヲ體認シ其愛育ノ情ヲ厚クシ其子弟ヲシテ必ス學ニ從事セシメサルヘカラサルモノナリ高上ノ學ニ至テハ其人ノ材能ニ任カスト雖トモ幼童ノ子弟ハ男女ノ別ナク小學ニ從事セシメサルモノハ其父兄ノ越度タルヘキ事但從來沿襲ノ弊學問ハ士人以上ノ事トシ國家ノ爲ニスト唱フルヲ以テ學費及其衣食ノ用ニ至ル迄多ク官ニ依賴シ之ヲ給スルニ非サレハ學ハサル事ト思ヒ一生ヲ自棄スルモノ少カラス是皆惑ヘルノ甚シキモノナリ自今以後此等ノ弊ヲ改メ一般ノ人民他事ヲ拋チ自ラ奮テ必ス學ニ從事セシムヘキ樣心得ヘキ事 右之通被仰出候條地方官ニ於テ邊隅小民ニ至ル迄不洩様便宜解譯ヲ加ヘ精細申諭文部省規則ニ隨ヒ學問普及致候樣方法ヲ設可施行事. 태정관 포고 214호는 일본 문부과학성(http://www.mext.go.jp)의 '學制百年史 資料編'에서 인용.

각한 교육이념의 설정이었다. 즉, 종래의 봉건적 교육은 '나라를 위한' 교육이었으며, "사장기송에 경주하며 공리허담의 길로 빠져있었다"고 이를 비판한다. 결국 개인의 입신(立身)·치산(治産)·창업(創業)의 근본이 되는 학력을 키우는 것이 진정한 교육이며, 앞으로 메이지 신정부가 추구하는 교육의 핵심은 '입신의 재본'을 위한 실학이어야 함을 명시하고 있다.

특히 종래의 학문은 주로 '사인(士人) 이상이 하는 일'이라 여겨지던 것을 여기에서는 "사람은 배우지 않으면 안 된다"고 하며 "이후에 일반 인민 화족·사족·졸족(卒族)·농민·기능인·상인 및 부녀자는 반드시 마을에 불학하는 집이 없고 집에 불학하는 자가 없을 것을 기대한다"고 천명하고 있는데, 그것은 바로 "고등학문은 그 사람의 재능에 맡긴다 하더라도", 아동들은 "남녀 구별 없이 소학교에 다니게 해야 한다"는, 학문의 기회균등과 차별을 없앤 국민개학사상이었다.

끝으로 피앙출서에서는 학비를 관에 의존하고 관급(官給)이 지급되지 않으면 배우지 않겠다는 것을 '연습의 폐(沿襲ノ弊)'라 지적하며, "자금 이후 이들 폐를 고쳐 일반 인민이 다른 일을 내던지고 스스로 분기하여 반드시 학문에 종사하도록 명심해야 할 것"이라 정의한다. 학비를 인민 스스로가 부담하라는 뜻이다. 아무런 재정적 준비 없이 학제를 반포할 수밖에 없었던 신정부의 재정적 어려움을 느끼게 하는 대목이다. 당시 인민들이 학제에 반대하는 행동에 나선 데에는 이와 같은 교육비의 부담도 한몫했음에 틀림없다.[28]

---

28 실제로 문부성이 학제에 따른 소학교 설치를 강력히 추진하자 전국 각지에서 소학교에 불을 지르거나 교사를 습격하는 등의 사건이 일어났다. 소학교는 근대 건축으로 지어졌고,

학제의 공리주의(功利主義) 교육관

학제는 메이지유신의 핵심 세력이었던 막부 말기의 개명파(開明派) 하급 무사계층이 직접 목격했거나 다양한 루트를 통해 학습한 서구의 평등주의사상과 인권사상을 기반으로, 적어도 소학교육에 있어서만큼은 남녀의 구별과 지위고하를 막론하는 국민개학, 즉 의무교육에 대한 의지를 표명하는 일종의 선언과도 같았다. 종래의 학문적 풍토를 공리허담(空理虛談)이라 하여 이를 배격하고 서양의 과학기술과 문명을 받아들이자는 실학주의 사상을 강조하고 있다는 점은 분명 전 시대와 구별되는 획기적 교육이념을 제시한 일대 혁명적 사건이었다. 또한 학제는 황학파가 시도했고 좌절했던 복고주의적 학사제의 실패를 교훈 삼아, 새 시대 도래에 걸맞은 참신한 교육제도의 구상이었는데, 개인의 입신출세주의의 지향은 어찌 보면 메이지 신정부의 신분 재조정에 의해 몰락할 수밖에 없었던 하급무사계급에게 교육을 통한 입신출세라는 새로운 희망을 제시하고 있다는 점에서 정치적 복안이기도 했다.

그러나 메이지 신정부가 근대교육의 기본 틀로 삼았던 동양도덕·서양예술, 화혼양재(和魂洋才)라고 하는 동서양의 가치를 절충한 교육이념은 자취를 감추고, 오로지 서양예술과 양재 습득을 통한 개인의 입신출세만을 중시하고 있다는 점, 학제의 반포를 통해 교육의 자율성에 대

······
양장을 한 교사들은 지역주민들에게는 그야말로 전통의 고수에서 얻을 수 있는 안정감을 해치는 이질적 '서양예술'의 전도사로 비쳤으며, 여기에서 오는 불안감이 새로운 학제에 대한 반발로 이어졌다. 한마디로 비일상적 공간으로서의 학교의 등장과, 이를 강제하면서도 재정을 부담시키고, 교육내용을 강제·통제한다는 것에 대한 불만이었다고 할 수 있다.

한 억압과 전 시대의 전통적 학문세계와의 단절・괴리에 따른 반발 등은 학제가 갖는 내적 모순이며 한계였다고 할 수 있다.

학제를 시행함에 있어서도 많은 어려움이 따랐다. 프랑스의 학구제, 독일의 독학제(督學制) 등, 유럽에서도 미완성이었던 교육제도를 모방하여 만들어진 학제는 여러 가지 면에서 당시 일본의 현실과는 맞지 않았다. 당시 일본사회는 학제를 수행할 만큼 근대화되어 있지도 않았을 뿐만 아니라, 학제에서 정하고 있는 교육제도조차 시행할 수 있는 여건이 갖추어져 있지 않았기 때문이었다. 또한 전 109장 213조에 이르는 학제 내 시행규칙은 인위적 제도에 의해 인간의 자유를 구속하는 제도와 규정이었으며, 각 지역의 특수한 사정을 고려하지 않은 일률적・획일적인 것이었다. 교육내용 또한 너무 서양적이었다.[29]

여기에 농민의 토지를 헐값에 수용하여 비용도 민중이 직접 부담하는 방식으로 학교를 만들었다. 게다가 수급자부담원칙이라는 학비의 과도한 부담은 의무교육이라는 개념에 따른 강제취학 규정 또한 취학에 대한 거부로 이어졌고, 취학을 하더라도 학비 지출을 거부하는 등의 거센 반발이 일어났다. 게다가 전통적 학문 방식을 부정하고 개인의 입신출세와 실학을 중시했던 점은 시대의 흐름에 부합하는 시대정신의 구현이라는 점에서 충분히 납득할 수 있겠으나, 일본의 전통적 교육이념이자 일본의 국체(國體), 즉 천황제 국가체제 형성의 일익을 담당했던 유가(儒家)사상을 철저히 무시했던 점에서 많은 이들의 반발을 샀다.

이러한 불만은 점차로 농민소동이 되어 각지에서 소학교 폐지를 주

---

29 당시 사용했던 교과서가 대부분 양서를 그대로 번역한 것이었다는 점이 이를 반증한다.

장하는 폭동이 일어났고, 학교가 부서지거나 불에 타는 등의 극단적인 사태가 벌어졌다. 결과적으로 1877년을 전후로 하여 전국의 평균 취학률은 30퍼센트에도 미치지 못했고, 취학자의 약 80퍼센트는 1년을 채우지 못하고 학교를 그만두는 사태가 벌어졌다. 그도 그럴 것이 일본의 근대교육은 민중의 요구에 의해 시작된 것이 아니라 국가의 의지에 의해 강제적으로 추진되었기 때문에 학교와 국민교육에 대한 민중의 적극적인 이해를 얻어내지 못했기 때문이다.

기도 다카요시, 다나카 후지마로 등 당시의 문부성 수뇌 또한 새로운 학제에 대해서는 처음부터 불만과 반대의 입장이었다. 부사(副使)와 문부담당 이사관으로 이와쿠라사절단(岩倉使節團)에 동행했던 기도와 다나카는 그들이 조사한 결과를 바탕으로 하여 새로운 학교제도가 만들어져야 했음에도 불구하고 그들이 부재한 상황에서 정부가 새로운 학제를 반포했다는 사실에 불만을 표시했고, 학제의 교육이념이 너무 개화주의사상에 치중되어 있다는 점, 서구 교육제도에 대한 인식이 일면적이라는 점 등에 대해서도 강한 불만을 표시했다.

이에 문부대보(文部大輔)로 문부성의 실권자 자리에 오른 다나카는 1878년 5월 학제의 시행규칙인 '소학교칙(小學敎則)'을 폐지하고 학교별 교칙제정권을 인정했다. 국가에 의한 획일적·강제적 교육행정 체계를 지역주민의 자발적 참여에 의해 구성하게 하는 자율적 행정으로 이를 전환한 것이었다. 그리고 같은 해 종래의 학제를 대신하는 교육법령으로서 '교육령(敎育令)'을 입안하고, 이듬해인 1879년 이를 반포함으로써 종래의 학제를 대신하게 된다.

제2장
메이지[明治] 중·후기 국민국가 형성과 교육
— 지육(智育)에서 덕육(德育)으로

1879년 교육령(敎育令)

　문부대보(文部大輔) 다나카 후지마로[田中不二麿] 등이 주축이 된 위원회에서 제정한 교육령은 많은 부분 다나카가 실제 조사하고 경험했던 미국식 자율적 교육제도로의 전환을 기본 골격으로 하고 있다.[1] 그러나 1872년의 학제가 유럽의 교육제도를 모델로 해서 만들어졌다면 교육령은 그 모델이 미국으로만 바뀌었을 뿐 서양의 교육제도를 참고로 해 만들어진 제도라는 점에서는 별반 다르지 않았다. 연방제나 각 주의 자치를 인정하는 미국의 교육법을 모델로 한 새로운 교육령은 많은 부

------

[1]　다나카는 1871년 이와쿠라사절단의 일행으로 서양 여러 나라를 시찰하고 귀국한 후 재차 1876년 유학생 감독관으로 미국으로 건너가 각 주의 교육제도를 둘러보고 지방분권주의를 배워왔다. 교육령은 그러나 자율적 분권주의를 참고로 미국인 학감(學監) 머레이(David Murray, 1830~1905)의 도움을 받아 자유주의·권학주의(勸學主義)적 교육제도를 기초했다. 당시 참의(參議) 겸 공부경(工部卿)으로 법제국(法制局) 장관이기도 했던 이토 히로부미[伊藤博文]는 이 안을 대폭 수정하여 공포하였다.

분에서 개인과 교육의 자율성을 보장하고 있었으며, 그러한 의미에서 자유교육령(自由敎育令)이라 불리기도 한다. 독학국(督學局)과 학구제를 폐지하고 주민에 의해 선출된 교육위원이 직접 학교를 관리·감독하도록 하였으며, 학교에서 가르치는 과목 또한 지방의 특성에 맞춰 각 각의 교육위원회에서 정하도록 했다.

〈그림 6〉 다나카 후지마로

총 47조로 구성된 교육령은 내용도 학제와는 달리 소학교 교육에만 한정되어 있는데, 소학교의 수학연한을 학제의 정규과정 8년에서 4년까지 단축하는 것을 허락하였고, 실제 취학의무는 그 4년 가운데에서 16개월 이상이면 된다고 이를 완화하였다. 또한 교육의 목표는 개인의 입신이 아닌 국가의 복지에 두었다. 덕육(德育)을 수반하지 않는 문명개화가 지닌 위험성을 경계해 덕육과 지육(智育)을 국민교육의 내용으로 삼았다.[2] 즉, 국민의 공공의식 형성에 중점을 둔 것이었다.

그러나 다나카의 교육령 또한 실패했다. 한마디로 1879년의 교육령은 당시의 실정과는 맞지 않는 이상주의적 교육제도였기 때문이다. 아직 지방자치가 실시되지 않고 있던 당시의 상황에서 교육의 자치라는 개념을 일반 인민들이 알 리도 없었으며, 교육 재원 절감을 위해 소학교를 없애거나 통폐합하는 곳이 속출했다. 이는 자연스럽게 취학률의 저하로 나타났고, 사람들은 나라에서 아이들의 교육을 포기한 것이 아닌

---

2 쓰지모토 마사시 외, 이기원·오성철 역, 앞의 책, 361쪽.

가하는 의구심을 갖게 되었다. 결국 이에 대한 책임을 지고 문부경(文部卿) 기도 다카요시와 다나카는 자리에서 물러났으며, 이러한 상황을 타개하기 위해 문부성은 교육령이 반포된 이듬해인 1880년 교육령을 개정하게 되는데, 일반적으로 이를 개정교육령(改定敎育令)이라 부른다.[3]

1879년 교학성지(敎學聖旨)

1880년에 교육령을 개정하게 되는 배경에는 취학률의 저하라는 표면적인 이유도 있었지만, 당시 일본사회 전반에 걸친 구화사상(歐化思想) 만능에 대한 자성의 목소리와 더불어 전통유학과 존황사상(尊皇思想)을 합체시켜 강력한 신민을 형성한다는, 교육을 통한 황도주의(皇道主義) 이데올로기의 형성이라는 정치적 노림수가 있었다.[4] 이는 1879년 메이지 천황의 명의로 발표된 '교학성지(敎學聖旨)'와 무관하지 않을 것이다.

교학성지는 유신 이후 교육계에 만연했던 서양의 실학적 교육사조

---

3 1885년에는 지방재정의 악화에 따라 개정교육령의 세부규칙을 부분 개정한 '재개정교육령'이라 불리는 교육령의 개정이 한차례 더 일어난다.
4 1880년 문부성에서 교과서로 사용이 부적합한 서적의 명단이 발표되었는데, 이들 대부분이 전 시대의 계몽적 양학자(洋學者)의 서책이었다는 것은 '학제'의 교육이념에 대한 부정이라는 의미를 갖는다. 후쿠자와 유키치[福澤諭吉]의 『通俗國權論』, 『通俗民權論』, 미쓰쿠리 린쇼[箕作麟祥]의 『泰西勸善訓蒙』, 가토 히로유키[加藤弘之]의 『立憲政体論』 등이 대표적이라고 할 수 있다(나카무라 기쿠지[中村紀久二], 『敎科書の社會史 —明治維新から敗戰まで』, 岩波新書, 2001, 49쪽).

를 비판하고, 인의충효(仁義忠孝)를 중심으로 하는 전통적 유교주의를 바탕으로 덕육을 강조하는 내용으로 구성되어 있다. 이것은 앞으로의 교육이 천황 중심의 절대주의 국가체제에 걸맞은 '신민(臣民)만들기'라는, 신정부의 구체적이며 실체적인 교육이데올로기의 창출과 통제를 예고하는 것이었다.

교학의 핵심은 인의충요를 분명히 하고 지식재예를 연마해 인간의 도리를 다하는 것으로, 이것은 우리 조상으로부터의 훈이고 국전(國典)의 대지(大旨)로, 상하 일반을 교화하는 것이다. 그러나 근래에 들어 오로지 지식재예만을 중히 여겨 아직도 문명개화만을 쫓아 품행을 망치고 풍속을 해치는 자가 적지 않다. 그러한 자들은 유신의 초기 주로 예로부터의 나쁜 습관을 타파하고 넓은 세상의 탁견으로 일시 성양의 장점을 취해 일신의 효과를 보려 했지만, 그런 유폐들은 인의충효를 뒤로 하고 헛되이 양풍, 이것을 경쟁하니 장래가 두렵고, 군신부자의 대의를 깨닫게 하려 해도 그 방법을 알 수 없다. 이것은 우리나라의 교학의 본의가 아니기에 앞으로는 조종의 훈전에 기초해 오로지 인의충효의 길을 분명히 하고, 도덕의 가르침은 공자를 주로 하여 사람들이 성실 품행을 존중하고 그러한 후에 각 분야의 배움은 그 재기에 따라 더욱 외장하고, 도덕재예의 본말을 갖추어 대중지정의 사학을 천하에 포만 시키려 함은 우리나라 고유의 정신이어서 세계에 부끄러움이 없을 것이다.[5]

---

5 '教學ノ要仁義忠孝ヲ明カニシテ智識才藝ヲ究メ以テ人道ヲ盡スハ我祖訓國典ノ大旨上下一般ノ教トスル所ナリ然ルニ輓近専ラ智識才藝ノミヲ尚トヒ文明開化ノ末ニ馳セ品行ヲ破リ風俗ヲ傷フ者少ナカラス然ル所以ノ者ハ維新ノ始首トシテ陋習ヲ破リ知識ヲ世界ニ廣ムルノ卓見ヲ以テ一時西洋ノ所長ヲ取リ日新ノ效ヲ奏スト難トモ其流弊仁義忠孝ヲ後ニシ徒ニ洋風是競フニ於テハ將來ノ恐ルル所終ニ君臣父子ノ大義ヲ知ラサルニ至ランモ測ル可カ

천황의 시강(侍講)이었던 모토다 나가자네(元田永孚, 1818~1891)가 기초한 교학성지는 '교학대지(敎學大旨)'와 '소학조목 2건(小學條目二件)'으로 구성되어 있다.[6] 모토다는 1879년 천황의 호쿠리쿠[北陸], 도카이[東海] 지역 순행(巡幸)이 있은 후 교육에 관한 시찰의견이라 하여 교학성지를 당시 내무경(內務卿)이었던 이토 히로부미(伊藤博文, 1841~1909)와 문부경이었던 데라지마 무네노리[寺島宗則]에게 제출하였다. 교학대지에서는 교육을

〈그림 7〉 모토다 나가자네

크게 인의충효와 지식재예 연마를 위한 교육으로 이분하며, 교육은 모름지기 인의충효를 분명히 하고 지식재예를 연마하여 인간의 도리를 다하게 만드는 것이라 정의하고 있는데, 지식재예보다는 인의충효를 우선시하고 있음을 알 수 있다. 또한 문명개화 이후 만연하고 있던 양풍존중(洋

ラス是我邦教學ノ本意ニ非サル也故ニ自今以往祖宗ノ訓典ニ基ヅキ專ラ仁義忠孝ヲ明カニシ道德ノ學ハ孔子ヲ主トシテ人々誠實品行ヲ尙トヒ然ル上各科ノ學ハ其才器ニ隨テ益々長シ道德才藝本末全備シテ大中至正ノ敎學天下ニ布滿セシメハ我邦獨立ノ精紳ニ於テ宇內ニ恥ルコト無カル可シ', '교학대지'는 일본 문부과학성 홈페이지(http://www.mext.go.jp)의 '學制百年史 資料編'에서 인용.

6　모토다 나가자네(1818~1891)는 구마모토번[熊本藩] 출신 유학자로서, 1871년 오쿠보 도시미씨[大久保利通]의 추거로 궁내성(宮內省)에 출사하여 메이지천황의 시독(侍讀)이 되었다. 이후 20년 동안 천황에게 진강(進講)을 하는 등 메이지천황의 두터운 신임하에 신정부의 교육정책에 깊이 관여하게 된다. 『유학강요(幼學綱要)』(1881)를 편찬하고 '교육칙어(敎育勅語)'의 기초(起草), '국교론(國敎論)' 등을 통해 여타 종교에 대한 배척적인 태도를 분명히 하고 천황제로의 절대귀의를 주장하는 등, 유교에 의한 천황제 국가사상 형성에 크게 기여한 인물이다.

風(尊重) 사상을 경계하며, 그 대안으로써 유교, 특히 공자(孔子)의 가르침을 도덕교육의 기본으로 삼아야 할 것을 강조하였다.

교학성지는 봉건적 유교주의, 황도주의의 관점에서 실학주의 사상을 비판한 대표적 사례로, 그야말로 절대 권력에 의한 교육의 정의라 할 수 있으며, 전통적 교육 사상이었던 유교주의 정신의 부활을 알리는 신호탄이기도 했다.

이어서 소학조목 2건이 이어진다.

一. 인의충효의 마음은 모든 사람이 갖고 있다. 그러나 어릴 적부터 그것을 뇌리에 감각하게 하고 배양하게 하지 않으면 다른 여러 것들이 이미 귀에 들어오고 선입견이 주가 될 시에는 후에 어찌 할 수가 없다. 그런 연유로 현재 소학교에 회도(繪圖)를 갖고 있으니 그에 준해 고금의 충신의사효자절부(忠臣義士孝子節婦)의 화상(畵像), 사진을 걸어 아이들이 학교에 처음 입학했을 때 우선 이 화상을 보여주고 그 행사의 개략을 설명해 가르치고 충효의 대의를 첫째로 뇌수에 감각할 수 있게 하는 것이 중요하다. 그러한 다음에 여러 물건의 이름을 알게 하면 후래(後來) 충효의 성(性)으로 양성하고 박물(博物)을 듦에 있어 본말을 그르치는 일이 없을 것이다.

一. 지난 가을 각 현의 계교를 순람하고 친히 학생들의 예업을 시험해보니 농상의 자제가 대답하는 것의 대부분이 고상한 공론만이 몹시 많고 서양말을 잘 한다지만 이것을 우리말로 번역하지도 못했다. 이러한 아이들이 훗날 학교를 졸업하고 집에 돌아가 다시 본업에 종사하면 어렵고 또한 고상한 공론을 가지고 관리가 된들 아무짝에도 쓸모가 없을 것이다. 그 박문함을 자랑하고 윗사람을 깔보고 현관의 방해가 되는 자 또한 적지 않다. 이것은 모두 교학의 참된 길을 얻지 못한 폐해이다. 이에 농상에는 농상의 학과를 만들고 고상함에만 빠지지 말고 실지에 기초해 훗날 학업을 이룰 시에는 본업으로 돌아가 더욱 더 그 업을 성대케 하는 교칙이 있었으면 한다.[7]

여기에서도 마찬가지로 서양 학문에 경도되어 있는 당시의 교육현실을 비판하고, 소학교 교육을 통해 전통적 도덕관을 가르치는 것이 무엇보다도 중요하다는 것을 강조하고 있다. 거기에다가 "고금의 충신·의사·효자·절부의 화상, 사진을 걸어 아이들이 학교에 처음 입학했을 때 우선 이 화상을 보여주고 그 행사의 개략을 설명해 가르치고 충효의 대의를 첫째로 뇌수에 감각할 수 있게 하는 것이 중요하다"고 하는 구체적 덕육 방법을 제시한다. 즉, 인의충효의 정신을 어린 시절부터 아이들의 뇌리에 각인시키라 교시하고 있는데, 이는 다름 아닌 천황이데올로기 형성을 위한 유교주의적 교육의 부활을 알리는 것이었다.

교학성지에 따른 유교주의적·황도주의적 교육이념으로의 전환의

- - - - - - -
7 一 仁義忠孝ノ心ハ人皆之有リ然トモ其幼少ノ始ニ其腦髓ニ感覺セシメテ培養スルニ非レハ他ノ物事已ニ耳ニ入リ先入主トナル時ハ後奈何トモ爲ス可カラス故ニ當世小學校ニ給圖ノ設ケアルニ準シ古今ノ忠臣義士孝子節婦ノ畫像、寫眞ヲ揭ケ幼年生人校ノ始ニ先ツ此畫像ヲ示シ其行事ノ概略ヲ說論シ忠孝ノ大義ヲ第一ニ腦髓ニ感覺セシメンコトヲ要ス然ル後ニ諸物ノ名狀ヲ知ラシムレハ後來思孝ノ性ニ養成シ博物ノ學ニ於テ本末ヲ誤ルコト無カルヘシ
一 去秋各縣ノ季校ヲ巡覽シ親シク生徒ノ藝業ヲ驗スルニ或ハ農商ノ子弟ニシテ其說ク所多クハ高尙ノ空論ノミ甚キニ至テハ善ク洋語ヲ言フト雖トモ之ヲ邦語ニ譯スルコト能ハス此輩他日業卒リ家ニ歸ルトモ再ヒ本業ニ就キ難ク又高尙ノ空論ニテハ官トナルモ無用ナル可シ加之博聞ニ誇リ長上ヲ侮リ縣官ノ妨害トナルモノ少ナカラサルヘシ是皆敎學ノ其道ヲ得サルノ弊害ナリ故ニ農商ニハ農商ノ學科ヲ設ケ高尙ニ馳セス實地ニ基ツキ他日學成ル時ハ其本業ニ歸リテ益々其業ヲ盛大ニスルノ敎則アランコトヲ欲ス. '소학조목 2건(小學條目二件)'은 일본 문부과학성 http://www.mext.go.jp의 '學制百年史 資料編'에서 인용.

또 다른 배경으로는 당시 조금씩 고개를 들기 시작했던 자유민권운동(自由民權運動)에 대한 억압을 들 수 있을 것이다.[8] 정부는 자유민권운동에 대한 민중교화책으로써 유교주의적 도덕교육을 적극 활용하려 했는데, 이는 자유교육령에 의한 자유주의교육사조에서 다시금 정부에 의해 강제되고 통제되는 간섭주의(干涉主義)교육으로의 완벽한 회귀를 의미하는 것이기도 했다.[9] 1880년의 개정교육령 반포 이후 소학교에서 학습해야 할 여러 과목 중 수신(修身) 과목을 으뜸으로 두었는데, 이것은 이러한 교학성지의 정신을 실천적으로 구현하기 위한 교육 당국의 강력한 의지의 표현이라 할 수 있을 것이다.

교학성지의 정신은 모리 아리노리(森有禮, 1847~1889)의 국가주의 교육사상을 낳았고, 1890년 10월의 '교육에 관한 칙어', 즉 '교육칙어(敎育勅語)'로 이어진다. 교학성지와 개정교육령의 반포 이후 교육은 인의충효를 절대시하는 국민사상의 통일을 위한 수단에 불과하고, 교육의 목적 또한 진리 탐구나 개성의 신장이라는 근대교육의 보편적 가치의 실천보다는 헌법으로 보장하고 있는 국체, 즉 천황에게 충실한 신민(臣民)의 육성을 지향하게 된다. 국민에게 봉건적·전통적·가부장적인 충성심을 강요하는 교육은 결과적으로 협애(狹隘)하고 배타적인 국가주의 사상을 강제적으로 주입하게 되고, 의사(擬似) 가족주의적 국가교육에 흡수되는 신민양성 이데올로기를 지향한다.[10]

......
8 山住正己, 『日本敎育小事』, 岩波新書, 1987, 36쪽.
9 메이지 정부는 1880년 4월, 교원과 학생들의 정치집회를 전면 금지하는 '집회조례'를 발표했다. 즉, 자유민권운동에 대한 민중교화책으로써 유교주의적 덕육교육을 도입하려 했던 것이다.
10 윤종혁, 앞의 책, 27쪽.

이렇듯 1880년에 이루어진 교육령의 개정을 경계로 해서 메이지기 초기에 지향하던 근대 서양의 합리주의정신에 기초한 실학적 지식주의 교육은 철저하게 유교적 정신에 입각한 덕교(德敎)사상 교육으로 전환되어 간다.

자유민권운동(自由民權運動)

근대 일본의 교육체제와 교육이념은 1872년의 학제 반포 이후 1879년의 교육령, 1880년과 1885년의 교육령의 개정에 이어, 1886년의 종별 교육령 반포까지, 대략 20년이 조금 못 되는 긴 세월에 걸쳐 수많은 시행착오 끝에 그 기본 골격이 확립되었다. 거기에 1890년에 공포된 교육칙어의 교육이념을 같은 범주에 넣고 생각한다면, 대략 메이지유신 이후 20여 년의 세월에 걸쳐 비록 우여곡절은 있었지만 황도주의(皇道主義) 사상을 근간으로 하는 근대 일본의 국민교육의 틀이 만들어졌다고 해도 과언이 아닐 것이다. 특히 1880년 교육령의 개정을 계기로 이후의 교육이념이 서구의 실학적·공리주의적 사상을 최고의 교육 가치로 삼는 지육(智育)에서 전통적 유교주의를 바탕으로 인의(仁義)·충효(忠孝)·애국심(愛國心)을 강조하는, 이른바 덕육(德育)으로 변화해 가는 배경에는 당시 점차로 세력을 확대해 가기 시작한 이른바 자유민권운동(自由民權運動)에 대한 권력 측으로부터의 견제 내지는 억압이 있었다.[11]

주지하는 바와 같이, 메이지 신정부의 수뇌부의 절대적 대다수는 사

〈그림 8〉 이타가키 다이스케

쓰마[薩摩]・조슈[長州]・도사[土佐]・히젠[肥前] 등, 이른바 '삿초토히'라 불리던 웅번(雄藩) 출신자들이었고, 1873년 정한론(征韓論)을 둘러싼 한바탕 정치적 소용돌이가 지나가고 난 후에는 오쿠보 도시미치[大久保利通]・기도 다카요시[木戶孝允]・이토 히로부미[伊藤博文] 등의 사쓰마・조슈 출신 관료들이 전권을 거머쥐게 된다. 이에 이타가키 다이스케[板垣退助]・나이토 로이치[內藤魯一]・우에키 에모리[植木枝盛] 등을 주축으로 하는 자유민권파(自由民權派)라 불리는 이들은 이와 같은 몇몇 특정지역 출신자들에 의해 국정이 운영됨을 '유사전제(有司專制)'라 칭하고, 이들에 의한 국정 전횡이 계속되는 한 국가는 붕괴하고 말 것이라 하여 이들을 타도하기 위한 정치운동을 전개한다. 이들은 국회개설, 헌법제정, 조세경감, 지방자치, 불평등조약 철폐라는 5대 요구를 내세우고, 메이지 신정부가 목표로 하는 절대주의적 천황제국가에 반대하며 민주주의적 입헌제국가(立憲制國家)를 꿈꿨다. 자유민권운동이라 불리는 반체제운동은 1874년 이타가키가 중심이 된 '민선의원설립건백서(民選議院設立建白書)' 제출을 운동의 시발점으로, 1880년~1881년의 고양기(高揚期)를 거쳐 군마[群馬] 사건・지치부[秩父] 사건・이다[飯田] 사건・나고야[名古屋] 사건 등, 정부의 과격한 진압에 테러나 봉기로 맞선 이른바 1884년의 '격화사건(激化事件)'

---

11 山住正己, 앞의 책, 36쪽.

을 계기로 정부의 극심한 탄압을 받아 쇠퇴하기 시작한다.

자유민권운동이 학교에 파급될 것을 우려한 정부는 1875년 인신비방을 금지하는 언론통제령인 '참방률(讒謗律)', '신문지조례(新聞紙條例)', '출판조례개정(出版條例改正)'과, 1880년의 '집회조례(集會條例)'를 통해 교원과 학생들의 정치집회를 전면 금지하였고, 1882년의 '집회조례개정추가(集會條例改正追加)' 등의 법률제정으로 자유민권운동의 학교로의 영향을 차단했는데, 이와 같은 감시와 통제는 1890년 제국의회(帝國議會)가 개설될 때까지 이어졌다.[12] 자유민권파의 교육운동의 핵심은 천황제 이데올로기 형성을 위한 교육체제에 대한 반대에 있었고, 이에 동조하는 교원들은 이와는 별도의 가치를 교육의 이념으로 삼았다.

일본교육사 연구에서 자유민권운동이 주목을 받기 시작한 것은 1960년대 말부터 1970년대 초에 걸친 시기부터이다. 구로사키 이사오[黑崎勳]는 자유민권파는 국가에 의한 공교육 조직화에 대항하여 '교육의 자유'에 기초한 '인민의 협의(協議)에 의한 공교육의 자주적 조직화'를 지향했고,

---

12 자유민권운동의 사상적 배경에는 밀의 '자유론(自由論)'・'대의정체론(代議政體論)', 밴덤의 '최대 다수의 최대 행복론', 스팬서의 '권리론(權利論)', 루소의 '사회계약론(社會契約論)' 등의 사상적 영향이 있었다. 자유민권사상을 가장 체계적으로 구성한 이론가는 인권에 최고의 가치를 둔 우에키 에모리[植木枝盛]였다. 나카에 조민[中江兆民]은 프랑스 시민혁명사상을 소개했고, '생존권(生存權)' 위에 여러 자유가 보장되는 '자유권(自由權)'이 보장되어야 한다고 주장했다. 민권주의운동 사상 속에 국권론비판, 여성해방론, 피차별부락해방론(被差別部落解放論), 도시무산자(都市無産者) 조직론 등의 사상이 포함되어 있기는 하였으나 아직 체계적 구성으로는 미흡했고, 중국과 조선을 비롯한 아시아권 국가에 대한 차별의식과 소수민족의식 결여와 같은 문제점을 안고 있었다. 또한 백성잇키[百姓一揆]・요나오시[世直し]・민중종교(民衆宗敎) 등에서 볼 수 있는 농민(農民)의 해방 사상을 포함하는 사상체계를 구축하지 못 한 채 실패로 끝났다(國史大辭典編輯委員會編, 「自由民權運動」, 『國史大事典』, 吉川弘文館, 1986 참조).

따라서 자유민권운동은 "일본 근대 이후 최초의 교육운동이라 부를 만한 것"으로 평가했다.[13] 즉, 자유민권운동은 교육사적 관점에서 보면, 일본 공교육제도의 성립과정에 직접 관계했던 교육운동이었다는 것이다.

또한 지바 마사히로千葉昌弘는 민권운동에 참가했던 교원들을 중심으로 그들의 활약과 교육실천 활동에 주목하여, "교사 및 지역주민의 통합・협력관계에 있어서 '위로부터'의 공교육의 체제화를 주체적으로 받아들여, 지역의 교육에 적합한 것으로 '밑으로부터' 개조하여, 학제 및 교육령의 근대적 측면을 실질적으로 신장시킨 가능성이 자유민권운동 시기 동안에 형성되었다"고 지적했다.[14] 이들의 연구는 종래 교육과는 직접 관계가 없는 정치운동이나 문화운동, 혹은 일반적 민중운동으로 규정해온 자유민권운동을 일본 최초의 교육운동으로 규정지었는데, 이러한 관점은 이후 교육사와 관련된 자유민권운동의 연구의 일반론이 되었다.

결론적으로 자유민권운동은 국회개설, 헌법제정, 조세경감 등의 국민의 권익 확립을 요구한 정치운동이었지만, 그와 동시에 국민이 정치의 단순한 수용자에서 주체자가 될 수 있음을 자각시킨 일대 학습운동이었다고도 볼 수 있다. 교육면에 있어서 자유민권운동은 교육의 발전을 위해 자주적 집단을 형성하고, 교육의 내용을 국가의 요구에 의해 정하는 것이 아니라 민중의 생활과 지역 실정에 따라 자주적으로 편성하려는 노력, 그리고 특히 청년의 교육에 있어서는 지식을 단순한 인식

---

[13] 黒埼勳,「自由民權運動における公教育理論の研究」,『教育學研究』第三八卷 第一号, 1971.
[14] 千葉昌弘,「自由民權運動の教育史的意義に關する若干の考察」,『教育學研究』第三九卷 第一号, 1972.

의 레벨로 인식하지 않고 그것을 활용하는 정신과 함께 자기 것으로 획득하려 노력했다는 점에서 의의를 인정할 수가 있을 것이다.

1880년 교육령(敎育令) 개정

　학제 반포 이후 1880년의 이른바 '자유교육령' 반포에 이르기까지 근대 일본의 최고의 교육이념이자 가치는 그것이 자율적이든 강제적이든 국가주의(國家主義)적 규범 형성을 강조하는, 이른바 지육(智育)에 있었으며, 그것은 서양의 계몽주의적 학문의 보급과 그로 인한 개인의 입신출세를 지향하는 실학적·공리주의 사상에 기초한 것이었다. 그러나 1880년의 교육령의 개정의 배경에는 당시의 구화사상 만능이라는 당시의 사회적 분위기에 일조했던 교육내용에 대한 반성도 있었지만, 궁극적으로는 황도주의 이데올로기의 형성이라는 새로운 교육이념을 국민교육의 전면에 내세우기 시작했다는 점에 주목해야 할 것이다. 이는 1879년 메이지천황의 명의로 발표된 교학성지의 내용과 무관하지 않다는 것은 앞에서 살펴본 바와 같다.

　즉, '교학대지'와 '소학조목 2건'으로 이루어진 교학성지의 내용은 메이지유신 이후 일본의 근대교육이 서양의 실학적 교육사조에 경도되어 있음을 비판하고, 대안으로써 인의·충효·애국심 등의 유교적 윤리를 중시하는 덕육의 필요성을 강조하는 것이었다. 여기에서부터 '천황제 이데올로기의 강화를 위한 교육'이라는 새로운 교육 패러다임이 등장하게 되는데, 이는 1945년의 패전 이전까지 일본의 근대교육의 핵심이자 최고의 가치였으며, 서구 선진 여러 나라의 교육과 비교해 봤을 때 비정상적인 교육 행태가 이루어지게 된다는 일본만의 독특한 교육 환경이 만들어지는 계기가 되었다. 따라서 1880년의 이른바 '개정교육령'은 개인적 실용주의와 국가적 실리주의가 합치된 국가주의 교육의 확립이라는 교육 방향의 '개정(改正)'이라는 역사적 의미를 갖는다.

그러나 근대 국민국가는 자본주의 체제를 기본으로 하고 있으며, 자본주의 체제는 공동체로부터의 개인의 독립을 전제로 한다. 즉, 자본주의 체제를 기본으로 하는 국민국가는 필연적으로 개인의 자각과 상호 경쟁을 사회발전의 동력으로 삼고, 이러한 환경 속에서 국민의 공공성을 어떻게 확보할 것인지가 교육의 과제로 등장한다는 것이다. 그러한 의미에서 개정교육령 등장에 따른 유교주의적 교육이념의 설정은 시대착오적이라 할 수 있을 것이며, 진보적 교육주의자의 입장에서 볼 때 이는 역사 발전에 퇴행하는 구시대적 교육 방침이었다고 할 수 있다. 근대 일본이 걷게 되는 불행한 역사의 시작을 천황제 이데올로기, 혹은 국체(國體)사상의 형성과 관련된 국민교육이라는 관점에서 바라본다면, 1880년 개정교육령 반포 이후 현저하게 나타나는 교육정책의 변화는 근대 일본 국민에게 있어서는 불행한 일이었다고 감히 단언할 수 있다.

이러한 교육이념의 변화 속에 1885년 이토 히로부미 내각의 초대 문부대신 자리에 오른 모리 아리노리(森有禮, 1847~1889)는 애국심 고양을 통한 국가주의 형성을 최고의 교육이념과 목표로 삼았다. 1886년 모리는 교육 전체를 포괄하는 교육령을 대신하여 학교 종별로 '소학교령(小學校令)'・'중등학교령(中等學校令)'・'사범학교령(師範學校令)'・'제국대학령(帝國大學令)'의 네 개의 개별 정령(政令)을 공포한다.[15] 제국대학은 그야말로 일본의 근대화에 필요한 서양의 실학적 학문을 수학한 고급관료를 키우기 위한 기관으로, 중학교는 제국대학에 입학하기 위한 학문적 소양과 자격을 갖추기 위한 준비과정 기관으로, 소학교는 심상(尋常)과 고등(高等) 두 단계로 나누고 심상소학교 4년 과정에 취학하는 것을 의무로 명시했다.[16] 또한 사범학교는 장래의 교원들에게 철저한 국가주의적 이데올로기를 심어주기 위한 기관으로서 특히 중시되었다.

1886년 모리 아리노리(森有禮)의 종별 학교령(種別學校令)

1885년 교육 수장의 자리에 오른 모리 아리노리는 일본의 근대화와 국민도덕의 강화라는 두 가지 교육목표를 설정했다. 다나카 후지마로가 국가주의 형성에 있어 국어와 역사교육을 강조했다면 모리는 '천황제(天皇制)'에 주목했다. 되풀이 되지만, 1880년의 개정교육령 반포 이후 일본의 교육은 당시 일본사회 전반에 걸친 구화사상에 대한 자성에서, 전통유학과 존황사상을 합체시켜 강력한 신민을 형성할 수 있는 새로운 황도주의 이데올로기의 형성을 최고의 가치로 삼았다. 즉, 모리의 교육목표는 종

---

15 총칭하여 '학교령(學校令)'이라 부른다. 학교령의 반포에 이르러 일본의 모든 학교, 즉, 소학교부터 제국대학에 이르기까지의 교육연구제도와 교수내용이 정비되기에 이른다.
16 당시 도쿄대학(東京大學)이라 불리던 일본 내 유일한 대학은 '제국대학'이라 개칭된다. 또한 소학교령을 통해 일본 최초의 의무교육이 법으로 정해진다.

〈그림 9〉 모리 아리노리(森有禮)

래의 실학을 바탕으로 하는 교육에 수신주의(修身主義)적 교육을 조화시킨 국가주의 확립에 있었던 것이다.

모리의 국가주의 교육사상과 메이지 정부의 교육에 대한 통제는 1890년 '교육칙어' 공포를 통해 더욱 강화된다. 교육칙어에서는 근대 일본사회를 규정하는 독특하면서도 주요한 본질이라 할 수 있는 천황 절대주의에 기초한 국체관(國體觀)을 분명히 규정하고, 이에 따른 국민의 행동규범을 제시하고 있다. 교육칙어의 공포 이후 교육은 인의충효(仁義忠孝)를 절대적 가치로 삼는 신민(臣民)사상의 형성과 이를 강제하는 수단에 불과했다. 교육의 목적 또한 근대 서구의 보편적 교육이념이라고도 할 수 있는 진리 탐구나 개성의 신장에 있다기보다는 헌법으로 보장하고 있는 국체, 즉 천황에게 충실한 신민을 육성한다는, 교육을 통한 천황에 대한 절대충성과 애국심을 강조한다.[17]

---

17 朕惟フニ我カ皇祖皇宗國ヲ肇ムルコト宏遠ニ德ヲ樹ツルコト深厚ナリ 我カ臣民克ク忠ニ克ク孝ニ億兆心ヲ一ニシテ世々厥ノ美ヲ濟セルハ此レ我カ國體ノ精華ニシテ教育ノ淵源亦實ニ此ニ存ス爾臣民父母ニ孝ニ兄弟ニ友ニ夫婦相和シ朋友相信シ恭儉己レヲ持シ博愛衆ニ及ホシ學ヲ修メ業ヲ習ヒ以テ智能ヲ啓發シ德器ヲ成就シ進テ公益ヲ廣メ世務ヲ開キ常ニ國憲ヲ重シ國法ニ遵ヒ一旦緩急アレハ義勇公ニ奉シ以テ天壤無窮ノ皇運ヲ扶翼スヘシ是ノ如キハ獨リ朕カ忠良ノ臣民タルノミナラス又以テ爾祖先ノ遺風ヲ顯彰スルニ足ラン。
斯ノ道ハ實ニ我カ皇祖皇宗ノ遺訓ニシテ子孫臣民ノ俱ニ遵守スヘキ所之ヲ古今ニ通シテ謬ラス之ヲ中外ニ施シテ悖ラス朕爾臣民ト俱ニ拳々服膺シテ咸其德ヲ一ニセンコトヲ庶幾フ。 교육칙어는 일본 문부과학성 홈페이지(http://www.mext.go.jp)의 '學制百年史 資料編'에서 인용.

교육칙어의 복사본과 이른바 '어진영(御眞影)'이라 불리는 메이지 천황 부부의 사진이 전국 학교에 배부되었다. 교육칙어는 각종 학교의 행사나 국가적 의례 시에 교장이나 교장을 대신하는 자가 봉독(奉讀)하였고, 학생들은 교육칙어의 봉독이 끝날 때까지 머리 숙여 이를 배례하는 불편한 자세로 있어야 했다. 또한 기원절(紀元節), 천장절(天長節) 등의 국가의례 시에는 어진영 배례를 중심으로 한 축하의식이 거행되었고, 학생들은 가장 좋은 옷을 입고 학교행사에 참석했다.

수신 교과서 또한 이 교육칙어에 명시된 도덕적 기준에 따라 편찬되었다. 게다가 천황 축하를 위해 '천황폐하 만세' 의례를 적극적으로 도입한 것도 모리였다. 모리의 이러한 교육이념은 1891년 4월의 '소학교설비준칙'을 발령을 통해 어진영·교육칙어의 '봉치(奉置)'에 관한 구체적 규정으로 이어졌으며, 같은 해 6월에는 '소학교축일대제일의식규정(小學校祝日大祭日儀式規定)'을 제정하는 등, 어진영과 교육칙어를 통한 천황주의 이데올로기교육의 강화로 이어진다.

모리에 의한 국가주의 교육체제의 기본 골격과 천황제 이데올로기 형성이라는 교육이념은, 이후 아시아·태평양전쟁이 끝날 때까지 근대 일본 교육의 근간을 이루며 일본인들의 정신적 규범으로서 강하게 자리 잡았다.

1890년의 교육칙어(敎育勅語)

다나카 후지마로가 1879년 학제를 대신하는 이른바 자유교육령이라 불리는 교육령을 제정·반포한 배경에는 자유민권운동의 확산이라는 시류(時流)가 있었고, 이후의 개정교육령의 제정(1880)과 때를 맞추어 '국체의 정화(精華)'로서 천황제 이데올로기 확립을 위한 덕육교육이 강제·강화되어 간 것도 이러한 맥락에서 파악할 수 있을 것이다. 그러한 맥락에서 교육칙어의 공포와 배포, 이를 봉독하는 행사의 강화 등의 일련의 의례의 제정과 정비는, 마침 자유민권운동이 공권력의 무자비한 탄압에 의해 조금씩 빛을 잃어가는 시기와 맞물려 있었다고 볼 수 있다.

당시 법제국(法制局) 장관이었던 이노우에 고와시(井上毅, 1843~1895)와 추밀고문관(樞密顧問官)이었던 모토다 나가자네[元田永孚] 등, 천황의 측근 그룹에 의해 작성된 '교육에 관한 칙어[敎育に關する勅語]', 이른바 '교육칙어'는 자유민권운동과 당시의 사회에 만연해 있던 구화사상에 반대하는 전통주의적·유교주의적 입장에서 덕육 중시를 교육의 기본이념으로 제시하고 있다.[18]

교육에 관한 칙어

짐이 생각컨대 우리 황조황종(皇祖皇宗)이 나라를 연 것이 굉원(宏遠)하고

---

18 교육에서의 덕육주의 진흥을 원한 것은 1889년의 대일본제국헌법 공포에 따른 새로운 법체제로의 이행, 총선거 실시 등에 의한 정당정치의 확립에 따른 구래의 질서 유지에 불안을 느낀 지방 장관들이 1890년 2월 지방장관회의에서 덕육진흥의 건의를 수합하여 문부성에 덕육교육을 확정해 줄 것을 건의한 것이 계기가 되었다.

덕을 세움이 심후(深厚)하다. 우리 신민이 지극한 충과 효로써 억조창생(億兆蒼生)의 마음을 하나로 하여 대대손손 그 아름다움을 다하게 하는 것, 이것이 우리 국체의 정화(精華)이고 교육의 연원이 실로 여기에 있다. 그대들 신민은 부모에게 효도하고 형제 간 우애하며, 부부 서로 화목하고 붕우 서로 신뢰하며 공검(恭儉)하고, 박애를 여러 사람에게 끼치며, 학문을 닦고 기능을 익힘으로써 지능을 계발하고 덕기를 성취해 나아가 공익을 널리 펼치고 세상의 의무를 넓히며, 언제나 국헌을 존중하고 국법을 따라야 하며, 일단 위급한 일이 생길 경우에는 의용(義勇)을 다하며 공을 위해 봉사함으로써 천양무궁의 황운을 부익(扶翼)해야 한다. 이렇게 한다면 그대들은 짐의 충량한 신민이 될 수 있을 뿐만 아니라 그대들 선조의 유풍(遺風)을 현창(顯彰)하기에 족할 것이다.

　이러한 도는 실로 우리 황조황종의 유훈(遺訓)으로 자손과 신민이 함께 준수해야 할 것들이다. 이것을 고금을 통하여 어긋나게 해서는 안 될 것이다. 이를 중외(中外)에 베풂에 있어 도리에 어긋남이 있어서는 안 될 것이다. 짐은 그대들 신민과 더불어 권권복응(拳拳服膺)하며 널리 미치게 하고, 그 덕을 함께 공유할 것을 절망한다.

메이지 23년 10월 30일[19]

---

[19] 朕惟フニ我カ皇祖皇宗國ヲ肇ムルコト宏遠ニ德ヲ樹ツルコト深厚ナリ　我カ臣民克ク忠ニ克ク孝ニ億兆心ヲ一ニシテ世々厥ノ美ヲ濟セルハ此レ我カ國體ノ精華ニシテ教育ノ淵源亦實ニ此ニ存ス爾臣民父母ニ孝ニ兄弟ニ友ニ夫婦相和シ朋友相信シ恭儉己レヲ持シ博愛衆ニ及ホシ學ヲ修メ業ヲ習ヒ以テ智能ヲ啓發シ德器ヲ成就シ進テ公益ヲ廣メ世務ヲ開キ常ニ國憲ヲ重シ國法ニ遵ヒ一旦緩急アレハ義勇公ニ奉シ以テ天壤無窮ノ皇運ヲ扶翼スヘシ是ノ如キハ獨リ朕カ忠良ノ臣民タルノミナラス又以テ爾祖先遺風ヲ顯彰スルニ足ラン　斯ノ道ハ實ニ我カ皇祖皇宗ノ遺訓ニシテ子孫臣民ノ俱ニ遵守スヘキ所之ヲ古今ニ通シテ謬ラス之ヲ中外ニ施シテ悖ラス朕爾臣民ト俱ニ拳々服膺シテ咸其德ヲ一ニセンコトヲ庶幾フ。　교육칙어는 일본 문부과학성 홈페이지(http://www.mext.go.jp)의 '學制百年史 資料編'에서 인용.

교육칙어에서는 신민이 지극한 충과 효로써 대대손손 천황과 나라를 위해 진력하는 것이 '국체의 정화'이며, '교육의 근원'이라 정의하며, 구체적으로 신민이 진력해야 할 14의 덕목을 열거하고, 마지막으로 이러한 덕목은 '황조황종의 유훈'에 따라 영원히 준수해야할 보편적 진리라 맺고 있다.

교육칙어 공포 이후 일본의 교육은 국가주의 이념에 의해 강력한 지배를 받게 된다. 즉, 학교는 진리 탐구와 인간육성을 위한 터전이 아니라 부국강병과 충군애국이라는 국시(國是)를 위한 국민의 형성 또는 국민도덕 형성의 장으로 변질되어 갔다. 전술한 바와 같이 공포 후에는 문부성이 직접 등본(謄本)을 만들어 전국의 학교에 이를 배포했으며, 학교의 각종 행사나 국가적 의례 시에는 이를 봉독(奉讀)하였다. 이후 교육칙어는 국민도덕의 절대적 기준이 되었고, 최고의 교육이념으로써 신성시(神聖視)되었다. 또한 공포 이후 국어·수신 과목을 비롯한 여러 교과서와, 후술하는 창가(唱歌) 과목에서 사용한 노래들의 가사 또한 이러한 천황의 신성함을 주입하는 내용을 기본으로 만들어졌다. 교육칙어를 통해 명시된 천황제국가의 사상, 또는 교육이념은 1894년의 청일전쟁(淸日戰爭)과 1904년의 러일전쟁(露日戰爭)에 참가한 군인들의 충군애국(忠君愛國) 정신 함양에 절대적인 영향을 미쳤으며, 1931년부터 이어지는 이른바 '15년 전쟁' 기간 동안에는 극단적으로 신성시되기도 하였다.

종별(種別) 전문화·특성화 교육

천황제 이데올로기 형성을 노골화하는 메이지 후기의 교육은, 이를 뒷받침할 수 있는 유교주의에 입각한 덕육교육을 중심으로 하여, 이른바 종별(種別) 전문화·특성화 교육의 길로 들어선다.

메이지유신 이후 정부의 산업정책은 국영기업 중심으로 이루어졌다. 그러던 것이 1890년대 이후부터는 그야말로 일본 최초의 산업혁명이라 부를 만큼 경공업을 중심으로 하는 민간 기업이 발달하게 되는데, 이에 필요한 전문화된 인력 수요가 그 만큼 늘어났으며, 원활한 인력수급을 위해 노동자들에게 전문화·특성화된 종목 별 기능 별 교육이 중시되었다. 당시 문부대신이었던 이노우에 고와시[井上毅]는 1893년 문부성령으로 14조로 구성된 '실업보습학교규정(實業補習學校規程)'과, 1894년 15조로 구성된 '도제학교규정(徒弟學校規定)' 공포를 주도하였다.[20]

실업보습학교를 "제반 실업에 종사하려 하는 아동에게 소학교 교육의 보습과 동시에 간이(簡易)한 방법으로 그 직업에 필요한 지능기술을 가르치는 곳"이라 정의하며, 그곳에 입학할 수 있는 자격은 심상소학교를 졸업한 자를 원칙으로 하며, 심상소학교를 졸업하지 않았거나 학령이 지난 자들은 학교장의 허가를 얻어 예외로써 입학할 수 있었다. 또한 학습과목은 수신(修身), 독서(讀書), 습자(習字), 산술(算術)을 기본으로 실업에 관한 과목으로 구성되어 있다.[21] 이노우에는 경제적 발전을 통

---

[20] 실업보습학교규정과 도제학교규정은 일본 문부과학성 홈페이지(http://www.mext.go.jp)의 '學制百年史 資料編'에서 확인할 수 있다.

한 부국을 기반으로 애국심을 배양하려 했으며, 따라서 그에게 교육칙어는 상징 이상의 적극적 의미를 갖지 않았다.[22]

도제학교는 "직공이 되기에 필요한 교과를 배우는 곳"으로, 입학 자격은 연령 12세 이상이나 심상소학교 졸업 이상의 학력을 지닌 자를 원칙으로 하며, 심상소학교를 졸업하지 않은 자는 학교장의 허가를 얻어 입학할 수 있었다. 학습과목은 수신・산술・기하・물리・화학・도화 등 직업에 직접 관계가 있는 것과 이들 과목의 실습 등이었다.

여기서 한 가지 주목할 만한 사항은 다른 과목은 학교장 재량에 따라 얼마든지 조정이 가능했으나 수신과목만은 절대 제외시킬 수 없었다는 것이다. 1년 전에 만들어진 실업보습학교규정에는 없었던 규정이다. 또한 중등교육 단계의 교육을 강화・정비하기 위해 1899년 실업보습학교와 도제학교를 통합한 19조의 '실업학교령' 과 20조로 구성된 '고등여학교령(高等女學校令)'을 칙령(勅令)으로 공포한다.[23]

실업학교는 공업・농업・상업 등의 실업에 종사하는 자에게 필요한 교육을 실시하기 위한 학교로, 공업학교・농업학교・상업학교・상선학교 및 실업보수학교가 이에 해당하며, 잠업학교・산림학교・수의학

------

21 실업보습학교규정에서는 실업에 관계되는 다음과 같은 과목을 들고 있다.
  第五條 實業補習學校ノ實業ニ關スル敎科目ハ左ニ揭クル事項ヨリ撰擇シ又ハ便宜分合シテ之ヲ定ムヘシ 一 工業地方ニ於テハ図畫、模型、幾何、物理、化學、重學、工芸意匠、手工ノ類 二 商業地方ニ於テハ商業書信、商業算術、商品、商業地理、簿記、商業ニ關スル習慣及法令ノ大略、商業經濟、外國語ノ類 三 農業地方ニ於テハ或ハ農業大意、或ハ耕耘、害虫、肥料、土壤、排水、灌漑、農具、樹芸、家畜、養蠶、森林、農業帳簿、丈量ノ類
22 쓰지모토 마사시 외, 이기원・오성철 역, 앞의 책, 375쪽.
23 실업학교령과 고등여학교령은 일본 문부과학성 홈페이지(http://www.mext.go.jp)의 '學制百年史 資料編'에서 확인할 수 있다.

교·수산업학교 등은 농업학교의 하부에 포함시키고, 도제학교는 공업학교 내에 포함시키고 있다. 또한 필요에 따라 문부대신이 그 지역의 특성에 맞는 실업학교 설치를 명할 수 있도록 하고 있다.

고등여학교는 여자에게 필요한 보통교육을 실시하기 위해 만들어졌으며, 수학연한은 4년이었고, 연령 12세 이상으로 고등소학교에서 2년간 수학한 자, 또는 이와 동등한 학력을 가진 자에 한해서 입학이 허락되었다.

이후 일본의 중등교육은 중학교·실업학교·고등여학교를 중심으로 이루어진다.

전문학교령(專門學校令)

산업화의 발달과 사회의 레벨 향상에 따라 제국대학 출신자에는 못 미치더라도 이에 버금가는 전문 인력이 필요하게 되었다. 에에 따라 그러한 인재 양성을 목적으로 16조로 구성된 '전문학교령(專門學校令)'이 1903년 칙어로 공포된다.[24] 전문학교령에 의해 새로이 전문학교가 설립되거나, 이미 전문학교라는 이름으로 설립 운영되던 기존의 지바의료전문학교(千葉医學專門學校), 센다이의학전문학교(仙台医學專門學校), 오카야마전문학

---

24 전문학교령은 일본 문부과학성 홈페이지(http://www.mext.go.jp)의 '學制百年史 資料編'에서 확인할 수 있다.

교岡山医學專門學校) 등의 의학전문학교와, 도쿄외국어학교(東京外國語學校), 도쿄미술학교(東京美術學校) 및 도쿄음악학교(東京音樂學校) 등은 의학·약학·법률 등의 전문교육을 실시하는 전문학교로 승격하게 된다.

실업계통 학교는 '실업전문학교'라 불렸다. 전문학교는 고등의 학술·기예를 교수하는 곳으로, 중학교·고등학교를 거쳐 진학하는 제국대학과는 달리 중학교 또는 수학연한 4년 이상의 고등여학교를 졸업한 자나 이와 동등한 학력을 가졌다고 인정되는 자 이상이 입학할 수 있었다. 이에 따라 일본의 고등교육제도는 주로 고급 관료 양성 기관으로서의 제국대학과, 산업계나 사회 각 분야의 전문 인력을 양성하는 전문학교를 중심으로 이루어졌다. 1887년 창설된 도쿄대학 하나뿐이었던 제국대학도 1897년에 교토, 1907년에 센다이(仙台), 1910년에 후쿠오카(福岡)에 연이어 창설되었다.

자유교육령 반포를 전후로 해서 저하를 보이던 취학률도 1890년 교육칙어 발표 이후 교육제도의 정비와 확충에 따라 꾸준한 증가세를 보인다. 1886년 소학교령 제정 이후 꾸준히 증가한 의무교육 취학률은 1898년에 이르러서는 대략 70퍼센트 선에 달했다. 1900년이 되면 소학교에서는 수업료를 받지 않는 무상교육이 실시된다. 또한 같은 해 시험에 의한 진학제도를 폐지하고 이른바 자동진급제가 실시되었고, 1907년에는 의무교육의 연한이 4년에서 6년으로 늘어났다.

이렇게 해서 메이지 후반기라고 할 수 있는 1910년대에 국가 운영과 산업 분야에서 실무를 담당하게 될 인재를 양성하기 위한 중·고등교육 제도가 완비되었고, 근대국가에 걸맞은 문명화된 국민, 혹은 천황제 이데올로기의 충실한 신민 형성을 위한 일본의 초등교육은 메이지 후기에 거의 모든 국민을 대상으로 보급되게끔 되었다.

제3장
국민국가 형성과 창가(唱歌) I
―메이지 전기 창가 교육을 중심으로

일본의 음악

  일반적으로 소리(sound)는 '물체의 진동에 의하여 생긴 음파가 귀청을 울리어 귀에 들리는 것' 이라 정의할 수 있다. 또한 소리는 자연계에서 발생하는 소리와 인간이 만들어내는 인위적인 소리로 대별할 수 있는데, 그 중에서 음악을 구성하는 소재로써의 소리를 '음(音)'이라고 한다. '음악(音樂)'은 음의 장단(長短)・고저(高低)・강약(强弱)・음색(音色) 등을 조합하여 육성(肉聲)이나 악기로 연주하는 소리예술이라 정의할 수 있다.

  음악은 다양한 음향현상의 특성을 질서 있게 배열하며 일정한 시공간 속에 펼치는 인간의 예술적 활동의 소산인데, 신체나 물체를 이용하여 구축되는 이 음향세계는 사회적 존재로서 인간이 영위하는 생활 속에 유기적으로 자리 잡아 문화적 의미와 가치를 부여받고, 상황에 따라 사회적 기능을 수행한다. 게다가 음악은 시대의 변천과 함께 전승 내지는 변형되기도 하고, 지역을 뛰어넘어 전파되어 변용되기도 하면서 인간생활 속에 중요한 역할을 담당해 왔다.

중국에서 처음 만들어져 그 주변 문화권에서 공유하고 있는 '음악(音樂)'이라는 용어는, 영어의 '뮤직(music)'[1]으로 대표되는 말에 대응하는 용어이다. 고대 한자문화권 내에서 음악(音樂)이라는 말이 문헌에 처음 등장하는 것은 기원 전 3세기 중국 진(秦) 나라 때 만들어졌다는 『여씨춘추(呂氏春秋)』가 가장 이른 시기의 용례이며, 일본에서는 『쇼쿠니혼기(續日本紀)』(797)라는 문헌에 처음으로 음악이라는 용어가 보이고, 그 후에도 여러 문헌에서 용례를 확인할 수 있는데, 중국이나 일본의 옛 문헌에 보이는 음악이라는 용어는 특정한 종목(種目)이나 악곡(樂曲)을 가리키는 경우가 많아 오늘날 우리가 생각하는 포괄적인 개념으로써의 음악과는 다른 것이다.

오늘날 우리가 감상하고, 부르고, 연주하는 포괄적 개념으로써의 음악에 상당하는 중국의 옛 용어는 '악(樂)'이다. 물건에 접촉했을 때의 움직임을 나타내는 '성(聲)'이 변화하여 형태를 나타내면 그것이 '음(音)'이 되고, 그 음을 반복해서 즐길 때 이를 '악(樂)'이라 한다. 고대 일본에서도 음악을 의미할 때 는 '악(樂)'이라 했다. 그 밖의 일본어로는 '모노노네(もののね)'・'우타(うた)'・'온쿄쿠(音曲)'와 같은 총칭적 용어가 있는데, 이는 각각 조금씩 의미하는 범위가 다르며, 메이지(明治) 시대 이후에서야 비로소 '음악'이라는 용어가 위에서 언급한 영어의 뮤직(music)에 대응하는 용어로써 사용하게끔 되었다.

'노래(song)'는 가사에 곡조를 붙여 목소리로 부를 수 있게 만든 음악, 또는 그 음악을 목소리로 부르는 것을 말하며, 가곡(歌曲)・가사(歌辭)・

---

1 프랑스어로는 musique, 독일어로는 Musik, 이탈리아어로는 musica 등.

시조(時調)와 같이 운율이 있는 언어로 사상과 감정을 표현하는 것, 또는 그런 예술 작품을 가리키는 말이라 정의할 수 있다. 일본의 경우도 마찬가지여서, 우리말 '노래'에 해당하는 일본어 '우타(うた)'에는 '가사에 곡조를 붙여 목소리로 부를 수 있게 만든 음악과 운율이 있는 언어로 사상과 감정을 표현하는 것'이라는 의미가 모두 포함되어 있다.[2] 한자로 표기할 경우 '가(歌)'·'요(謠)'·'패(唄)'·'시(詩)' 등이 모두 '우타'라고 읽히는 이유가 바로 여기에 있다.[3]

예로부터 일본사회에는 가가쿠[雅樂], 노가쿠[能樂], 가부키[歌舞伎], 지우타[地歌], 샤미센카요[三味線歌謠], 소가쿠[箏樂], 민요[民謠], 와라베우타[童謠] 등의 다양한 전통음악이 공존하고 있었다. 이런 다양한 일본의 전통음악들은 가가쿠를 제외하고는 거의 개인적인 전수나 교습을 통해 계승되고, 특정한 장소에서 피로되는 지극히 사적인 음악들이다.

---

2 고대일본에서는 목소리를 내서 노래하는 '우타'도, 현재의 시가(詩歌)에 해당하는 '글'로 표기하는 '우타'도 모두 '歌'로 표기했다. 그러나 중국에서는 구별이 있어, 일반적으로 입으로 소리를 내 노래하는 경우는 '歌'또는 '謠', '吟'으로 표기했으며, 글로써 나타내는 경우에는 '詩'로 표기했다. 또한 현재 일본문학사의 정의에 의하면 고대일본에서 '가요(歌謠)'라 함은 전자를 가리키고, 후자의 경우는 '歌'또는 '詩歌'로써 양자를 구별하고 있으나 고대일본에 있어서는 '가요'나 '서정시가'나 모두 '우타[歌]'로 표기하고 있다(小島憲之, 『上代日本文學と中國文學』 上, 塙書房, 1962, 544~562쪽 참조).

3 본서는 일본문화사 속 '소리문화'라는 통시적 흐름 안에서 근대 일본 '소리문화'의 특성을 생각해 보려 하는 것이다. 여기서 차용하고 있는 '소리'의 개념은 우리말 '노래'에 해당하는 일본의 '우타(うた)', 그 중에서도 '가사에 곡조를 붙여 목소리로 부를 수 있게 만든 음악'으로 한정함을 미리 밝혀둔다.

일본 전통음악의 특징

현존 일본 전통음악 중에서 가장 오래된 것은 가가쿠(雅樂) 계통의 음악으로 대략 천 년 이상의 역사를 갖고 있다. 오늘날에도 궁내청(宮內廳) 악부(樂府)에서 관리되며 국가의 전통의례 시에 피로되어지고 있다. 가가쿠는 신라악(新羅樂)·고려악(高麗樂)·백제악(百濟樂)·당악(唐樂) 등의 외래악(外來樂)이 전래되어 나라(奈良)·헤이안(平安) 시대에 궁정을 중심으로 하는 귀족사회에 정착한 것이다. 고대 야마토(大和) 정권이 지향했던 율령국가(律令國家)의 예악존중(禮樂尊重) 사상에 따라 궁정예악(宮廷禮樂) 전문부서인 악부에서 가가쿠의 관리·전승이 이루어졌는데, 오랜 세월 동안 형태를 거의 바꾸지 않고 전승되고 있다.

일본 전통음악의 종류는 무엇을 기분으로 분류를 하느냐에 따라 그 종류에 있어 크게 차이가 난다. 예를 들면 고대 음악, 중세 음악, 근세 음악 등과 같이 각 시대 별로 나누어 고찰하는 경우가 있고, 아니면 악기의 종류에 따라서 고토(箏) 음악, 샤미센(三味線) 음악, 샤쿠하치(尺八) 음악, 비와(琵琶) 음악 계통으로 나누어 설명하는 경우도 있다.[4]

서양음악과 대비되는 일본 전통음악의 특징은 먼저, 일본의 전통음악에는 리듬이라는 것이 없다는 것이다. 리듬이 없다는 것은 쉽게 말해 손뼉을 치며 장단을 맞출 수가 없는 음악이라는 것이다. 서양 음악이 흔히 손뼉이나 발로 장단을 맞출 수 있는 것과는 달리 일본의 전통음악

---

4 일본의 전통음악의 종류와 특징에 대해서는 이지선, 『일본의 전통공연예술』(제이엔씨, 2007)에서 자세하게 소개하고 있으므로 참조 바란다.

은 리듬이 없고 완만하게 음이 이어지는 특징을 보인다.

서양 음악에는 두 개 이상의 음을 함께 내는 규칙적인 화음(和音)이 있지만, 일본 전통음악은 규칙적인 화음(하모니)이 없는 단음계로 이루어져 있다. 이것은 일본 전통 악기라 할 수 있는 비파·고토·쇼[笙]·샤쿠하치·샤미센 등 관현악기가 단음악기라는 것과 관계가 있을 것이다. 화음보다는 독특한 울림[響き]을 중시했다. 울림은 다른 말로 여백(餘白)이라고도 할 수 있는데, 일본 전통음악은 음부(音符)로 가득 채워져 있는 서양음악과는 달리 음과 음 사이의 여백, 즉 여운을 중시한다.

일본의 전통음악은 악기만으로 이루어지는 음악보다는 음과 가사가 함께 어우러지는 성악(聲樂)이 많다는 것 또한 커다란 특징 중에 하나일 것이다. 성악에는 멜로디를 주로 하는 '우타이모노[謠(歌)い物]'와 음악적인 요소보다는 내용 전달을 중시하는 '가타리모노[語り物]'가 있다.

일본 전통음악에는 '보는' 음악이 많다는 것 또한 큰 특징일 수 있을 것이다. '보는' 음악이라는 것은 즉, 단독적으로 음악이 만들어지고 향수되기보다는 극(劇)이나 무용과 함께 어우러져 발달했다는 것을 의미한다. 노가쿠[能樂]·인형조루리[人形淨瑠璃]·가부키[歌舞伎] 음악 등이 대표적이라 할 수 있겠다.

일반적으로 악보(樂譜)를 남긴다는 전통이 없다. 구전(口傳), 즉 스승이 제자와 직접 대면해 이를 전수하는 형식으로 이어져 내려왔다. 음계는 임시음(臨時音)이나 독특한 전조(轉調)가 있기는 하지만,[5] 이른바 서양음의 '파'음과 '시'음이 없는 '요나누키[ヨナ抜き]'라는 5음계를 기본으로 한다.

---

5 악곡 도중에 조(調)가 바뀌는 것. 모듈레이션(modulation), 변조(變調), 조바꿈이라고도 한다.

창가(唱歌)의 도입

1872년 학제(學制)의 반포와 더불어 학교 교육을 통해 처음으로 실시할 예정이었던 소학교에서의 음악교육, 혹은 거기에 사용하는 노래는 창가(唱歌)라는 이름으로 불렸다. 창가라는 명칭은 일찍이 헤이안平安 시대 때부터 쇼가(しょうか)라 불리며 행해졌던 궁중가가쿠(宮中雅樂)의 전문용어였다.[6] 그러나 학제 속에 포함된 창가라는 교과목은 당시 미국의 초등학교 교과목 중의 하나였던 'Vocal Music'의 번역어로써, 종래의 궁정아악의 창가와는 전혀 이질적인 것임에 이 둘은 엄격히 구별해야 할 것이다.

미국 초등교육의 교과목이었던 'Vocal Music'이 어떠한 경위를 거쳐 창가라고 번역되었는지는 지금으로서는 알 수 없지만,[7] 1941년 음악과 (音樂科)로 개명되기 이전까지 창가는 주로 '초등(初等)·중등(中等) 학교에서 교육적 목적으로 사용하고 일본어로 노래하는 양악(洋樂) 계통의 짧은 가곡(歌曲)',[8] 내지는 '악기에 맞춰 가곡을 바르게 노래하고, 덕성(德性)의 함양과 정조(情操)의 도야(陶冶)를 목적으로 하는 교과목' 또는 그 '교과에서 사용되는 가곡'이라 정의할 수 있을 것이다.[9]

------

6   가가쿠 용어로써의 창가는 악기의 선율이나 리듬에 일정한 음절을 붙여 노래하는 것을 말하며, 쇼카라고도 구치쇼개口唱歌]라고도 한다. 일본 악기의 대부분에 쇼가가 있는데, 악기를 가지고 곡목을 연습하거나 전승할 때 입으로 흥얼거리는 것을 생각하면 된다. 그 중에서도 특히 가가쿠, 소쿄쿠[箏曲], 샤미센[三味線] 음악에 많이 사용한다.
7   安田寬, 『唱歌と十字架』, 音樂之友社, 1993, 11쪽.
8   堀内敬三, 井上武士 偏, 『日本唱歌集』, 岩波文庫, 1958, 240쪽.
9   교과목으로서의 창가는 영어의 'singing'을, 가곡으로서의 창가는 영어의 'song'을 번역

1872년 학제에서는 하등소학(下等小學) 과정에서 14개, 상등소학(上等小學) 과정에서는 18개 교과목을 교습할 것을 정하고 있는데, 그 중 하등소학 교과에 창가를 두고, 하등중학교에서 가르쳐야 할 과목에는 주악(奏樂)을 포함시키고 있었다.[10] 그러나 서양음악인 창가나 주악을 누가 무엇을 가지고 어떻게 가르쳐야 할지 문교(文敎) 당국도 학교 측도 아무런 해답을 갖고 있지 않았기에 "당분간 이것을 뺀다(当分之を欠く)"는 단서를 달았고 실제로 창가나 주악교육은 이루어지지는 않았다. 실제로 학제를 시행했을 당시 일본에서 서양음악의 5선기보법(五線記譜法)을 해독할 수 있었던 것은 육군과 해군의 군악대원 정도였다고 한다.[11]

계몽사상가들의 결사(結社) 메이로쿠샤(明六社) 멤버이기도 했던 간다 다카히라(神田孝平, 1830~1898)는 1874년 『메이로쿠잡지(明六雜誌)』 제18호에 「국악을 진흥해야 하는 설(國樂ヲ振興スヘキノ說)」을 발표한다.[12] 작금

한 것이라 여겨지고 있다(堀內敬三, 井上武士 編, 『日本唱歌集』, 岩波書店, 1958, 239쪽).

10 학제에서는 하등소학과정(下等小學課程) 4년, 상등소학과정(上等小學課程) 4년의 2단계 교육을 기본으로 해서, 아이들이 신분이나 성별에 관계없이 만 6세부터 8년간 소학교에 다니며 학습할 것을 장려하고 있다. 중등교육 또한 하등과 상등으로 나누고 있다. 下等小學教科 一 綴字讀並盤上習字 二 習子字形ヲ主トス 三 單語讀 四 會話讀 五 讀本解意 六 修身解意 七 書牘解意並盤上習字 八 文法解意 九 算術九々數位加減乘除但洋法ヲ用フ 十 養生法講義 十一 地學大意 十二 理學大意 十三 体術 十四 唱歌 当分之ヲ欠ク 上等小學ノ教科ハ下等小學教科ノ上ニ左ノ 條件ヲ加フ 一 史學大意 二 幾何學罫畫大意 三 博物學大意 四 化學大意. 下等中學教科 一 國語學 二 數學 三 習字 四 地學 五 史學 六 外國語學 七 理學 八 畫學 九 古言學 十 幾何記簿法 十二 博物學 十三 化學 十四 修身學 十五 測量學 十六 奏樂 当分欠ク. 학제에서 정하고 있는 교과목은 일본 문부과학성 홈페이지(http://www.mext.go.jp)의 '學制百年史 資料編'에서 인용.

11 中村理平, 『洋學導入者の軌跡』, 刀水書房, 1993, 462쪽.

12 간다 다카히라(神田孝平)는 메이지 시대의 계몽가로서, 에도에서 유학과 난학을 배웠다. 을 배우고, 國船來航 1862년 반쇼시라베쇼(蕃書調所)의 교수에 취임. 메이지 시대에 들어서는 신정부의 관료가 되었다. 1874년 설립의 메이로쿠샤(明六社)의 멤버로 「메이로쿠잡지(明六雜誌)」에 많은 논고를 발표 하는 등 계몽가로서의 활약한다.

의 일본에는 개량해야 할 것들이 많다고 시작하는 이 논고에서 간다는 특히 음악의 개량과 진흥에 대해서 다음과 같이 이야기하고 있다.

  방금 우리나라에서 개량 진흥해야 할 것이 아주 많다. 음악 가요 희극 같은 것도 그 중 하나이다. (…중략…) 지금 이것을 진흥하기 위해서는 먼저 음율학(音律學)을 강구(講究)해야 한다. 음율학은 격치학(格致學)을 바탕으로 따로 일과(一課)를 만들어 음(音)에 따라 보(譜)를 만들고, 보를 궁리해서 조(調)를 만드는 법(法)이다. 이 법 지나(支那)에도 있고 구미 제국에는 거의 정묘(精妙)에 달해 있다. 단 우리나라에는 아직 시작되지 않았다. 지금 이것을 강구하는 것은 우리의 결점을 보완하는 길이다. 악기는 화한구아(和漢歐亞)를 막론하고 가장 우리가 사용하기 편리한 것을 고르면 된다. 악장에 이르러서는 외국 것은 사용하기에 적합하지 않고, 내국에서 사용하는 것 또한 적합하다고 생각되는 것이 없다. 어쩔 수 없는 경우에는 간제[觀世]나 호쇼[寶生]나 다케모토[竹本]나 우타자와[歌澤] 등 얼마간은 현금(現今)의 중인(衆人)이 향하는 곳에 따라 취사선택하여 조금씩 음절을 고쳐 가면 될 것이다. 아무래도 우리나라의 악장에는 각운(脚韻)이 없어 듣는 이로 하여금 크게 감발(感發)케 만들기에 부족하다. 중인 조금씩 시나구아[支那歐亞]의 창가를 듣고 각운에 각별한 묘미가 있음을 알게 된다면 그 매력을 흉내 내서 우리 말을 가지고 신곡을 만드는 것 또한 어렵지 않을 것이다 — 나는 일전에 외국기예를 채용해야 하며, 특히 창가를 만드는 법은 외국 곡을 그대로 사용하면 안 되고 신곡을 만들어야 한다고 한 적이 있다. (…이하 생략…)[13]

------
13 今之ヲ振興センニハ第一音律ノ學ヲ講スヘシ音律ノ學ハ格致ノ學ニ基キ別ニ一課ヲ爲シ音ニ從テ譜ヲ作リ譜ヲ案シテ調ヲナスノ法ナリ此法支那ニハ略ホコレ有リ歐米諸國ニハ

먼저, 중국과 구미에서는 기보법이 발달되어 있는데 일본에는 아직 없음으로 이것을 보충하기 위해서 음악교육이 필요하다고 하면서 서양의 음악과 이론으로부터 배워야 할 것을 분명히 제시한 후, 모방에 그치지 말고 독자적인 '국악'을 창조해 가야 한다고 하고 있다. 구체적으로 악기에 대해서는 일본・중국・구미의 어느 것을 사용해도 상관없지만 가사는 일본의 것을 사용해야 한다고 하고 있다. 어쩔 수 없는 경우에는 노[能]나 분라쿠[文樂]에서 사용하는 것 같이 세상에 널리 퍼진 것을 개작해서 사용하면 되지만, 일본의 가사에는 각운이 없기 때문에 아무래도 감명을 주기 쉽지 않으며, 창가는 외국 것을 그대로 사용하지 말고 신곡을 만들어야 한다고 주장하고 있다. 아마도 일본에서 처음으로 음악교육의 필요성을 주장하고, 음악교육에 사용하는 창가는 외국 것을 사용하지 말고 일본의 것을 만들어 사용할 것을 주장하고 있는 논고라 여겨진다. 그러나 간다는 이와 같은 음악 개혁 이론을 실천에 옮기지는 못하였다. 게다가 안타깝게도 이자와 슈지[伊澤修二] 등 훗날 음악교육의 실질적 책임자들이 이와 같은 간다의 이론을 받아들였다는 흔적 또한 찾아보기 어렵다.[14]

殆ト精妙ヲ極ム只我邦未タ開ケス今之ヲ講スルハ我欠ヲ補フ道ナリ ― 樂器ハ和漢歐亞ヲ論セス最モ我用ニ便ナル者ヲ撰ムヲ可ト ス樂章ニ至テハ外國ノ者ハ用ニ適セス內國ニ行ハルル者亦タ適當ト覺シキ者ナシ止ムヲ得スンハ觀世ナリ宝生ナリ竹本ナリ歌澤ナリ姑ク現今衆人ノ趣ク所ニ從ヒ稍稍取捨ヲ加ヘ音節ヲ改メハ可ナラン ― 到底我邦ノ樂章ニハ脚韻ナキヲ以テ聽ク者ヲシテ大ニ感發セシムニ足ラス衆人追々支那歐亞ノ唱歌ヲ聽キ脚韻ニ一段ノ妙趣アル事ヲ知リ得ハ其趣ニ倣ヒ邦語ヲ以テ新曲ヲ製スルコト亦難カラサルヘシ ― 余曾テ謂フ外國技藝採用スルヘカラサル者ナシ特ニ唱歌ノ法外國ノ儘用フヘラス新曲ノ製ノ止ム可カラサル所ナリ 大久保利謙編, 『明治啓蒙思想集』, 明治文學全集3巻, 筑摩書房, 1967 또는 高橋易直編, 『續明治文抄』, 1877.
14 山住正己, 『唱歌教育成立過程の研究』, 東京大學出版會, 1967, 27쪽.

그 후 산발적이기는 하나 실험적으로 창가교습이 이루어지기는 했지만,[15] 전국 규모의 학교 교육의 현장에서 창가 교육이 실시되기까지는 상당히 오랜 시간을 기다려야만 했다. 그도 그럴 것이 학제는 당시 일본 현실사회의 내적 요구(Social needs)에 의해 만들어졌다기보다는 번역적(飜譯的) 교육이념(Social idea)으로 고찰된 것에 지나지 않았기 때문이다.[16] 즉, 학제에서 정하고 있는 음악교과는 오랜 음악적 토양 속에서 성숙한, 학교에서의 음악교육이 절대적으로 필요하다는 공감하에 설치된 것이 아니라, 학제 제정에 있어 참고로 했던 서구 여러 나라의 학제에서 정하고 있던 창가나 음악이라는 교과목을 그대로 모방했던 결과에 지나지 않았다는 것이다. 그러나 실제로 교육이 이루어지지는 않았지만 창가를 교과목의 하나로 지정했다는 것 자체가 머지않아 이루어질 창가 교육의 시발점임과 동시에 일본에서의 음악교육의 출발점이라는 점에서 의의를 인정할 수 있을 것이다.

메이지 초기에는 학교장의 재량에 따라 설치의 유무가 결정되었던 가설과목이었던 창가가 교육현장에서 주목을 받기 시작했던 것은 1882년 4월 문부성(文部省)에 의해 만들어진 최초의 관제(官制) 창가집『소학창가집(小學唱歌集)』초편(初編)이 세상에 나온 이후부터라고 봐야 할 것이다. 1872년의 학제 반포 이후 1879년의 '교육령(敎育令)', 이듬해인 1880년의 '개정(改正) 교육령'을 거쳐 1885년 '재개정(再改定) 교육령'이 나올 때까지

---

15 1874년 이자와 슈지(伊澤修二)가 아이치사범학교(愛知師範學校)에서 실시한 '유아들을 위한 창가유희(唱歌遊戱)'와 1877년 도쿄여자사범학교(東京女子師範學校) 부속 유치원에서 시작된 창가 교육, 1878년의 교토여학교(京都女學校)의 창가교습 등.
16 唐澤富太郎 外,『日本教育史』教育學テキスト講座 第3卷, 御茶の水書房, 1961, 171쪽.

의 10여 년 간의 일본의 근대교육은 당시의 정치나 사회적 현안에 민감하게 반응했고, 교육 그 자체의 논리에 의한 지속적이고도 일관된 교육을 시행할 수 없었기 때문이기도 하지만, 무엇보다도 창가 교육 실시를 위한 제반 여건이 마련되어 있지 않았던 것이 가장 큰 원인이었다.

일본에 처음으로 유입된 서양음악은 기독교의 찬미가(讚美歌)였다. 기독교가 일본에 처음 전파된 것은 일반적으로 포르투갈 예수회 소속의 프란시스코 자비엘(Francisco Xavier, 1506~1552)이 1649년 규슈[九州] 남단 가고시마[鹿兒島]에 도착하여 포교활동을 개시했던 것을 시발점으로 보고 있다.[17] 그렇다면 당시에 이미 선교를 위한 기독교음악이 함께 들어왔다고 볼 수 있을 텐데, 에비사와 아리미치[海老澤有道]에 의하면, 1552년의 강탄제(降誕祭) 때 스오야마구치[周防山口] ― 지금의 야마구치현[山口縣] ―에서 예수회 사람들이 모여 노래미사[missa cantada]를 올린 것이 최초의 찬미가였다고 한다.[18]

이후 계속되던 기독교 탄압에 의해 찬미가를 중심으로 하는 서양음악의 보급이 어떠한 형태로 이루어졌는지에 대해서는 그 상세를 알 수 없지만 기독교 금지령을 해제했던 1872년 이후 요코하마[橫浜]에 생긴 일본 최초의 교회에서 본격적으로 찬미가가 불렸으며, 또한 선교를 위한 찬송가집이 만들어졌음은 야스다 히로시[安田寬]의 연구를 통해 잘

---

17 일본의 기독교의 역사는 1549년 예수회 소속 스페인 사람 프란시스코 데 자비엘의 가고시마[鹿兒島] 도래로부터 시작된다. 전국시대(戰國時代)를 통해 교세(敎勢)는 규슈[九州]에서 교토[京都]에까지 미쳤다. 그러나 도요토미 히데요시[豊臣秀吉]에 의한 탄압, 거기에 1612년에 시작된 에도 막부에 의한 금교정책(禁敎政策)과 1639년 이래의 쇄국정책에 따라 일본 내 기독교도들의 활동은 자취를 감추고 지하로 숨어들게 된다.
18 伊澤修二(山住正已校注), 『音樂事始』, 平凡社, 1971, 331쪽, 「해설」.

알 수가 있다.[19] 그러나 종교음악인 찬미가는 극히 한정된 일부 지역과 사람들을 대상으로 하였기에 예술・예능과 교육이라는, 많은 국민이 수용하고 향수하는 대중문화로서의 음악으로 보급・확대되어갈 수 없는 한계를 지니고 있었다. 따라서 본격적인 서양음악의 수용과 확대는 학교 교육의 일환으로 실시된 창가, 그리고 군악(軍樂) 계통의 몇몇 계보로 나뉘어 발전해갔다고 봐야 할 것이다.

군악과 창가, 종교음악 계통을 중심으로 하는 메이지 초기의 서양음악의 계보는 서로가 기능적으로 연동하고 있었다기보다는 개개의 사정과 상황에 따라 개별적인 성립과 발전의 형(型)을 보인다. 종교음악은 말할 필요도 없을 것이고, 군악대의 음악은 사회 상황과 국책에 연동하며 민간의 브라스밴드, 시중(市中)음악대, 소년음악대, 진돈야, 영화관의 악사, 대중가요, 재즈와 탱고 등의 경음악 등으로까지 확대되어 갔다.

전문음악기관은 1879년 문부성 산하 '음악조사계[音樂取調掛]'가 설치된 이후 세분화하며, 1897년 교원양성을 위한 예과(豫科)와 작곡과 연주 등의 음악관계자 양성을 목적으로 하는 선과(選科)로 구성된 관립 '도쿄음악학교[東京音樂學校]'로 발전해간다.

......

19 安田寬, 『唱歌と十字架』, 音樂之友社, 1993; 『「唱歌」という奇跡 十二の物語』, 文藝春秋, 2003 참조.

일본 근대음악의 창시자 이자와 슈지〔伊澤修二〕

 메이지 신정부의 학제 반포는 종래의 데라코야〔寺子屋〕를 중심으로 이루어지던 소규모·개인적 교육이 국가에 의해 규제·관리·통제되는 집단적 교육으로 바뀌었다는 것을 의미한다. 음악교육 또한 그러하다. 그러나 당시의 다종다양한 음악을 신제도의 집단교육 안에서 어떻게 정리하고 교육할지, 거기에 하나의 효율적 체재를 만들어간다는 것은 몹시 어려운 과제였다.
 1875년 2월 14일 문부성에서 간행한 『문부성잡지(文部省雜誌)』 제3호와, 1876년 5월 8일 간행된 『교육잡지(敎育雜誌)』 제3호에는 창가가 애국심 교육과 여자들 교육에 유효하다는 독일의 교육론이 소개되었다. 당시 문부성에서는 서구 여러 나라의 교육론(敎育論)을 정력적으로 소개했었는데, 어느 교육론의 전역(全譯)이 아니라 특히 그 일부를 발췌해서 번역을 하고 그것을 문부성에서 발행하던 잡지에 게재했을 경우 그것이 문부성의 생각과 전혀 다른 것이었다고는 생각하기 힘들고, 오히려 그러한 번역물들은 일본의 학교교육을 확립해 가는 데 있어서 참고가 되었다고 보아도 무방할 것이다.[20]
 이에 실험적 창가 교육이 시도되었다. 1874년 이자와 슈지(伊澤修二, 1851~1917)가 아이치사범학교(愛知師範學校) 부속 유치원에서 실시한 유아들을 위한 창가유희(唱歌遊戱)와 1877년 도쿄여자사범학교(東京女子師範學

20　山住正己, 앞의 책, 13쪽.

校 부속 유치원에서 실시된 창가 교육 등이 바로 그것이다.[21] 여기에서 사용했던 창가의 가사는 대체로 도덕적인 내용과 권학(勸學)에 관한 내용이 많아, 훗날 음악조사계[音樂取調掛]가 창가교재를 편집할 때 참고로 하거나 채용한 가사도 많다. 또한 교토여학교[京都女學校]가 여자 아이들의 교육의 일환으로 쓰쿠시소[筑紫箏]를 반주로 하는 창가 교육을 실시하였고, 비록 출판은 되지 않았지만 이를 바탕으로 1878년에는 『창가[唱歌]』라는 교재가 만들어지기도 했다.[22]

이자와 슈지는 1851년 지금의 나가노현[長野縣] 이나시[伊那市]를 중심으로 하는 지역인 다카토번[高遠藩]의 하급 무사(武士)의 집안에서 태어났다. 이자와는 어려서부터 많은 독서를 통해 지식을 쌓았다고 한다. 본인의 말을 빌리자면, "12~13세 때 이미 사서오경(四書五經)을 읽고 강

---

[21] 프뢰벨식 보육을 실천하려 했던 도쿄여자사범학교(오차노미즈여자대학의 전신) 부속 유치원에서는 창가를 긴요한 교과의 하나로 설정하고, 1877년부터 11월 6일부터 창가 교육을 실시했다. 같은 달 26일에 황후(皇后)와 황태후(皇太后)를 맞이해서 실시한 창가유희는 유명하다. 이곳에서 사용했던 창가는 궁내성(宮內省) 식부료(式部寮) 아악과(雅樂課)에 의뢰해서 만든 '보육창가(保育唱歌)'로 약 100곡 정도가 남아 있다. 가사는 유명한 옛 와카집[和歌集]에서 따온 것이 가장 많아 대략 반 수 정도를 차지하고 있고, 유치원 보모 등의 작사가 5분의 1, 나머지는 미상이다. 보육창가는 아이들의 일상과는 전혀 관계가 없던 가가쿠[雅樂]을 바탕으로 어려운 고문古文의 가사를 갖고 있어 전국으로 보급되기에는 무리가 있었다. 보육창가에 대해서는 田部先生還曆記念論文集刊行會編, 『東亞音樂論叢』(山一書房, 1943)에 실려 있는 히라데 히사오[平出久雄]의 「『保育唱歌』 覺え書一附, 國歌, 『君が代』小論考―」 참조.
[22] 노래는 당시 외설적이라는 평을 받고 있던 지우타[地唄]를 그대로 사용하였고, 가사를 교육적인 내용으로 개량하여 학생들에게 부르게 하였다. '이즈모부리[出雲曲]', '미야코노소라[都のそら]', '요모노우미[四方の海]' 등 15곡을 만들어 교습했다. 1880년에는 제2편이 만들어지기도 했다. 초편, 2편에 수록되어 있는 노래들은 대부분 기미가요봉축[君が代奉祝], 평화로운 천황의 치세(治世)에 태어난 기쁨, 부모의 가르침에 따라야 하고 자매 끼리는 우애가 있어야 하며, 계몽적 학습에 힘쓸 것 등, 유교적 교양에 기초한 마음가짐과 권학 등의 내용의 가사로 되어 있다.

의를 들었으며, 그 때부터 일본과 중국의 역사서, 당송(唐宋)의 8대 가문(家文)을 무점독송(無點讀誦)하고, 여가 시에는 시(詩)를 짓고 문(文)을 읽고, 또한 와카[和歌]·하이카이[俳諧]에도 관심이 있었다"고 한다.[23] 그러나 메이지유신 이후 이자와는 오로지 서양학문에만 매진한다. 상경한 후에 친척집에 기거하면서 나카하마 만지로(中濱滿次郎, 1827~1898)에게 영어를 배우고,[24] 나카하마가 1870년 보불전쟁(普佛戰爭)의 시찰단으로 오야마 이와오[大山巖]와 함께 구주시찰(歐洲視察)의 통역관으로 수행을 하게 되자 1874년에 메이지학원대학[明治學院大學]의 전신인 쓰키지대학교[築地大學校]의 설립자이기도 한 미국 선교사 크리스토퍼 캐로서스(Christopher Carrothers)에게 영어 개인수업을 받게 된다.[25]

이자와는 1870년 다카토번의 공진생(貢進生) 자격으로 도쿄대학의 전신인 대학남교(大學南校)에 입학을 한다.[26] 교사의 대부분이 미국인이었

......

23 "十二三歲の時旣に四書五經の素讀及講義を了り、それより和漢の歷史書唐宋八大家文の無点讀誦を爲し、余暇には詩を作り文を屬し、又和歌俳諧の道にも心を寄せた。" (伊澤修二君還曆祝賀會編, 『樂石自轉敎界周遊前記』, 大空社, 1988, 3쪽)

24 막부 말기와 메이지 초기에 활약한 영학자(英學者)로 존 만지로라 불리기도 했다. 도사번[土佐藩]의 어부 출신으로 1841년 출어 때 표류, 미국의 포경선에 의해 구조되어 미국으로 건너가 교육을 받았다. 1851년 일본으로 돌아왔다. 귀국 후에는 도사번과 막부에 등용되어 일미화친 조약 시에 맹활약하게 된다. 이후에도 주로 외국 사신의 서한을 번역하거나 통역 업무를 맡아 하며, 나가사키의 군함조련소(軍艦操練所) 교수 등으로 활약, 1860년에는 막부의 견미사절단(遣米使節團) 통변주무(通弁主務)로 수행하기도 했다. 1864년에는 사쓰마번[薩摩藩]에 초빙되어 군함조련, 영어교수 등을 위임받기도 했다.

25 "처음부터 선교사 밑에서 배우는 것이기 때문에 성경책도 읽어야 했지만, 또 다른 책도 가르쳐 주었다[固より宣敎師に就いて學ぶのであるからして、バイブルも讀まなくてはならなかったが、又他の本をも敎えてくれた]"고 한다(伊澤修二, 上揭書, 13쪽).

26 신정부는 1870년 7월, 각 번藩의 규모에 따라 1인이나 많게는 3인의 인재를 정부에 공진(貢進)하도록 명령하였고, 각 번은 16~20세 정도의 수재들을 선발해 상경시켰으며, 이에 1870년 10월 300명이 넘는 인재들이 대학남교(大學南校)에서 학문을 수행하기에 이른다. 대

고 그들은 모두 기독교의 선교사이기도 했다. 대학남교에서 제1번학구(第一番學區) 제1번중학(第一番中學)으로 개편된 1872년 이자와는 제1번중학의 간사(幹事)로 뽑혀 문부성 11등(等)으로서 문부성에 출사(出仕)하게 된다. 그가 공직의 길로 들어선 첫 무대였다. 그러나 1년이 채 되기도 전에 학생들이 일으킨 불상사로 인해 사임을 하게 되었고, 1873년 9월에 공부성(工部省)으로 자리를 옮긴다.[27]

이상과 같이 이자와의 학력을 보면, 공진생 제도에 의해 다카토번에서 선발되어 도쿄로 상경하여 대학남교에서는 가장 우수하다는 '영어일부(英一ノ部)' 클래스에 들어갔고, 나아가서 제1번중학에서는 간사로 뽑히기까지 했던 화려한 경력을 가지고 있는 인물이었다. 이자와는 그야말로 메이지신정부가 찾던 근대국가의 관료가 될 지식과 능력을 충분히 겸비한 인재였다.

이자와의 음악교육 이론에 큰 영향을 끼친 사람은 프뢰벨(Friedrich Wilhelm August Frbel, 1782~1852)이었다.

사법성과의 마찰이 있어 근신 중에 당시 문부성의 어용교사에 네덜란드인

학남교에서 도쿄대학까지의 변천은, 대학남교(1969.12) → 남교(南校, 1871.7) → 제1번학구 제1번중학(第一番學區第一番中學, 1872.8) → 가이세이학교(開成學校, 1873.4) → 도쿄카이세이학교(東京開成學校, 1874.5) → 도쿄대학(東京大學, 1877.4~1886) → 제국대학(帝國大學, 1886.3) → 도쿄제국대학(東京帝國大學, 1897.6) → 도쿄대학(東京大學, 1947.9~). 이자와의 서양학문 수학의 과정과 영향에 대해서는 奧中康人, 『國家と音樂』(春秋社, 2008), 89~106쪽에서 상세히 소개하고 있다.
27 이른바 '눈싸움 사건(雪投げ事件)'. '제1번중학' 학생들이 눈싸움을 벌이다 지나가는 행인에게 상해를 입혀 일어난 사건, 이자와는 당시 사법성(司法省)과 문부성의 힘겨루기의 희생양이 되어 벌금 10엔을 부가 받고 근신처분을 받았다.

풀베키씨라는 사람이 있었는데 (…중략…) 이 사람에게 더 차일드라는 책을 받았다. 이것은 먼저 프뢰벨주의를 유치원에 응용한 것에 대해 써 놓은 책이었는데, 이 책을 읽은 후에 서양의 교육이라는 것이 꽤 재미있다고 느꼈다.[28]

이자와는 『더 차일드(The Child)』라는 책을 읽고 프뢰벨식 교육에 관심을 갖게 된다. 마침 이와쿠라사절단(岩倉使節団)이 돌아오고 동행했던 다나카 후지마로(田中不二麿)를 중심으로 전국적으로 대대적인 교육 개혁이 일어나 새롭게 소학교가 만들어지게 되는데, 그 소학교에서 가르칠 교사를 양성하기 위한 사범학교가 각 대학구(大學區)에 하나씩 설치되었다. 공무부에서 문부성으로 복직한 이자와는 1874년 3월 아이치사범학교(愛知師範學校)의 교장으로 부임한다. 여기서 그는 창가유희를 통해 프뢰벨식 교육을 실천하게 된다.

---

[28] "司法省と遣り合っての謹慎中に、当時文部省の御用教師に和蘭人ベルベツキといふがあって、(…中略…) 此人からしてゼ、チャイルドといふ書を贈られた、これは先づフレーベルの主義を幼稚園に事に応用したようなことが書いてある本であるが、此本を讀んで以來、西洋の教育といふものは中々面白い事だと感じた。" (伊澤, 앞의 책, 21쪽) 여기서 말하는 『더 차일드』라는 책은 마틸다 H 크루게(Matilda・H・Kriege)의 저서 *The Child, Its Nature and Relations*. 본문의 『더 차일드』는 프뢰벨의 저서 *Das Kind und Wesen*의 번역서로, 이 책의 특징은 신비적이면서도 사변적(思辨的)으로 치우치기 쉬운 프뢰벨의 교육사상을 일반의 미국인들이 이해하기 쉽게 최대한 고려하면서 번역했다는 데 있다.

창가유희(唱歌遊戱)

아이치사범학교의 교장으로 부임한 이자와는 부임 후 1년 정도가 지났을 무렵 메이지 7년도의 성과를 담은 '아이치사범학교연표(愛知師範學校年表)'를 1875년 2월 26일자로 지금의 차관격인 문부대보(文部大輔) 다나카 후지마로에게 제출했다.

그 가운데 「장래 학술 진보에 있어 필수의 건(將來學術進步ニ付須要ノ件)」은 앞으로의 창가 교육에 대한 제언으로, 창가유희에 대해서 다음과 같이 말하고 있다.

> 창가유희를 시작하는 건 / 창가의 유익한 점은 많다. 첫째로 지각심경을 활발히 하여 정신을 쾌락하게 한다. 둘째로 인심에 감동력을 생기게 한다. 셋째로 발음을 정확하게 하고 호흡법을 조절한다. 이상은 유아교육상 창가를 꼭 실시해야하는 요지의 대강을 들었을 뿐 그 자세한 내용은 일일이 여기서 다 말할 수 없다. 우리 문부성에서는 일찍이 이것을 알고 소학교 교과 가운데 창가를 실었지만 아직 실제로 그 과목을 갖추고 있지 못하다. 지금 우리들은 서양의 저명한 교육자 프뢰벨 씨와 그 밖의 여러 사람들의 논설에 따라 우선 우리나라 고유의 와라베우타를 절충하여 2, 3의 고우타를 만들었다. 장래 대성·완비하는 효과를 올릴 수 있기를 기대한다.[29]

---
[29] 唱歌遊戱ヲ興スノ件　唱歌の益タルヤ大ナリ第一知覺心経ヲ活發ニシテ精神ヲ快樂ニス第二人心ニ感動力ヲ發セシム第三發音ヲ正シ呼法ヲ調フ以上ハ幼生教育上唱歌ノ必欠ク可ラサル要旨ノ槪略ヲ擧クルノミ其細目如キハ喋々此ニ弁セス我文部省早ク此見アリテ小學教科中唱歌ヲ載スト雖トモ未タ實ニ其科ヲ備フルモノアラス今吾輩西洋ニ於テ著名ナル教育

이자와는 창가의 효능에 대해서 먼저, ① 지각심경(知覺心経)을 활발히 하여 정신을 쾌락하게 만들 수 있다는 것, ② 마음에 감동을 일으킬 수 있다는 것, ③ 발음을 정확하게 하고 호흡을 조절할 수 있게 한다는 것 등을 들며, 이것은 유아교육에 있어 절대로 빠트릴 수 없는 것이라고 말하고 있다. 또한 메이지 5년 학제의 공포에 의해 창가를 소학교에서 교습해야 할 필수 교과목으로 포함시켜 놓고도 이것을 아직 실시하지 못하고 있는 점을 지적하며 장래에 꼭 창가 교육이 국가적 차원에서 이루어지기를 기대한다고 제언(提言)하고 있다.

　창가는 정신에 오락을 주고 운동은 지체에 쾌락을 준다. 양자는 교육상 함께 이루어져야지 어느 한 쪽으로 치우치면 안 되는 것이다. 이에 운동에는 여러 종류가 있는데 지금 체조를 반드시 하도록 정하고 있지만 연치유약(年齒幼弱)하고 근골연유(筋骨軟柔)한 유아에게 몸을 격하게 움직이게 함은 그 해가 오히려 적지 않다. 이것은 유명한 여러 학자들의 확설(確說)이다. 따라서 하등소학 교과에 희희(嬉戱)를 둔다.[30]

士フレーベル氏其他諸氏ノ論說ニ從ヒ先本邦固有ノ童謠ヲ折衷シテ二三ノ小謠ヲ制シ日ヲ累子年ヲ積テ大成全備ノ効ヲ奏センコトヲ期セリ、「愛知師範學校年報」(1875. 2. 26). 이 보고서는 문부성에서 간행된 『文部省第二年報』에 실려 있다. 「愛知師範學校年報」는 국립국회도서관 디지털화자료(http://dl.ndl.go.jp)를 통해 에서 확인 가능하다. 여기에서는 '호접(胡蝶)' 등 창가유회에 사용한 창가 3곡과 더불어 자세한 율동을 대해 기술하고 있다. 이자와가 사용한 창가는 서양음악도 아니었고 가가쿠(雅樂)도 아닌 당시 항간에서 불리던 아이들의 노래였던 '와라베우타'였다.

30　"唱歌ハ精神ニ娛樂ヲ与ヘ運動ハ支體ニ快樂ヲ与フ此二者ハ並ヒ行レテ偏廢ス可ラサルモノトス而シテ運動ニ數種アリ方今体操ヲ以テ一般必行ノモノト定ム然レトモ年齒幼弱筋骨軟柔ノ幼生ヲシテ支體ヲ激動セシムルハ其害却テ少カラスト是レ有名諸家ノ確說ナリ故ニ今下等小學ノ教科ニ嬉戱ヲ設ク。"(「愛知師範學校年報」, 『音樂敎育硏究』, 1973. 2, 45쪽에서 재인용)

〈그림 10〉 메가타 다네타로

여기서 말하고 있는 '유명한 여러 학자들의 확설'이란 프뢰벨을 위시로 한 서양의 여러 학자들의 학설일 것이다. 창가와 유희를 동시에 실시하는 것이 아이들의 정신과 신체 발달에 중요하다는 것이 프뢰벨식 교육의 기본사상이자 핵심인데, 이자와는 그것을 그대로 실천하고자 했던 것이다.

4년 남짓의 아이치사범학교의 교장 직을 접고 1875년 7월 18일 이자와는 다카미네 히데오(高嶺秀夫, 1854~1910)・고즈 센자브로(神津專三郎, 1852~1897)와 더불어 미국의 교육사정, 그 중에서도 특히 사범학교의 교육현황, 교원양성 방식 등을 조사하라는 명을 받고 메사추세스주 브릿지워터사범학교에 파견된다. 이 때 유학생감독관의 자격으로 메가타 다네타로(目賀田種太郞, 1853~1926)가 동행하게 되는데, 이 두 사람의 만남이 근대 일본의 창가 교육의 실시와 발전에 결정적인 계기가 된다.

메가타 다네타로는 이자와 슈지와 더불어 현재의 도쿄예술대학(東京藝術大學)의 음악대학의 전신인 도쿄음악학교(東京音樂學校) 창설에 깊이 관여하고, 학교 교육에 있어 창가 도입에 큰 역할을 했던 일본 근대 음악교육의 선구자 중 한사람이다. 메가타가 음악교육에 관심을 갖게 된 계기는 유학생 감독이라는 직분으로 미국의 교육 실태와 현장에 대한 조사를 진행하던 때 이자와 슈지와의 만남을 통해서였다.

메가타는 고급관료이자 법학자였다. 일찍이 쇼헤이자카가쿠몬죠(昌平坂學問所)와 가이세이죠(開成所)에서 수학과 한학을 배우고, 상경하여 도쿄대학의 전신 대학남교에 입학한다. 재학 중에 대학남교 첫 번째 국비

유학생으로 미국 하버드대학으로 유학을 떠났고 귀국 후에는 문부성에서 근무하다 다시금 유학생 감독으로 미국으로 건너가게 된 것이다.[31]

다시 이자와로 돌아와, 이자와는 음악교육 연구를 위해 미국 유학길에 오른 것이 아니었다. 이자와의 미국유학의 목적은 브릿지 워터사범학교 및 하버드대학에서 제반(諸般) 교육사정을 시찰·연구하는 데 있었다. 유학 처에서의 이자와의 성적은 중상 이상이었다고 한다. 그러나 유독 음악 성적만큼은 낙제점이었다고 한다. 아마도 흔히 '요나누키[ヨナ拔き]'라고 하는 일본 전통의 5음계와 서양음계의 차이를 극복하지 못해서였을 것이다. 이에 브릿지워터 사범학교 교장이 일본인들에게는 음악 수업을 면제해주라고 했는데, 이 조치에 마음이 상한 이자와는 고심 끝에 보스턴시의 초등교육 음악감독관이었던 메이슨(Luther Whiting Mason, 1818~1896)에게 사사(師事)하며 서양음악의 기본을 배웠다. 사범학과 조사원으로 유학길에 오르기 전인 아이치사범학교 교장 시절에 프뢰벨의 교육방식의 하나였던 창가유희를 직접 실시하고, 누구보다도 아이들의 교육에 음악의 중요성을 실감하고 있던 이자와에게 있어 브릿지워터 사범학교의 교장의 배려는 오히려 자존심이 상하는 일이었을 것이다.

이것이 계기가 되어 이자와는 일본에도 서양음악을 보급해야겠다는 결의를 다지게 되었고, 귀국 후에는 메이슨과 함께 일본 음악교육의 기

---

31 귀국 후에 메가타는 주요 요직을 두루 거치며 국제연맹(國際連盟)의 일본 대사로도 활약했다. 부인은 가쓰 가이슈[勝海舟]의 딸이었다. 또한 1880년 9월 실질적으로 일본 최초 사립 경제·법률학교라 할 수 있는 센슈대학[專修大學]의 창설 멤버로도 활약한다. 당시 일본에서 법률학을 가르치는 전문학교는 도쿄대학 법학부와 사법성(司法省)의 법학교, 두 관립학교 밖에 없었고, 도쿄대학에서는 영어로 영미법(英米法)을 가르쳤고 사법성 법학교에서는 불어로 프랑스의 법률을 가르쳤다. 따라서 센슈대학의 법률과는 처음으로 일본어로 법률학을 조직적으로 가르쳤다는 데에 있어 의의를 갖는다.

〈그림 11〉 도쿄예술대학[東京藝術大學]

초를 다진다.

1878년 5월 21일 귀국한 이자와는 체조전습소(體操傳習所) 주간(主幹)을 거쳐 1879년 도쿄사범학교[東京師範學校] 교장에 취임하면서 음악조사계의 고용계(御用掛), 즉 책임자 직을 겸임하고, 1881년에는 정식으로 음악조사계의 수장이 된다.[32] 1886년에는 문부성 편집국장이 되었고, 1888년에는 도쿄예술대학 음악학부의 전신인 도쿄음악학교의 초대 교장으로 부임한다. 이상이 대략 30대 중반까지의 이자와의 약력이다.

----
32 이자와가 교장으로 취임한 이후 1879년 2월 교칙을 개정하여 교과 과정을 격물학(格物學)・사학철학・수학・문학예술로 나누고 예술 속에 도화(圖畵)・서법(書法)・독법(讀法)・체조와 함께 창가를 포함시켰다. 그러나 실제로 창가교습이 이루어지지는 않았다(山住正巳, 앞의 책, 65쪽).

음악조사계(音樂取調掛)의 설치

이자와 슈지가 창가 교육에 전적으로 투신하기 이전에도 시험적인 창가 교육이 산발적으로 이루어지고 있었다는 것은 앞에서 살펴본 바와 같지만, 학제가 폐지되고 새로운 교육령(教育令)이 공포된 1879년 9월 단계에도 학교에서 어떠한 방식으로 창가를 교육할지에 대한 구체적인 계획과 방법은 아직 요원했다.

미국 유학시절 메이슨에게 직접 사사를 받으며 음악교육의 이론과 실기를 체득한 이자와는 전통음악의 부흥과 음악교육에 관심을 갖고 있던 유학생감독관 메가타 다네타로와 연명(連名)으로, 귀국을 얼마 남겨 놓지 않은 1878년 4월 8일자로 문부대보 다나카 후지마로에게 학교교육에 있어 창가 교육이 필요한 이유와 음악교육의 효능에 대해서 기술하고, 하루 빨리 이것을 관장할 전담 부서인 음악전습소(音樂傳習所)를 설치해야 한다는 내용의 건백서(建白書)를 제출하였다.[33]

현재 서구의 교육자는 모두 음악을 교육의 한 과목을 삼고 있다. 원래 음악은 학동의 신기를 상쾌하게 하고 근학의 피로를 풀어주고, 폐와 장을 강하게 해서 그 건전함을 도와주고, 음성을 맑게 하고 발음을 정확하게 하며 청력을 좋게 하고 사고를 치밀하게 하고 또한 심정을 즐겁게 하고 그 선성을 느끼며 생기게 만든다. 이것이 교실에서의 직접적인 효력이다. 그리하여 사회에 선량한 오락을

---

33 「學校唱歌二用フベキ音樂取調ノ事業二着手スベキ, 在米國目賀田種太郎、伊澤修二ノ上申書」, 遠藤宏, 『明治音樂史考』, 有朋堂, 1948, 52쪽에서 재인용.

제공해 자연스럽게 선으로 나아가 죄로부터 멀어지게 하고, 사회를 예법과 문화의 역으로 나아가게 하여 국민 모두 자랑스럽게 왕덕을 받아 태평을 즐기게 하는 것은 그 사회에 대한 간접의 공이다. 상기의 내용은 그 효력의 대강으로 그러한 효력이 있는 것은 분명히 서구 각국에서 볼 수 있다. 문부성에서는 일찍부터 그것을 알고 창가를 공학의 한 과목으로 삼았지만 이것을 실시하는 것 또한 쉽지 않았다. 예를 들면 우리나라 음악에는 아속의 구별이 있고, 그 아라는 것은 곡조가 아주 높아 대부분의 사람들이 듣기 어렵고, 또한 그 속이라는 것은 노래가 몹시 천박해 그 해가 오히려 많다. 필경 이와 같아서는 학과로서 시행하기는 어렵다. 그렇다면 서양의 음악을 취해 바로 이것을 이용하면 쉬울 것처럼 보이지만 그것이 우리와 맞을지 어떨지 아직 알 수 없다. (…중략…) 피아를 서로 화합하여 하나의 음악을 만들면 우리 공학에 창가 과목도 만들 수 있으리라 보여 요즘 보스톤공학의 음악감독 메이슨 씨와 의논하여 그의 편저 음악괘도에 의거해 그 악보에 우리의 가사를 넣어 시험해 봤는데 그럴듯하게 들렸습니다. 즉, 궤도는 따로 올리겠습니다. 자세한 내용은 별지에 기재하겠습니다. 따라서 경비를 부탁드립니다.[34]

  메이지[明治] 11년 4월 8일 유학생 감독관 메가타 다네타로 이자와 슈지
     문부대보(文部大輔) 다나카 후지마로[田中不二麿] 도노[殿]

------

34 現時歐米ノ教育者皆音樂ヲ以テ教育ノ一課トス夫レ音樂ハ學童神氣を爽快ニシテ其ノ勤學ノ勞ヲ消シ肺臟ヲ强クシテ其ノ健全ヲ助ケ音聲ヲ淸クシ發音ヲ正シ聽カヲ疾クシ考思ヲ密ニシ又能ク心情ヲ樂マシメ其ノ善性ヲ感發セシム是レ其ノ學室ニ於ケル直接ノ効カナリ然シテ社會ニ善良ナル娛樂ヲ与ヘ自然ニ善ニ遷シ罪ニ遠カラシメ社會ヲシテ礼文ノ域ニ進マシメ國民揚々トシテ王德ヲ領シ太平ヲ樂ムモノハ其ノ社會ニ對スル間接ノ功ナリ右ハ其ノ効力ノ大要ニシテ然カク効力アル事照々歐米礼文ノ各國ニ見ルベキナリ我省凤ニコ、ニ見ルアリテ唱歌ヲ公學ノ一課ニ定メラレシ雖モ之レノ實施スル亦易キニアラズ例ヘハ我國ノ音樂ニ雅俗ノ別アリ其ノ雅卜稱スルモノ調曲甚高クシテ大方ノ耳に遠ク又其ノ俗ト稱

상기의 건백서를 보면 이자와가 학교에서 창가 교육을 실시하는 구체적인 방법을 미국 유학중에 이미 입안(立案)하고 있었음을 알 수 있다. '아이치사범학교연표[愛知師範學校年表]'를 제출한 지 4년 후의 이자와의 제언은 다소 구체적이긴 하지만 큰 흐름에 있어 아이치사범학교 시절의 창가 교육관과 크게 다르지 않다.

여기에서도 이자와는 창가 교육의 직접적 효능을 "학업으로 지친 심신을 회복시키고, 폐와 장기를 튼튼하게 하며, 발음을 정확하게 하는 동시에 청력을 좋게 만들고, 사고를 치밀하게 만들며, 마음을 즐겁게 함과 동시에 선한 심성을 분기케 한다"고 정의했다. 즉, 어린아이들의 정조(情操)와 신체의 발달이라는 측면에서 창가 교육이 필요하다는 것이었다. 또한 창가의 사회적 효능으로는 "건전한 오락이 되며, 죄를 없애고 선으로 나아가게 하고, 나아가 예법과 문화가 유지되는 태평을 즐길 수 있게 하는 효능이 있다"고 강조했다. 다시 말해 어린아이들의 정조와 신체의 발달 측면에서 창가 교육이 필요하다고 하고 있는 것이다.

또한 창가의 구체적인 내용에 대해서는 현존하는 가가쿠(雅樂)는 너무 격조가 높아 반 사람들에게 친숙하지 않으며, 조쿠가쿠(俗樂), 즉 좃쿄쿠(俗曲)는 너무 품위가 없어 학교 교육에는 어울리지 않고, 서양음악을 그대로 채용하자니 일본에 맞을지 어떨지 아직 검증이 되질 않았기

スルモノハ謳甚卑クシテ其害却テ多シ畢竟此ノ如クニテハ之ヲ學課トシテ施スベカラズ然ラバ西洋ノ樂ヲ彩リテ直ニ之レヲ用キハ事易キニ似タレドモ其ノ我ニ和スルヤ否ヤ未ダ知ルベカラズ(…中略…) 彼我和合シ一種ノ樂ヲ興サバ我公學ニ唱歌ノ課モ追々相立候樣相可成ト存候依テ此頃ボウストン公學音樂監督メイソン氏ト相議シ其ノ編著ノ音樂掛図二據リ其樂譜二我歌詞ヲ挿ミ相試ミ候處先々相応ニ相開候卽チ掛図別二進呈候其委細ノ事ハ別紙ニ記載候可然御経費ヲ願フ 敬具' 이 건백서의 문장은 山住, 前揭, 『唱歌教育成立過程의 硏究』(東京大學出版會, 1967)에 수록되어 있는 것을 재인용했다. 한국어역과 하선은 필자.

에 일본의 전통음악과 서양음악을 합쳐 새로운 음악을 만들면 그것으로 창가 교육이 가능하지 않을까 생각한다며 글을 마치고 있다.

이어서 같은 달 4월 20일 메가타는 단독으로 다나카 후지마로에게 「우리나라 공학에 창가 과목을 설치하는 방법에 대한 사견(我公學に唱歌の課を興す仕方に付私の見込み)」이라는 사신(私信)을 제출한다. 이자와 연명으로 제출했던 상신서의 내용과 거의 대동소이(大同小異)한 내용으로 구성되어 있다. 즉, 아이들을 대상으로 하는 음악교육의 직·간접적인 효력을 열거하고, 음악을 초등교육 과정에서 실시해야 하는 필요성에 대해 언급을 하고 있다. 계속해서 음악교육을 실시하는데 있어서의 장애의 하나로써 적절한 교재가 없다는 것을 지적하며 그 해결책으로써 일본음악과 양악의 좋은 점을 절충하여 '피아(彼我) 화합하여 일종의 악(樂)'을 일으켜야 함을 주장하고 있다.[35]

마지막으로 메가타는 일본에 창가를 도입하는 방법에 대해서, 창가 과목을 우선 도쿄사범학교와 도쿄여자사범학교에 개설할 것, 둘째로 사범학교의 부속소학교, 유치원에서도 창가를 가르칠 것, 이러한 실험이 성공한다면 도쿄의 공립학교에서 창가를 가르칠 것 등을 제안하며, 음악교육전문가 메이슨 초빙의 필요성을 강조하는 등, 열두 가지에 이르는 구체적인 실시 방안을 제안하고 있다. 앞서 이자와와 연명으로 제출했던 상신서에는 이 점에 대해서는 아무런 언급이 없었다. 그리고 메가타는 그 열두 가지 방법 중에서 음악조사계를 설치해야 된다는 것을 가장 첫머리에 제안하고 있다.

---

35 目賀田種太郎의 「我公學に唱歌の課を興す仕方に付私の見込み」, 전문은 山住正巳, 앞의 책, 39~44쪽에서 확인 가능하다.

1879년 문부성 산하에 음악조사계를 설치하는 계기가 된 것이 바로 상기의 두 통의 문서였다.

음악조사계(音樂取調掛)의 활동

음악조사계가 원래 1872년 학제 반포 당시 '당분간 이것을 빼다' 하여 유보했던, 학교 교육, 특히 초등교육에 있어 음악교과 실시를 위해 만들어진 기관이라는 것은 상기의 두 문서를 통해 알 수 있다. 그런데 여기서 한 가지, 간과해서는 안 될 것은 메이지 초기의 교육행정가로서, 학교교육에 있어 음악교육의 중요성을 인식하고 음악조사계(音樂取調掛) 발족에 결정적인 힘이 된 것은 바로 다나카 후지마로(田中不二麿, 1845~1909)였다는 사실이다. 1871년 창설된 문부성의 최고직은 당연 문부경(文部卿)이었지만 메이지 초기에는 공석으로 있는 경우가 많았다. 그 때문에 문부성 창설 당초부터 교육행정기관에서 발을 빼는 1880년까지 문부성의 실질적인 최고 실력자, 혹은 성의 업무추진자는 다름 아닌 다나카 후지마로였다고 한다.[36]

다나카는 제2장에서 살펴본 바와 같이, 오와리번(尾張藩) 번사(藩士)로 나고야(名古屋)에서 태어나 1869년에 대학교어용계(大學校御用掛)를 거쳐 폐번

36　中村理平, 앞의 책, 459쪽.

치현(廢藩置縣) 후에는 태정관(太政官)에 출사하였고, 1871년에는 문부대승(文部大丞)에 임명되어 이와쿠라사절단에 이사관(理事官) 자격으로 참가했다. 사절단의 공식보고서인 구메 구니타케[久米邦武]의『특명정권대사미구회람실기(特命全權大使米歐回覽實記)』(1878)에는 사절단 일행이 방문했던 많은 곳에서 서양음악을 접했다는 기술이 보이는데, 그 중에서 등장 횟수가 가장 많았던 음악에 관한 기술은 주로 사절단의 출발과 입항 등의 공식적인 외교의례 시에 연주된 음악이었으며, 이어서 학교를 시찰했을 때의 음악수업, 군대에 소속되어 있던 군악대에 대한 언급이었다.[37]

오쿠나카 야스토[奧中康人]는 특히 보스턴에서 개최된 '태평악회(太平樂會)'에 참가했던 사절단이 '태평악회'의 기술에 많은 자수(字數)를 할애하고 있는 것은 음악에 의해 애국심을 유발시키는 장치로써 '태평악회'를 보고하려 했기 때문이라고 보고 있다.[38] 즉 사절단은『회람실기』를 통해 문명국에는 애국심 및 애국심을 유발하는 내셔널 뮤직(국민음악)이 필요하다는 것을 주장하려 했다는 것이다. 다나카가 학교교육에 있어 음악교육이 중요하다는 것을 인식하게 되는 계기는 다름 아닌 사절단으로서의 구미체험, 그 중에서도 서양음악의 체험에 있었을 것이라고 감히 추측해 본다. 사범학교와 관련된 제반 사항을 조사하라는 명목으로 메가타 다네타로를 감독관으로 해서 이자와 슈지를 미국으로 보낸 것도 당연 당시 문부성의 최고 책임자였던 다나카 후지마로였다.

1879년 10월 음악조사계가 설치된 직후 이자와는 먼저 12월 30일 문부경 데라지마 무네노리[寺島宗則]에게「음악조사에 대한 계획서[音樂取

---

37 奧中康人,『國家と音樂』, 春秋社, 2008, 51쪽.
38 위의 책, 84쪽.

調ニ付見込書」를 제출한다. 계획서는 귀국 직전이었던 1878년 4월에 상신한 건백서를 좀 더 구체화시킨 내용으로, 국악창성(國樂創成)이라는 원대한 목표하에 먼저 음악에 대한 세 가지 설에 대해 피력하는 것에서부터 시작을 하고 있다.

갑설(甲說)에 말하기를, 음악은 인정(人情)을 감발시키는 요구(要具)로써 희노애락의 정 자연스레 그 음조(音調)에 나타나는 것이어서, 동서양을 막론하는가 하면 인종의 황백을 막론한다. 만약 인정이 같은 곳은 음악 또한 같다. 원래 서양의 음악은 희랍(希臘)의 철학자 피타고라스 이래 수천 년 간의 연구에 의해 거의 최고점에 달해 있는 것이어서 그 정(精)과 그 미(美)는 원래 동양음악이 미치지 못한다. 따라서 그 양종(良種)을 선택하여 이것을 우리 땅에 이식해야 한다. 또한 어째서 불충분한 동양악을 배양·육성하는 우책(迂策)을 강구할 필요가 있나.

을설(乙說)에 말하기를, 각국에는 모두 각국의 언어가 있고 풍속(風俗)이 있고 문물(文物)이 있다. 이것은 그 주민의 성질과 풍토의 정세에 의해 자연스레 산출되는 것이지 인력으로 이것을 변혁할 수 있는 것이 아니다. 또한 음악과 같은 것은 원래 인정이 발(發)하는 곳, 인심이 향하는 곳에 따라 일어나는 것이어서 각국 모두 고유한 음악을 보유하고 있고, 아직까지 전혀 다른 나라의 음악을 자국에 이입(移入)했다는 예가 있음을 들어본 적이 없다. 우리나라에 서양의 음악을 이식하려 하는 것은 마치 우리 국어를 대신해서 영어를 사용한다는 것과 같아서 전혀 무익한 논(論)이라고 하지 않을 수 없다. 이에 우리나라 고유의 음악을 배육(培育)·완성하는 것보다 좋은 것은 없다.

병설(丙說)에 말하기를, 갑을 두 설이 각자 일리가 없지는 않지만 모두 아주 편기(偏奇)에 빠질 폐(弊)를 면할 수 없어 그 중간을 취해 동서 이양의 음악을

절충하여 오늘날 우리에게 적합한 것을 제정하는 데 힘써야 할 것이다.[39]

　첫째, 음악은 '인정을 감발시키는 도구로써 희노애락의 감정이 저절로 그 음조에 나타나는' 것이고, 인정은 동서양의 인종을 불문하고 같은 것이어서 서양에서는 그리스 이후 수 천 년에 걸쳐 연구되고 있고 현재는 거의 최고점에 달해 있다고 한다. 또한 그 정신과 아름다음은 애시당초 동양의 미개인들이 범접할 수 없는 것으로, 서양음악이라는 좋은 씨앗을 이식하여 불충분한 동양음악을 하루빨리 키워나가야 한다는 것이다. 둘째로, 각국에는 제 각각 언어, 풍속, 문물이 있고, 그것들은 주민의 성질과 풍토에 의해 자연스럽게 생겨난 것으로 사람의 힘으로 바꿀 수 있는 것은 아니다. 게다가 '음악과 같은 것은 원래 인정이 발하는 곳, 인정이 향하는 곳에 따라 생기는 것임으로 각국 모두 고유의 국악을 보유하고 있고 아직 다른 나라의 음악을 자국에 이입했던 예를 들어보지 못했다'. 따라서 일본에 서양음악을 이식하는 것은 국어를 영어로 바꾸는 것과 같은 것으로 무익한 것이기에 일본고유의 음악을 키우는 것이 최고로 좋다는 생각이다. 셋째로, '그 중간을 취해 동서이양의 음악을 절충해 오늘날 우리나라에 적합할만한 것을 제정하는 것에 힘써야한다'고 하며, 이것은 몹시 어려운 일이라는 것을 인정하면서도 그것을 실현하려는 강한 의지를 나타내고 있다.

　이어서 음악조사계가 해야 할 구체적인 사업에 대해서, ① 동서 이양의 음악을 절충하여 신곡을 만드는 일, ② 장래 국악을 일으킬 인물을 양

39　伊澤修二(山住正巳校注),『音樂事始』, 平凡社, 1971, 3～5쪽.

성하는 일,[40] ③ 여러 학교에서 음악을 실시하는 일이라는, 근대 일본의 음악교육을 위한 토대구축이라는 장대한 포부와 함께 구체적 실천 방안을 제시하고 있다.[41]

이처럼 이자와는 일본에서의 음악교육 실시의 필요성과 더불어 국악 창성이라는 원대한 목표를 실천하기 위해서 1879년 3월 8일 「음악전습소설치안(音樂傳習所設置案)」을 문부성에 제출했다. 이 설치안에서 이자와는 음악을 진흥시키는 것은 교육상 급무인데 이것을 민간에 기대할 수는 없음으로 문부성 내에 음악전습소를 설치하여 음악진흥을 꾀해야 할 것을 주장하였고, 그것을 위한 구체적 경비와 예산에 대해서도 언급을 하고 있다. 이자와의 상신서를 바탕으로 전습소가 만들어졌고, 서구의 창가 교육 실태에 관한 조사와, 이를 일본에 접목하기 위한 교사의 양성, 창가 교과서 제작 등의 시급한 문제 해결에 착수했다. 전습소는 1879년 10월 23일 문부성 내의 '음악조사계[音樂取調掛]'로 승격되었고, 1885년 2월 '음악조사소(音樂取調所)'로 개칭되었다가 같은 해 12월 재차 '음악조사계'로, 1887년에는 도쿄음악학교[東京音樂學校]로 개칭되었다.

음악조사계의 실질적 책임자는 이자와였지만 당시 문부1등속(文部一等屬)으로 이자와보다는 고급 관료였던 메가타 또한 음악조사계에 대한 물심양면의 지원을 아끼지 않았다.

음악조사계는 이와 같은 확실한 방향성을 갖고 이를 실천하기 위해

---

40 구체적으로 보통의 독서에 지장이 없고, 아악(雅樂) 또는 속악(俗樂)을 습득한 16세 이상 25세 이하의 남녀를 대략 20명 쯤 모집하여 3년 정도를 예상으로 이들을 교양(教養)시켜 서양음악 및 일본음악을 습득하게 한다는 계획을 제시하고 있다.
41 음악조사계의 구성인원으로 이자와는 '서양음악교사 1명, 일본음악에 정통한 사람 3명, 일본문학에 정통한 사람 1명, 통역(通辯) 1명, 관원 5명'을 요구했다(安田寬, 앞의 책, 29쪽).

다양한 활동을 전개하는데, 그 중 가장 먼저 착수한 일이 미국유학 시절 친분을 쌓았던 음악교육 전문가 루터 화이팅 메이슨을 초빙하여 창가집 편찬 및 창가 교육을 위한 토대를 구축하는 것이었다.

음악교육 전문가 메이슨의 초빙

메이슨(Luther Whiting Mason, 1818~1896)은 보스턴 음악아카데미에서 수학한 음악교육 전문가로 루이빌과 신시네티에서 초등교육의 음악사를 역임하였고, 음악교육에 관한 많은 저서를 출판하였다. 그 공적에 의해 1864년부터 보스턴에 초빙되어 학제 개혁을 실시하는 등 커다란 성과를 올린 인물이다. 이자와의 자서전에 의하면 메이슨과의 만남은 이자와가 브릿지워터사범학교 유학시절 창가과목을 아주 못하고 어려워했기 때문이었다고 한다.

> 음보같은 것은 거의 무용지물이었고, '도'래'는 괜찮은데 '미'와'파'를 하려 치면 모두 너무 올라가 선생님에게도 혼이 나고 고생도 많이 했지만 그래도 창가라고 말하기 어려웠다.[42]

---
42 '音譜など殆んどものにならず、12(ヒーフー)丈けは可いが、3(ミー)となり4(ヨオ)となれば皆上がり過ぎて、先生にも叱られ自分は尚苦労したけれ共、それでも殆んど唱歌にならなかった。' (伊澤修二君還曆祝賀會編『樂石自轉敎界周遊前記』, 1912(1988년 大空社

유학 전 아이치사범학교에서 창가유희를 실시한 주역이며, 미국의 교육사정, 그 중에서도 음악교육의 실태를 조사한다는 막중한 임무를 맡고 유학길에 오른 이자와가 창가를 못해서 고생했다는 것은 참으로 아이러니한 일이 아닐 수 없다. 5음계의 일본음악에 익숙했던 이자와가 7음계로 구성되는 서양음악의 음계를 학습하는데 애로사항이 있었던 것 같다. 창가를 못 했던 이자와는 메이슨을 찾아가 서양의 음계를 학습했다.

〈그림 12〉 메이슨(Luther Whiting Mason)

대부분의 연구서는 이자와와 메이슨의 만남을 일본의 음악교육의 서막을 알리는 중대한 사실로서 기술하고 있지만, 메이슨은 이자와를 만나기 전부터 일본에서의 음악교육에 관심을 갖고 있었으며, 일본정부도 메이슨의 초빙계획을 갖고 있었다는 것이 최근의 연구에 의해 밝혀졌다. 야스다 히로시[安田寬]에 의하면 정치가이자 교육가였고, 이토 히로부미 내각에서 초대 문부대신(文部大臣)을 지낸 모리 아리노리[森有禮]는 대리공사(代理公使)로 미국에 재임 중이던 1872년 보스턴에 있는 뉴잉글랜드음악원의 E·트루제(E·Tourjee)를 만나 음악교육 전문가의 추천을 의뢰했는데, 그 때 트루제는 음악원 교원이었던 메이슨을 추천했었다고 한다.[43]

미국교육의 조사연구와, 이자와 일행의 유학생 감독관으로 미국에

에서 복각), 28쪽)

43 安田寬, 『唱歌導入の起源について』, 『山口芸術短期大學紀要』 第25卷, 1993, 13~24쪽.

동행했던 메가타 다네타로는 트루제의 지원과 메이슨의 조력에 힘입어 이자와와 함께 장래 일본의 학교에서 사용될 창가를 시작(試作)했었다. 이 때 이자와와 메이슨에 의해 탄생한 것이 '나비[蝶々]'라는 창가다. 원곡은 프란츠 비데만(Franz Wiedemann)이라는 독일인 교사가 지은 '어린 한스[Hänschen klein]'라는 독일 동요인데, 한국에도 일제강점기 때 들어와 지금까지도 '나비야'로 친숙한 창가이다. 메이슨이 이자와에게 악보를 보여주며 일본어로 적당한 가사를 붙여보라고 했을 때 옛 아이치사범학교 시절 창가유희에 썼던 '고초(胡蝶)'라는 곡의 가사를 붙여본 결과 아주 잘 어울렸다고 한다.[44] 독일의 동요와 에도 시대의 와라베우타 '나비[蝶々]'의 가사가 만나 일본 최초의 창가가 탄생했다. 귀국 후 음악조사계의 책임자로서 상신한 「음악조사에 대한 계획서[音樂取調二付見込書]」에서 "동서이양의 음악을 절충해 오늘날 우리나라에 적합할만한 것을 제정하는 것에 힘써야한다" 고 했던 이자와의 음악교육에 대한 확신은 여기에서부터 시작되었다고 해도 과언이 아닐 것이다.

   이러한 일이 있고난 후 자신감을 얻은 메이슨은 일본으로 가고 싶다는 뜻을 메가타에게 적극적으로 어필하였고, 그 결과 메이슨은 일본정부에 고용되어 음악조사계에서 2년 반 동안 외국인교사로서 활약을 하게 된다.

   1880년 메이슨이 일본에 들어오자 당시 도쿄사범학교 교장 직을 겸직하고 있었던 이자와는 문부성의 요청에 의해 메이슨에게 도쿄사범학교와 도쿄여자사범학교에서의 창가교습을 의뢰하였고, 메이슨은 미

---

44 伊澤修二君還曆祝賀會編, 앞의 책.

국에서 가져온 괘도(掛圖)를 이용해 창가수업을 진행하였다. 무엇보다도 이자와는 일본인들에게 음악교육이 효과가 있는지를 먼저 '실제시시(實際試施)'해 보려 했던 것이다.[45] 그러나 메이슨이 출장교습을 실시한 2년 동안 구체적으로 어떤 창가교습이 이루어졌는지에 대한 상세는 알 수가 없다.

그러나 이자와와 그의 은사이기도 한 메이슨은 그다지 사이가 좋지 않았다고 한다. 메이슨은 기독교 음악을 보급하는 것으로 일본사회를 개량할 수 있고, 창가의 보급을 기독교 선교의 효과적인 수단으로 생각했다. 그러나 이자와는 서양음악의 장점을 취해 일본 전통음악을 개량할 수 있고, 그렇게 함으로서 새로운 일본음악을 창출할 수 있으리라 확신하고 있었다. 이에 둘 사이에는 음악교육을 둘러싸고 충돌이 빈번했다고 한다.[46]

방일 직후 메이슨은 찬송가를 중심으로 해서 만든 창가를 영어로 부르도록 지도했다고 한다. 그러나 이자와의 지도방침은 창가는 어디까지나 일본어로 부르는 것이었다. 또한 이자와에게 있어 창가는 일본인의 교육에 필요한 것이지 결코 기독교의 포교 따위에 공헌하는 것이 아니었다. 메이슨이 만든 '기미가요[君が世]', '하루노야요이[春のやよい]', '미와타세바[見わたせば]' 등의 초창기의 창가는 당시 자주 부르던 찬송가의 멜로디를 그대로 이용한 것들이다. 이자와는 무엇보다도 창가의 가사를 중시했으며, 이를 위해 심혈을 기울였으나 메이슨은 이해할 수도 없

---

45 山住正己, 앞의 책, 64~65쪽 참조.
46 이자와 메이슨과의 충돌에 대해서는 安田寬, 『「唱歌」という奇跡 十二の物語』(文藝春秋, 2003), 52~54쪽에서 여러 에피소드를 소개하고 있다.

는 일본어 가사 따위에는 아무런 관심도 없었던 것이다. 이자와의 배후에는 문부성이, 메이슨의 배후에는 미국의 종교계가 있었기에 양자는 일본 창가 교육에 대한 생각이 180도 달랐던 것이다.

메이슨은 1882년 여름, 다시 돌아올 생각으로 일시 귀국을 했고 이자와를 중심으로 하는 문부성은 이를 계기로 메이슨을 해고했다.

일본 최초의 창가집 『소학창가집(小學唱歌集)』

이자와 슈지는 1879년 도쿄사범학교 교장과 음악조사계의 책임자 직을 겸직하면서 메이슨의 전폭적인 협력에 의해 창가집 편찬에 착수, 1882년 일본 최초의 서양식 악보가 실린 창가집인 『소학창가집(小學唱歌集)』 초편(初編)을 완성한다. 1879년 음악조사계 설치 후 불과 3년 만의 일이었다.

『소학창가집』은 1882년 4월부터 1884년 3월에 걸쳐 모두 3편이 출판되었는데, 메이슨이 미국학교 음악교육에서 사용했던 주로 스코틀랜드나 아일랜드의 유명한 민요에 이나가키 지카이[稻垣千穎]・사토미 다다시[里見義]・가베 이즈오[加部嚴夫] 등의 문학자가 가사를 만들어 붙였다. 또한 음악조사계에는 궁내성(宮內省) 아악료(雅樂寮)의 멤버들도 조교(助敎)로서 참여하고 있었기 때문에 아악선율법(雅樂旋律法)에 의해 작곡된 곡도 소수 포함되어 있는데, 이것은 그야말로 음악조사계에서 목표로 했던 '화양절충(和洋折衷)'을 기본으로 하는 국악창성을 위한 시도였다고 할 수 있다.

이 창가집은 '소학창가집'이란 제목에서 알 수 있듯이, 주로 소학교에서 사용되는 교재로 만들어진 것이기는 했지만, 당시에는 이것 이외에 달리 창가교재가 없었기 때문에 음악조사계의 전습생(傳習生)은 물론 창가교습을 실시하던 전국의 사범학교 생도용의 교과서로도 사용되다. 또한 중학교, 여학교에서도 이 창가집에 실려 있는 노래를 가지고 자율적인 창가수업을 진행했기 때문에 전국적으로 시행되던 창가 교육 교재였다고 할 수 있다.

『소학창가집』 초편에 실려 있는 이자와의 '서언(緖言)'을 통해 우리는 1882년 당시의 창가 교육과 편찬 의도를 엿볼 수 있다.

> 무릇 교육의 핵심은 덕육(德育)·지육(知育)·체육(體育)의 삼자에 있다. 그리하여 소학에 있어서는 무엇보다도 가장 잘 덕성을 함양함을 핵심으로 한다. 원래 음악이 갖고 있는 본질적 성정에 기초해 인심을 바르게 하고 덕에 의한 교화를 도우는 효용이 있다. 그 때문에 예로부터 명군현상(明君賢相) 특히 이것을 진흥시키고 이것을 국가에 퍼트리려 했던 것 우리나라와 중국, 구미의 역사책에 또렷이 기록되어 있다. 이전에 우리 정부가 처음 학제를 공포했을 때 이미 창가를 보통학과 가운데 포함시켜 일반 필수과목임을 보여줬고, 그 교칙강령을 제정함에 이르러서는 또 이것을 소학 각 등과에 포함시켜 그것을 반드시 학습해야 함을 분명히 했다. 그리하여 이것을 학교에서 실시하는 데에 이르러서는 도리에 맞는 가곡이어야 하고 정확한 성음으로 제대로 교육의 진리에서 벗어남이 없게 하는 것이 필요한데 이것은 원래부터 쉽게 거행할 수 있는 것이 아니다. 그래서 우리 성은 이것을 고민했다. 작년에 특히 음악조사계를 설치하고 우리나라의 학사음악가 등을 충원했다. 또한 멀리 미국에서 유명한 음악교

음악조사계에서 편찬한 『소학창가집(小學唱歌集)』(1882~1884)

초편(1882년 4월)		제2편(1883년 3월)		제3편(1884년 3월)	
第一	かをれ	第三十四	鳥の聲	第五十	やよ御民
第二	春山	第三十五	霞か雲か	第五十一	春の夜
第三	あがれ	第三十六	年たつけさ	第五十二	なみ風
第四	いはへ	第三十七	かすめる空	第五十三	あふげば尊し
第五	千代に	第三十八	燕	第五十四	雲
第六	和歌の浦	第三十九	鏡なす	第五十五	寧樂の都
第七	春は花見	第四十	岩もる水	第五十六	才女
第八	鶯	第四十一	岸の櫻	第五十七	母のおもひ
第九	野辺に	第四十二	遊獵	第五十八	めぐれる車
第十	春風	第四十三	みたにの奥	第五十九	墳墓
第十一	櫻紅葉	第四十四	皇御國	第六十	秋の夕暮
第十二	花さく春	第四十五	榮行く御代	第六十一	古戰場
第十三	見わたせば	第四十六	五日の風	第六十二	秋草
第十四	松の木蔭	第四十七	天津日嗣	第六十三	富士筑波
第十五	春のやよひ	第四十八	太平の曲	第六十四	園生の梅
第十六	わが日の本	第四十九	みてらの鐘の音	第六十五	橘
第十七	蝶々			第六十六	四季の月
第十八	うつくしき			第六十七	白蓮白菊
第十九	閨の板戶			第六十八	學び
第二十	螢			第六十九	小枝
第二十一	若紫			第七十	船子
第二十二	ねむれよ子			第七十一	鷹狩
第二十三	君が代			第七十二	小船
第二十四	思ひいづれば			第七十三	誠は人の道
第二十五	薫りにしらるゝ			第七十四	千里のみち
第二十六	隅田川			第七十五	春の野
第二十七	富士山			第七十六	瑞穗
第二十八	おぼろ			第七十七	樂しわれ
第二十九	雨露			第七十八	菊
第三十	玉の宮居			第七十九	忠臣
第三十一	大和撫子			第八十	千草の花
第三十二	五常の歌			第八十一	きのふけふ
第三十三	五倫の歌			第八十二	頭の雪
				第八十三	さけ花よ
				第八十四	高嶺
				第八十五	四の時
				第八十六	花月
				第八十七	治まる御代
				第八十八	祝へ吾君を
				第八十九	花鳥
				第九十	心は玉
				第九十一	招魂祭

※ 초편의 처음 12곡은 노래라기보다는 음계(音階)의 연습을 위해 '도레미'를 대신해 가사를 붙이고 있음에 지나지 않는다. 15번과 16번은 같은 곡에 가사만 다름.

사를 초빙해 백방으로 검토 연구해 모두 우리나라 고유 음율에 기초해 서양음악의 장점을 취해 우리 음악의 단점을 보완해서 우리 학교에 적용할만한 것을 선정하게 했다. 이후 이들의 협력에 의해 마침내 몇 곡을 얻어 이것을 도쿄사범학교 및 도쿄여자사범학교 학생 및 양교의 부속 소학교 학생들에게 실시해 그 적부를 시험해보고 더 취사선택을 하여 거기에서 얻어진 것에 따라 이것을 정리해 마침내 수십에 이르는 가곡을 선정하기에 이르렀다. 이에 이것을 출판하여 이름 해서 『소학창가집(小學唱歌集)』이라 부르기로 했다. 이것은 원래 처음이기도 하고, 또는 아직 완전하지 않은 것도 있겠지만 얼마만큼은 또 우리나라 교육 진보에 충분히 일조할 것임에 틀림없다.[47]

위의 '서언'을 보면 우선, 초등교육의 핵심을 '덕성(德性)의 함양(涵養)'에 두고 있음을 알 수 있다. 또한 음악은 '인심(人心)을 바르게 하고 덕에 의한 교화를 도우는 효용이 있다'고 정의하고, 이어서 창가를 만든 과정

---

[47] 凡ソ教育ノ要ハ德育智育体育ノ三者ニ在リ。而シテ小學ニ在リテハ最モ宜ク德性ヲ涵養スルヲ以テ要トスベシ。今夫レ音樂ヲ物タル性情ニ本ヅキ、人心ヲ正シ風化ヲ助クルノ妙用アリ。故ニ古ヨリ明君賢相特ニ之ヲ振興シ之ヲ家國ニ播サント欲セシ者和漢歐米ノ史冊歷々徵スベシ。曩ニ我政府ノ始テ學制ヲ頒ツニ方リテ旣ニ唱歌ヲ普通學科中ニ揭ケテ一般必須ノ科タルヲ示シ、其教則綱領ヲ定ムルニ至テハ亦之ヲ小學各等科ニ加ヘテ其必ズ學バザル可カラザルヲ示セリ。然シテ之ヲ學校ニ實施スルニ及ンデハ必ズ歌曲其當ヲ得聲音其正ヲ得テ能ク教育ノ眞理ニ悖ラザルヲ要スレバ、此レ其事タル固ヨリ容易ニ擧行スベキニ非ズ。我省此ニ見ル所アリ。客年特ニ音樂取調科掛ヲ設ケ、充ルニ本邦ノ學士音樂家等ヲ以テシ且ツ遠ク米國有名ノ音樂教師ヲ聘シ、百方討究論悉シ本邦固有ノ音律ニ基ヅキ彼長ヲ取リ我短ヲ補ヒ以テ我學校ニ適用スベキ者ヲ撰定セシム。爾後諸員ノ協力ニ賴リ稍ヤク數曲ヲ得、之ヲ東京師範學校及東京女子師範學校生徒幷兩校付属小學生徒ニ施シテ其適否ヲ試ミ、更ニ取捨選擇シ得ル所ニ隨テ之ヲ錄シ、遂ニ歌曲數十ノ多キニ至レリ。爰ニ之ヲ剞劂ニ付シ名ケテ小學唱歌ト云。是レ固ヨリ草創ニ屬スルヲ以テ、或ハ未ダ完全ナラザル者アラント雖モ、庶幾クハ亦我教育進步ノ一助ニ資スルニ足ラント云爾。山住, 『唱歌教育成立過程の研究』(東京大學出版會, 1967)에 수록되어 있는 것을 재인용했다.

과 방법, 협력자들에 대한 언급을 통해 전체적으로 새로운 음악과 창가집을 출판하게 된 경위에 대해서 설명을 하고 있다.

그런데 여기서 우리가 한 가지 주목해야 할 점은, 이자와가 이전에 아이치사범학교의 교육보고서, 즉, 「아이치사범학교연표[愛知師範學校年表]」속「장래 학술 진보에 있어 필수의 건[將來學術進步ニ付須要ノ件]」을 통해 제언했던 "지각심경(知覺心經)을 활발히 하여 정신을 쾌락하게 만들 수 있다는 것", "마음에 감동을 일으킬 수 있다는 것", "발음을 정확하게 하고 호흡을 조절할 수 있게 한다"는, 학교 교육에 있어 창가유희(唱歌遊戲)의 목적과 효능, 그리고 미국에서 귀국 후 음악조사계의 책임자로서 상신한「음악조사에 대한 계획서[音樂取調ニ付見込書]」를 통해 밝힌 "학업으로 지친 심신을 회복시키고, 폐와 장기를 튼튼하게 하며", "발음을 정확하게 하는 동시에 청력을 좋게 만들고", "폐와 장기를 튼튼하게 만들고", "사고를 치밀하게 만들며, 마음을 즐겁게 함과 동시에 선한 심성을 분기케 한다"는, 학교에서 실시하는 창가 교육의 목적과 직간접적인 효능이 1882년에 완성된 『소학창가집』의 서언에서는 '덕성(德性)의 함양(涵養)'이라는 한마디 말로 수렴(收斂)되고 있다는 것이다. 이러한 창가 교육 이념의 변화에 대해서 야마즈미 마사미[山住正己]는 창가를 통해 도덕상의 효능을 적극적으로 이용하려 했던 교육정책의 전환이 있었다고 지적하고 있는데,[48] 이러한 전환은 1879년 음악조사계가 설치된 같은 해 8월에 발표된 메이지천황의 '교학성지(敎學聖旨)'에서 규정하고 있는 교육이념의 제시와 무관하지 않을 것이다.

---

48 山住正己, 앞의 책, 72~73쪽.

'교학성지'는 '교학대지(敎學大旨)'와 '교학조목(敎學條目) 2건(件)'으로 구성되어 있다. '교학성지'는 제3장 '교학성지(敎學聖旨)' 항목에서 살펴본 바와 같이, 메이지유신 이후 급격한 서구화 과정 속에서 서구의 재예(才藝)를 제일시(第一視)하는 '구화만능(歐化萬能)' 풍조가 만연함에 따라 '품행을 망치고 풍속을 해치는 자'가 많아진 세상을 우려하여 '인의충효의 길을 분명히 하고, 도덕의 가르침은 공자를 주로 하여 사람들이 성실품행'을 존중하는 인재를 양성하기 위해 천황에 의해 직접 제시된 교육의 목표점이었다. 이어지는 '소학조목 2건'에서는 소학교육에 있어서 '교학대지'의 취지를 구체적으로 전개하는 방법에 대해서 말하고 있다.

여기서 한 가지 우리가 주목해야 할 점은, 메이지 전기의 창가 교육을 생각할 때, 일본의 학교교육에서 본격적으로 창가 교육이 개시된 시점과, 학교교육에서 도덕교육을 최고의 가치로 강조하기 시작하는 시점이 거의 같은 시기로 맞물려 있다는 점이다. 1880년 교육령에 대한 개정이 있고 난 후 그 구체적 실천 방안으로 제정된 1881년의 '소학교칙강령(小學校敎則綱領)' 제2조에서 정하고 있는 소학교의 교과목은 수신(修身)・독서(讀書)・습자(習字)・산술(算術)의 초보 및 창가(唱歌)・체조(體操)였는데, 이전과 달리 교과목의 선두에 수신, 즉 도덕이 위치시키고 있음에 주목해야 할 것이다. 이것은 다름 아닌 '교학성지'에서 제시한 교육이념을 구현하기 위한 실천적 의지의 표명이었다. 이때부터 수신과목은 아이들이 배워야 하는 그 밖의 다른 어떤 과목에 비해 가장 먼저, 그것도 가장 중요시해야 하는 교과목이 되었으며, 이러한 교육환경은 1945년 패전 시까지 그 정도를 더해갔다.

이와 같은 맥락에서 '소학교칙강령' 제24조에는 창가교습에 관한 구체적인 방법이 제시되었다.

창가 초등과에서는 쉬운 기곡을 사용해서 5음 이하의 단음창가를 가르치고, 중등 과 및 고등과에 이르러서는 6음 이상의 단음창가에서부터 점차 복음 및 3중음창가 로 나아가야 한다. 모두 창가를 가르칠 때에는 아동의 흉격(胸膈)을 개신(開伸)하 고 그 건강을 보익(補益)하며, 심정을 감동케 하여 그 미덕을 함양케 함이 필요하다.[49]

1881년 '소학교칙강령'에서 제시하고 있는 창가 교육의 목적은 어린 아이들의 건강을 증진시키고 미적 감성과 덕성(德性)을 함양시키는 것에 있었다. 물론 제2조에 '단, 창가는 교수법 등이 정비되는 것을 기다려 이것을 실시할 것'이라는 단서조항을 있는 것으로 보아 이 시점에서 창가 교육 전면적으로 실시되었다고는 볼 수 없다. 하지만, 학교교육에서 도덕교육, 즉 '덕육(德育)'을 중시하라는 방침이 제시됨과 동시에 창가 교육의 구체적 방법을 함께 제시하고 있다는 점은 특기할 만하다.

49　1881년 5월 4일 제정 文部省達 第12号 「小學校教則綱領」, 第二十四條 唱歌 初等科ニ於テハ容易キ歌曲ヲ用ヒテ五音以下ノ單音唱歌ヲ授ケ中等科及高等科ニ至テハ六音以上ノ單音唱歌ヨリ漸次複音及三重音唱歌ニ及フヘシ凡唱歌ヲ授クルニハ兒童ノ胸膈ヲ開暢シテ其健康ヲ補益シ心情ヲ感動シテ其美德ヲ涵養センコトヲ要ス, 敎育史編纂會編, 『明治以降敎育制度發達史』第2卷(龍吟社, 1938) 혹은 국립국회도서관 디지털화자료(http://dl.ndl.go.jp)에서 확인 가능.

창가를 통한 도덕교육

나고야사범학교(名古屋師範學校) 시절 그 부속 유치원에서의 창가유희를 통해 음악교육의 효능을 시험했고, 미국유학을 통해서는 학교교육에서의 음악교육의 중요성을 확신했으며, 귀국 후에는 그러한 경험을 바탕으로 아동들의 학업과 신체 건강의 증진을 위해 본격적으로 음악교육을 실시하려 했던 이자와 슈지의 순수했던 교육관은, 그것이 자의든 아니면 타의든 간에 1880년 교학성지의 발표 이후 서서히 변화를 보이기 시작했다. 물론 도덕교육을 최고의 가치로 삼는 교육목표의 전환이 비단 창가 교육 분야에 한정해서 나타나는 현상은 아니었다.

그렇다면 이자와를 중심으로 하는 당시의 음악교육 관계자들은 창가교육을 통해 효행(孝行)과 국체(國體)사상의 원점이라고 할 수 있는 천황에 대한 충의(忠義), 나아가 애국심 고양이라는, '교학성지'를 통해 제시된 유교적·도덕적 교육사상을 어떠한 방식으로 구현해 나갔던 것일까.

1884년 2월 이자와는 문부경(文部卿) 오키 다카토(大木喬任)에게 '음악조사성적신보서(音樂取調申報書)'를 제출했다.[50] 이것은 음악조사계 창설의 개요에 대해서 기술한 '창치처무개략(創置處務槪略)', '내외 음율의 이동 연구에 대해서[內外音律の異同硏究の事]', 일본음악에 대해서[本邦音樂の事]',

---

50 음악조사계의 규칙과 『소학창가집』의 가사를 제외하고는 모두 책임자였던 이자와 슈지가 작성한 것으로 보이나, '음악연혁대강(音樂沿革大綱)'과 '메이지송 선정에 대해서[明治頌伊選定の事]'의 일부, 적어도 그 원안은 음악조사계 감사(監事)였던 고즈 센자브로[神津專三郞]에 의해 작성되었다고 추정된다(伊澤修二(山住正已校注), 『音樂事始』, 平凡社, 1971, 319~320쪽, 「해설」 참조).

'음악과 교육의 관계[音樂と敎育との關係]', '음악창가 전습에 대해서[音樂唱歌傳習の事]', '속곡개량에 대해서[俗曲改良の事]' 등의 항목으로 구성된 음악조사계의 사업에 대한 보고서였는데, 이 가운데 '음악과 교육의 관계'에 대해서 이자와는 이를 '장단 2음계의 관계', '건강상의 관계', '도덕상의 관계'로 세분하여 기술을 하고 있다. 그 중 도덕과의 관계에 대해서 다음과 같이 기술하고 있다.

도덕상의 관계

음악은 자연을 바탕으로 그 심정을 감동접촉하는 것으로써, 희열의 가곡은 인심을 기쁘게 만들고, 비애의 가곡은 인심을 비탄하게 만드는 것처럼 그 어느 하나 심정의 감동을 일으키지 않는 것이 없다. 그렇기 때문에 정아(正雅)한 노래를 부를 때는 마음이 저절로 바르게 되고, 화악(和樂)의 음을 들을 때는 마음이 저절로 편안해진다. 마음이 편하고 바를 때는 사악한 생각이 밖으로부터 들어올 수가 없다. 마음에 사악한 생각이 없을 때는 선을 선호하고 악을 피하는 것이 인지상정이다. 이것으로서 마음을 바르게 하고 몸을 닦고 속에 대항하는 것은 음악만한 것이 없다. 고어(古語)에서 말하기를 '禮樂不可以須臾去身'이라고, 성현들이 예악을 존중하는 것은 이와 같았다. 원래 유시(幼時)는 사람의 필생(畢生)에 있어 가장 감화가 빠른 시기여서 후래(後來) 선악의 구별을 표현함은 바로 이때의 훈도(薰陶)에 인유(因由)하지 않는 것이 없다. 이에 이 유시에 가르치기를 지량(至良)의 가곡을 가지고 한다면 온량순정의 덕성을 발육함에 부족함이 없음은 의심의 여지가 없다.

이로써 본 조사계에서 선정하는 것은 많은 부분 이러한 취지를 주로 하여 진력하여 평화롭고 논의의 여지가 없는 것을 골랐다. 간간히 이의가 있는 부분도 있겠지만 대부분은 화조풍월의 낱말을 그 사이에 섞어 심신을 열역(悅懌)

하게 하고, 나도 모르는 선으로 바뀌고 사(邪)를 없애는 마음을 깃들게 하고, 오로지 덕육에 도움이 되는 것을 취급했다. 예를 들면 유치진학(幼稚進學)의 쾌정을 고무시키는 것에는 '進め進め'와 같은 것, 붕우를 애모하고 교제상 신의를 두텁게 하는 심정을 양성하는 것에는 '霞か雲か', '螢の光' 등과 같은 것, 부모의 은혜를 그리워하게 만드는 것에는 '大和撫子', '思ひ出れば' 등과 같은 것, 성주(聖主)의 덕택을 흠모하고 신도(臣道)를 다해야 하는 지정(至情)을 양성케 하는 것에는 '雨露に', '忠臣' 등과 같은 것, 존황애국의 적심의기(赤心義氣)를 환발(渙發)케 하는 것에는 '君が代', '皇御國' 등과 같은 것, 경신(敬神)의 마음을 일으키게 하는 것에는 '榮かゆく御代'와 같은 것이 바로 이것이다.

이상 기술한 바와 같이 창가가 교육상에 관계하고, 특히 체육 및 덕육에 많은 도움이 되는 것은 자명하다.[51]

이자와는 교육에 있어서 음악의 효용에 대해서 먼저, '정아(正雅)한 노래'를 부름으로써 마음을 바르게 만들며, '화악(和樂)의 소리'를 들음으로써 마음이 편안해진다고 하고 있다. 또한 이러한 음악을 부르고 들음으로써 인간의 마음에는 사심(邪心)이 생기지 않고, 마음을 맑고 바르게 만드는 것은 음악 이외에 없음을 강조하며, 그렇기 때문에 덕육에 있어 음악이 꼭 필요하다고 강조하고 있다. 얼핏 보면 이전의 이자와의 음악교육관과 별반 다르지 않게 보이지만, 자세히 들여다보면 그 모든 기술이 결국에는 '덕육'이라는 말로 수렴되고 있음을 알 수 있다.

그렇다면 '음악조사성적신보서'에서도 예로 들고 있는 『소학창가집』에

---

51 伊澤修二(山住正已校注), 위의 책, 150~156쪽.

실려 있는 노래에 대한 분석을 통해 창가와 도덕과의 관계를 구체적으로 살펴보기로 하자.

『소학창가집』의 노래 분석

교학성지를 통해 새롭게 명시하고자 했던 앞으로의 교육은 한마디로 유신 이래 만연한 양풍존중(洋風尊重) 사상을 부정하고, 유교, 특히 공자의 가르침을 도덕교육의 기본으로 삼아야 한다는 것이었는데, 그 중에서도 '인의충효(仁義忠孝)'사상을 최고의 가치로 두는 교육이념의 설정이었다. 교학성지가 발표된 이후 만들어진 『소학창가집』 전3편에는 모두 91곡의 창가가 수록되어 있는데, 이 창가집 안에는 창가교습을 통해 도덕상의 효능을 적극적으로 이용한다는 교육정책의 전환에 따라 인의충효사상의 색채를 전면으로 내세우고 있는 노래가 다수 포함되어 있다.

초편 마지막 부분에 실려 있는 '오상의 노래[五常の歌]'와 '오륜의 노래[五倫の歌]'는 그 대표적인 예로 이자와는 이 '오상의 노래'에 대해서 "충효자경의 인생에 필요한 것을 서술해 학생들의 수신 상에 도움이 되게 하기 위해 만든 것"이라 하였고, '오륜의 노래'에 대해서도 "옛 성현의 격언을 학생들의 마음 깊은 곳에 명기하게 하기 위해서 만든 것"이라 설명했다.[52] 이것만 보더라도『소학창가집』의 편찬 목적, 아니면 이를 통한 창가 교육의 중요한 목적의 하나가 "덕에 의한 교화를 도우는", 즉 아이들에게 인의충효사상을 교육한다는 하는 것이었음을 알 수 있다.

창가 도입 당시의 원래의 의도와는 달리 근대 일본의 음악교육, 특히 소학교를 중심으로 이루어진 창가 교육은 어린 아이들에게 인의충효 사상을 강조하는 가사를 갖는 노래를 율동과 함께 반복적으로 부르게 함으로써, 신체와 정신 모두가 아무런 거리낌 없이 무의식중에 그러한 사상에 길들어져 버리게 만드는, 아이들의 이념교육을 위한 이른바 정서적·심리적·감각적 도구로써 이용되었음을 알 수 있다.

『소학창가집』전 3편에 실려 있는 91곡의 창가를 대상으로 이를 각 주제 별로 분류해 보면 다음과 같다. 괄호 속의 숫자는 초편·2편·3편의 구별을 나타낸다.

- 천황에 대한 칭송이나 나라와 천황에 대한 인민의 충성을 소재로 한 창가
いはへ(초), 千代に(초), 野辺に(초), うつくしき(초), 君が代(초), 薫りにしらるゝ(초), 雨露(초), 玉の宮居(초), 年たつけさ(2), みたにの奧(2), 皇御國(2), 榮行く御代(2), 五日の風(2), 天津日嗣(2), 太平の曲(2), やよ御民(3), 寧樂の都(3), 富士筑波(3), 治まる御代(3), 祝へ吾君を(3), 招魂祭(3)

- 애국심 고양(高揚)을 위한 일본의 사물(事物)을 소재로 한 창가
わが日の本(초), 富士山(초)

- 효행과 충의를 중심으로 하는 유교적·도덕적 사상을 소재로 한 창가
大和撫子(초), 五常の歌(초), 五倫の歌(초), あふげば尊し(3), 母のおもひ(3), 小枝(3), 誠は人の道(3), 忠臣(3), 四の時(3), 花月(3)

52　山住正巳, 앞의 책, 93쪽.

· 동식물을 포함한 자연과 경물(景物)을 소재로 한 창가

かをれ(초), 春山(초), あがれ(초), 和歌の浦(초), 春は花見(초), 鶯(초), 春風(초), 櫻紅葉(초), 花さく春(초), 見わたせば(초), 松の木蔭(초), 春のやよひ(초), 蝶々(초), 閨の板戶(초), 若紫(초), 隅田川(초), おぼろ(초), 鳥の聲(2), 霞か雲か(2), かすめる空(2), 燕(2), 鏡なす(2), 岩もる水(2), 岸の櫻(2), みてらの鐘の音(2), 春の夜(3), なみ風(3), 雲(3), めぐれる車(3), 墳墓(3), 秋の夕暮(3), 古戰場(3), 秋草(3), 園生の梅(3), 橘(3), 四季の月(3), 白蓮白菊(3), 春の野(3), 菊(3), 千草の花(3), 頭の雪(3), さけ花よ(3), 高嶺(3)

· 강인한 정신과 신체, 근학·계몽사상을 소재로 한 창가

螢(초), 年たつけさ(2), 學び(3), 千里のみち(3), 樂しわれ(3), 花鳥(3), 心は玉(3)

· 그 밖의 것을 소재로 한 창가

ねむれよ子(초, 자장가), 思ひいづれば(초, 망향가), 遊獵(2), 才女(3), 船子(3), 鷹狩(3), 瑞穗(3, 神), きのふけふ(3, 친구)

물론 이론의 여지야 있을 수 있겠지만, 가사의 분석을 토대로『소학창가집』전3권에 실려 있는 91곡의 노래를 분류해 보면 대략 위와 같은 6개의 큰 주제로 대별할 수 있을 것이다. 먼저, 이른바 '화조풍월(花鳥風月)'이라는 말로 대표되는 여러 동식물을 포함한 자연물을 소재로 한 아문조(雅文調)의 노래가 43곡으로 과반수에 가까운 압도적 다수를 차지하고 있다. 이는 이자와가 일본에 처음으로 창가를 도입함에 있어 목표로 했던 "지각심경(知覺心經)을 활발히 하여 정신을 쾌락하게 만들고, 마음에 감동을 일으키며 즐겁게 함과 동시에 선한 심성을 분기케 한다"는, 창가 교육 본연의 목적에 어느 정도 부합한 결과라고 할 수 있다. 아문

조의 가사는 아이들에게는 다소 어려운 노랫말이었지만, 1890년대 들어서 등장하는 언문일치(言文一致) 창가나, 이른바 학교창가에 대항하여 만들어진 다이쇼(大正) 시대의 동요(童謠)에 비해 격(格)이 있는 노래라 여겨졌던 이유가 되기도 했다.

그런데 여기서 주목해야 할 점은, 기타로 분류한 8곡을 제외한 나머지 40곡의 대부분이 근학(勤學)과 계몽사상을 소재로 하고 있는 약간의 노래를 제외하고는 모두가 천황이나 일본에 대한 칭송, 아니면 효행과 주군에 대한 충성 등, 충군애국(忠君愛國) 사상을 소재로 만들어진 노래라는 점이다. '교학성지'가 발표된 1879년 이후 학교교육, 특히 소학교를 중심으로 하는 초등교육에서 가장 중요시 했던 점이 바로 수신, 즉 도덕교육이었으며, 덕목교육(德目敎育)의 궁극적인 목적은 말할 나위도 없이 천황을 중심으로 하는 국체(國體)의 형성과 그에 충실한 '인민(人民) 만들기'에 있었다. 덕목교육 중시라는 교육목표의 전환은 창가를 덕육을 위한 정서적・심리적 교육 도구로 만들어버렸다. 일찍이 니지마 시게키[新島繁]는 『소학창가집』의 가사를 보면 "당당(堂堂)・발랄(潑剌)한 시정신(詩精神)"과 "대략 동양도덕에 바탕을 둔 새로운 국가주의(國家主義)・국권주의(國權主義)적 덕목(德目)"의 이중성이 느껴진다고 지적하기도 했다.[53]

음악조사계의 이름으로 편찬된 또 다른 창가집에 『유치원창가집(幼稚園唱歌集)』(1887)이 있다. 이 창가집의 편찬 목적 또한 "유덕(幼德)을 함양하고 유지(幼智)를 개발"하는 데 있었음을 '서언(緒言)'을 통해 확인할 수

---

53 新島繁, 「日本の唱歌」, 『文學』, 1955. 2.

가 있는데,『소학창가집』의 서언에서 명시하고 있는 덕성(德性) 함양(涵養)의 대상이 유아(幼兒)로만 바뀌었을 뿐 양 자의 편찬 목적은 별반 다르지 않다. 유아들을 대상으로 만들어진 창가집인 만큼 '오상의 노래', '오륜의 노래', '기미가요[君が世]', '스메라미쿠니[皇御國]', '이와에와가키미[祝へ吾君]'와 같은『소학창가집』에서 볼 수 있는 충군충효사상을 노골적으로 강조하는 노래는 없다 하더라도, 수록되어 있는 노래들의 가사를 살펴보면 유아들을 대상으로 하는 창가 교육의 목적 또한 '덕성의 함양'에 있었음은 의심의 여지가 없다.

『소학창가집』의 완성까지

야마즈미 마사미[山住正已]의 연구에 의하면,『소학창가집』이 완성되기까지는 다음의 3단계의 과정을 거쳤다고 한다.[54]

첫 번째 단계로는 앞에서 살펴본 바와 같이 미국에서 초빙한 메이슨과 이자와가 중심이 되어 곡을 선정하고, 거기에 가사를 붙여 완성된 노래를 도쿄사범학교 등의 학생들에게 직접 부르게 해서 그 적부(適否)를 검토했던 단계로, 메이슨이 일본에 온 1880년 3월부터 12월까지의 기간이다. 두 번째 단계는, 1단계를 통해 적당하다고 검증된 노래를 같

---

54 각각의 단계에 대한 구체적인 사정과 과정은 山住正已, 앞의 책, 80~88쪽 참조.

은 해 12월 문부성에 제출하고, 그 가사를 둘러싸고 주로 문부성의 사토 조지쓰(佐藤誠實, 1839~1903)와 음악조사계의 이나가키 지카이[稻垣千穎] 사이에서 논쟁이 벌어진 단계이다. 그리고 세 번째 단계는 음악조사계가 도쿄사범학교 이외의 몇몇 학교의 학생들에게 개작한 노래를 부르게 해서 다시 이것을 수정하고, 거기에다가 문부성 측에서 요구한 가사에 담아야 할 내용을 받아 최종적으로 노래를 완성시키는 단계로, 대략 1881년 4월부터 1882년 4월 출판까지의 시기가 여기에 해당한다.

『소학창가집』은 그야말로 교학성지의 발표를 계기로 전면에 등장하는 교육을 통한 황도주의(皇道主義) 이데올로기의 형성이라는 교학이념의 전환에 맞추어 아이들에게 인의충효 및 충군애국 사상을 감각적으로 가르치는 텍스트로 활용하고자 만들어진 것이라 이해할 수 있다. 이러한 창가 교육의 '변질'은 편찬과정에 있어 가사 선정을 둘러싸고 음악조사계와 문부성이 벌인 공방전을 통해 여실히 들어나고 있다.

> 이번에는 이것에 일본국어의 창가를 붙이기로 했는데, 이것은 아주 큰 문제여서, 단순히 노래를 만드는 것조차 쉬운 일이 아닌데 음악조사계의 요구로는 거기에다 곡의(曲意)에 맞는 노래를 만들라는 것뿐만 아니라, 구수(句數)와 자수(字數)가 맞지 않으면 어렵게 작가자(作歌者)가 제아무리 명가(名歌)를 만들어도 아무런 도움이 되질 않고, 그 가장 자신 있어 하는 부분도 개작을 해야만 했다. 그래서 노래도 만들고 곡의도 이해하고, 자구자수도 자유자재로 변화시킬 수 있는 작사자가 있어야 할 필요가 생겼다.[55]

------

55 "今度は、これに日本國語の唱歌を附すること、したが、これは非常な大問題であつて、單に歌を作るといふさへ容易では無いのに、取調掛の要求では、尚又曲意に合した歌

창가를 만드는데 있어서 가장 중요한 것은 가사 자체에 있었다. 게다가 그것은 단순히 가사의 문제일 뿐만 아니라 '자구자수'를 고려한 음율(音律)적 측면에 대한 배려를 고려해야만 하는 어려운 문제이기도 했다.

당시 음악조사계와 문부성 간에 교환되었던 문서는 야마즈미 마사미의 연구를 통해 그 전모를 알 수 있다.[56] 창가의 가사 선정을 둘러싸고 작사가와 음악조사계 간에 교환되었던 문서에는 가사가 선정될 때까지의 우여곡절, 즉, 언어의 선택을 중심으로 하는 교과서로서의 적부에 대한 충돌 등이 상세히 적혀 있다. 현재 그 문서들의 실물은 도쿄예술대학 도서관에서 마이크로필름을 통해 열람이 가능하며, 그 일부분은 『도쿄예술대학백년사(東京藝術大學百年史)』에 번각(翻刻)이 되어 있다.[57]

또한 도쿄예술대학의 연구자들이 중심이 되어 작성한 연구보고서 『음악교육사 성립의 궤적(音樂敎育成立への軌跡)』을 통해서도 메이지 전기 창가 교육의 실태와 전모를 확인할 수 있다.[58] 그러나 이들 자료나 연구서는 '음악교육사' 혹은 전문적인 '음악학(音樂學)'의 관점에서 만들어진 저서 또는 연구서이기 때문에 가사 자체에 대한 관심과 분석은 거의 찾아볼 수가 없다. 야마즈미의 경우 가사에 대한 언급을 하고 있기는 하지만 아주 단편적이다. 또한 일본어교육 분야에서도 창가의 가사를 대상으로 하는 어법연구가 활발히 진행되어 왔지만, 이 또한 어디까지나

を作るといふのみならず、句數字數が合はなければ、折角作歌者がいかなる名歌を作つても何の役にも立たぬ、其最得意とする好所をも改作しなければならぬのである、そこで歌も作る曲意も解る、句數字數も自在に變化し得るといふ作歌者を得る必要が起つた."(伊澤修二君還曆祝賀會編, 앞의 책, 74쪽)

56 위의 책, 80~100쪽.
57 東京芸術大學百年史編集委員會 編,『東京藝術大學百年史』, 音樂之友社, 1987.
58 東京芸術大學音樂取調掛研究班,『音樂敎育成立への軌跡』, 音樂之友社, 1976.

일본어사의 문제로서 창가를 대상으로 삼고 있을 뿐이다.

처음 창가를 선정하고 어느 정도 창가로서의 형태를 갖춘 첫 번째, 두 번째 단계에 있어 만들어진 창가는 화조풍월을 소재로 노래하는 아문조의 가사가 대부분이었다. 이자와는 창가를 만들어내는데 있어 화양절충(和洋折衷)을 중요시 했다. 일본 전통음악의 흐름과 격조 위에 서양의 음계를 입히고, 특히 가사에 있어서는 일본의 전통적 '아(雅)'를 서양의 음계로 부르는 것을 이상으로 삼았다. 아이치사범학교의 창가유희에 사용된 노래가 와라베우타였다는 점, 1878년 문부대보에게 제출한 「음악조사에 대한 계획서」에서 "피아(彼我)의 장점"을 보완해서 음악을 만들 것을 제안하고 있는 점, 미국 유학 중에 메이슨이 들려준 독일 동요에 창가유희 때 썼던 '호접(胡蝶)'이라는 가사를 그대로 사용하고 있던 점, 그리고 미국 유학 후 문부성에 상신한 건백서에서 '화양절충'을 통해 새로운 음악을 만들어야 한다고 주장하고 있는 점 등으로 미루어 볼 때, 당초 이자와가 추구하고자 했던 창가의 모습이 어떠한 것이었으리라고는 쉽게 짐작할 수 있을 것이다.

이러한 이자와의 이상은 국가권력 앞에 너무나도 쉽게 변질되어 갔다. 『소학창가집』이 출판된 이후 계속해서 이자와를 중심으로 덕육을 중시하는 창가가 만들어지고, 이자와 개인은 관리로서 영달(榮達)의 길을 걸어가는 것을 보면 왠지 모르게 씁쓸한 맛을 감출 수가 없다.

1880년 개정교육령 반포에 따른 수신주의(修身主義) 교육이념의 강제는 음악교육의 효능과 목적까지 변질시켜 버렸다. 메가타와 이자와가 창가 교육의 필요성에 대해 역설하고 그 결과 음악조사계가 만들어지고 최초의 창가집이 세상에 나오기까지의 불과 2~3년 사이에 일본의 학교 교육은 인의충효사상을 근간으로 하는 국가주의사상(國家主義思想)

과 국체사상(國體思想)의 발현이라는 새로운 교육이념의 통제하에 놓이게 된 것이다.

> 무릇 교육의 핵심은 덕육(德育)·지육(知育)·체육(體育)의 삼자에 있다. 그리하여 소학에 있어서는 무엇보다도 가장 잘 덕성을 함양함을 핵심으로 한다. 원래 음악이 갖고 있는 본질적 성정에 기초해 인심을 바르게 하고 덕에 의한 교화를 돕는 효용이 있다.[59]

『소학창가집』'서언'의 첫머리 부분이다. 창가 교육의 목적을 '덕성의 함양'에 두고 있으며, "인심을 바르게 하고 덕에 의한 교화(敎化)를 돕는 효용이 있다"고 정의하고 있다. 이는 다름 아닌 교학성지의 발포와 이에 따른 개정교육령을 통해 덕육을 최우선으로 하는 정부의 교육정책이 창가 교육에도 그래도 반영되고 있음을 나타내는 것이다.

인의충효를 강조하는 덕목주의 교육의 궁극적인 목적은 천황을 중심으로 하는 국체형성에 있었다. 즉, 교학성지의 발상에 따른 덕목주의의 테두리 안에서 창가도 인식되고, 결과적으로 가사의 언어적 측면 이상으로 그 가사의 내용이 주목을 받게 되었다.

---

59 "凡ソ教育ノ要ハ德育智育体育ノ三者ニ在リ。而シテ小學ニ在リテハ最モ宜ク德性ヲ涵養スルヲ以テ要トスベシ。今夫レ音樂ノ物タル性情ニ本ヅキ、人心ヲ正シ風化ヲ助クルノ妙用アリ。" 山住正巳, 앞의 책에 수록되어 있는 것을 재인용했다.

第三十二 五常の歌　　　　　오상의 노래

一. 野辺のくさ木も 雨露の　　　들판의 초목도 비와 이슬의
　　めぐみにそだつ さまみれば　　은혜로 자라는 모습을 보면
　　仁てふものは よのなかの　　　仁이라는 것은 세상의
　　ひとのこゝろの 命なり　　　　사람 마음의 생명이로다

二. 飛驒の工が うつ墨に　　　　　히다의 목수가 치는 먹줄에
　　曲もなほる さまみれば　　　　굴곡도 펴지는 모습을 보면
　　義といふものは 世の中の義　　라는 것은 세상의
　　人のこゝろの 條理なり　　　　사람 마음속의 도리로다

三. 成像ほかに あらはれて　　　　성상이 따로 나타나
　　謹愼みたる さまみれば　　　　공손히 모시는 모습을 보면
　　礼てふものは 世の中の　　　　禮라는 것은 세상의
　　ひとのこゝろの 掟なり　　　　사람 마음속의 지남(指南)이로다

四. 神の藏せる 秘事も　　　　　　신께서 숨으시는 비의(秘儀)도
　　さとり得らるゝ さまみれば　　알고 깨닫는 모습을 보면
　　智といふものは 世の中の　　　智라는 것은 세상의
　　人のこゝろの 宝なり　　　　　사람 마음속의 보물이로다

五. 月日と共に あめつちの　　　　세월과 함께 하늘과 땅도
　　循環たがはぬ さまみれば　　　변함없는 모습을 보면
　　信てふものは 世の中の　　　　信이라는 것은 세상의
　　人のこゝろの 守りなり　　　　사람 마음 속 부적이로다

第三十三　五倫の歌	오륜의 노래
父子親あり 君臣義あり	부자 간에 친화가 있고 군신 간에 의리가 있다
夫婦別あり 長幼序あり	부부 간에 구별이 있고 장유 간에 질서가 있다
朋友信あり	붕우 간에 신뢰가 있다.

『소학창가집』 초편 마지막 부분에 실려 있는 '오상의 노래[五常の歌]'와 '오륜의 노래[五倫の歌]'이다. 이자와는 1881년 5월에 이 두 노래를 문부성에 제안했다. 야마즈미에 의하면, 이자와는 이 '오상의 노래'에 대해서 "충효자경(忠孝自敬)의 인생에 필요한 것을 서술해 학생들의 수신상에 도움이 되게 하기 위해 만든 것"이라는 해설과 '오륜의 노래'에 대해서는 "옛 성현의 격언을 학생들의 마음 깊은 곳에 명기하게 하기 위해서 만든 것"이라고 설명했다고 한다.[60]

문부성의 요청에 의해서 만들어진 노래인지 음악조사계가 자발적으로 만든 노래인지는 이자와의 위의 말만 봐서는 알 수가 없다. 하지만 적어도 이자와는 국가권력에 저항하지는 않았다. 『소학창가집』에 실려 있는 노래 91편 가운데 노골적으로 충군애국 사상을 전면에 내세우고 있는 노래는 소수에 불과하다. 하지만 상기의 이자와의 해설을 참고할 때, 나고야사범학교에서, 미국 유학시절에, 아니면 유학에서 돌아온 후 이자와가 목표로 했던 창가 교육의 목적과 효용과는 너무나도 동떨어진 가사가 아닌가. 게다가 가사는 아이들이 쉽게 따라 부를 수 있는 '평명간이(平明簡易)'한 것이 아니었다.

......
60　山住正己, 앞의 책, 93쪽.

『유치원창가집(幼稚園唱歌集)』

음악조사계는 『소학창가집』에 이어서 1887년 12월에 『유치원창가집(幼稚園唱歌集)』을 출판·보급한다. 표제(標題)에 '유치원'이라고 되어 있어 유치원생을 대상으로 하는 창가집이라 생각하기 쉽지만, 실제로는 유치원생뿐만 아니라 소학교 저학년들도 사용했었다.[61] 이 또한 이자와와 메이슨이 협력해 만들어졌다고 보인다. 노래는 대체로 『소학창가집』과 마찬가지로 외국곡이 주를 이루고 있으며 음악조사계 내부에서 만든 곡도 소수 보인다. 창가집 안에 작곡가와 작사가의 주기는 없지만, 가사를 만든 사람들은 이자와를 중심으로 하는 문학자였음은 『소학창가집』의 경우를 보면 쉽게 짐작할 수가 있다. 대상이 유치원생이다 보니 『소학창가집』에 비해 전체적으로 부르기 쉬운 노래로 만들어졌으며, 『소학창가집』에서 가져온 노래들도 있다.

유치원생들을 대상으로 하는 창가는 1877년에 현재의 오차노미즈대학(御茶ノ水大學)의 전신인 도쿄여자사범학교에서 궁내청 시키부료(式部寮) 아악과(雅樂課)에 의뢰해 만든 『보육창가(保育唱歌)』 백여 곡이 있기는 하지만 출판까지 이어지지는 않았다. 또한 『유치원창가집』 출판 직전인 1887년 3월에는 『유치창가집(幼稚唱歌集)』이라는 창가집이 마나베 데이조(眞鍋定造, 1856~1891) 편찬으로 오사카(大坂)의 후쓰샤(普通社)에서 출판되었다. 이론의 여지는 있지만 유치원생을 상대로 만들어진 일본 최초

---

61 위의 책, 112쪽.

의 창가집이었다.⁶²

서언

一. 본편은 아동이 처음 유치원에 들어가 타인과 교류하는 것을 배움에 있어 희희창화할 제, 스스로 유덕을 함양하고, 유지를 개발하기 위해 이용해야 하는 가곡을 찬집한 것이다.

一. 창가는 자연유치의 성정을 기르고, 그 발성의 절도에 익숙하게 함이 중요함으로, 특히 유치원에 없어서는 안 된다. 여러 종류의 원희 등도 또한 음악의 힘을 빌리고 있지 않고 서는 충분한 효과를 낼 수 없는 것이다.

一. 유치원의 창가는 특히 박자와 리듬에 주의해야 한다. 박자의 완급을 잃을 시에는 활발 상쾌의 정신을 잃게 되고, 리듬의 고저, 그 정도를 잃을 시에는 단지 음성의 발달을 저 해할 뿐만 아니라 유치의 성정에 염악을 일으켜 그 개창을 방해할 우려가 있다. 따라서 본편의 가곡은 그것을 선정함에 있어 특히 이들 요지에 주의했다.

一. 유치원에 소, 고큐, 혹은 양금, 풍금과 같은 악기를 갖추고, 유치의 창가에 협주함이 필요하다. 이것은 악기에 의해 창화의 세력을 끌어올리고, 깊게 유심을 감동시키는 힘이 있기 때문이다.

1883년 6월⁶³

---

62 음악조사계에서 출판한 『유치원창가집』은 1887년 12월에, 마나베의 『유치창가집』 그보다 앞선 3월에 출판되었다. 그런데 주목해야 할 점은 이 두 창가집이 현재의 저작권 감각으로 생각할 때 거의 복사본이라고 해도 과언이 아닐 정도로 똑 같다는 점이다(근대 디지털 라이브러리에서 확인 가능(http://kindai.ndl.go.jp)). 이것을 어떻게 해석해야 할 것인가에 대해 많은 논의가 있어왔지만, 결론적으로 추론의 역을 벗어나고 있지는 못한 것 같다. 즉, 그 가능성으로써 마나베의 『유치창가집』이 음악조사계의 『유치원창가집』보다 몇 개월 먼저 출판되었음으로 문부성에서 마나베의 『유치창가집』을 보고 가사를 약간 고치거나 절을

음악조사계에서 편찬한 『유치원창가집(幼稚唱歌集)』(1887)

第一	心は猛く	第十一	川瀬の千鳥	第二十一	うづまく水
第二	蝶々	第十二	竹むら	第二十二	環
第三	進め進め	第十三	雨露	第二十三	毬
第四	霞か雲か	第十四	冬の空	第二十四	兄弟姉
第五	學べよ	第十五	花さく春	第二十五	操練
第六	にはつ鳥	第十六	やよ花櫻	第二十六	風ぐるま
第七	友どち	第十七	燕	第二十七	蜜蜂
第八	子供子供	第十八	眞直に立てよ	第二十八	一羽の鳥
第九	若駒	第十九	我大君	第二十九	數へ歌
第十	大原女	第二十	ここなる門		

『유치원창가집』1883년이라는 날짜를 갖는 위의 서언(緒言)을 볼 때 『소학창가집』과 거의 동 시기에 만들어졌음을 알 수 있는데, 출판이 늦어진 이유에 대해서는 알려져 있지 않다. 서언에는 유치원에서의 창가

삭제하는 등의 첨삭 또는 개찬을 거친 후 『유치원창가집』을 펴냈다고 생각할 수 있을 것이다. 아니면 음악조사계에서 출판한 『유치원창가집』은 서언에 적혀 있는 날짜(1883년 7월)를 토대로 생각해 볼 때 1883년 6월에는 이미 실질적인 편찬이 끝나 있었다고 볼 수 있다. 그렇다면 야스다 히로시[安田寬]의 가설처럼 『유치창가집』의 경우에도 메이슨의 미국 선교단과의 관계로 간사이[關西] 지방 쪽으로 미리 유출되었을지도 모르겠다(安田寬, 『唱歌と十字架』, 音樂之友社, 1993 참조). 마나베 자신 독실한 기독교 신자였음이 이를 방증한다 할 수 있겠다. 어찌 되었건 마나베의 『유치창가집』이 시기상으로 보아 일본 최초의 유치원생을 상대로 해 만들어진 서양식 악보가 있는 창가집임에는 틀림없다.

63 一 本編ハ、兒童ノ、始メテ幼稚園ニ入リ、他人ト交遊スルコトヲ習フニ當リテ、嬉戯唱和ノ際、自ラ幼德ヲ涵養シ、幼智ヲ開發センガ爲ニ、用フベキ歌曲ヲ纂輯シタルモノナリ。一 唱歌ハ、自然幼稚ノ性情ヲ養ヒ、其發聲ノ節度ニ慣レシムルヲ要スルモノナレバ、殊ニ幼稚園ニ欠ク可ラズ。諸種ノ園戯ノ如キモ、亦音樂ノカノ仮ルニ非ラザレバ、十分ノ効ヲ奏スルコト能ハザルモノナリ。一 幼稚園ノ唱歌ハ、殊ニ拍子ト調子トニ注意セザル可ラズ。拍子ノ、緩徐ニ失スルトキハ、活發爽快ノ精神ヲ損シ、調子ノ高低、度ヲ失スルトキハ、音ニ音聲ノ發達ヲ害スルノミナラズ、幼稚ノ性情ニ厭惡ヲ醸シ、其開暢ヲ妨グル恐レアリ。故ニ本編ノ歌曲ハ、其撰定ニアタリ、特ニ此等ノ要旨ニ注意セリ。一 幼稚園ニ、箏、胡弓、若クハ洋琴、風琴、ノ如キ樂器ヲ備ヘテ、幼稚ノ唱歌ニ協奏スルヲ要ス。是レ樂器ニヨリテ、唱和ノ勢力ヲ增シ、深ク幼心ヲ感動セシムルノカアルヲ以テナリ。(明治十六年七月 文部省音樂取調掛, 『幼稚園唱歌集』, 大日本圖書, 1887)

교육의 목적·내용·방법이 명시되어 있다. 이자와는 아이치사범학교 교장 당시 부속 유치원에서 시행했던 창가유희와, 미국 유학에서 돌아와 도쿄여자사범학교 부속 유치원에서 실시했던 창가 교육의 경험을 바탕으로 유아들을 대상으로 하는 창가 교육의 의미와 의의에 대해서 언급하고 있는데, 편찬의 목적은 다름 아닌 "유덕(幼德)을 함양하고 유지(幼智)를 개발"하는 데 있었다. 이는『소학창가집』서언의 "덕성의 함양"의 대상이 유아(幼兒)로만 바뀌었을 뿐 전혀 다르지 않다.

이자와 슈지〔伊澤修二〕는 변절자인가

이자와는 1892~93년에 걸쳐 전 6권의『소학창가(小學唱歌)』를 문부성의 검증을 받아 출판했다.[64] 문부성의 검증을 받기는 했지만 이것은 이자와 개인이 편집해 만든 사적 창가집으로 정부에서 만든『소학창가집』과는 사뭇 성격이 다른 것이었다. 즉, 창가 선정에 있어 100퍼센트 개인의 이상(理想)과 의지가 반영된다는 뜻이다. 이 창가집에서는 이전

---

64 이자와가 음악학교를 그만두고 민간인의 자격으로 편집한 창가집으로, 제1, 2권은 '심상소학교(尋常小學校)'용, 제3, 4권은 '고등소학교 여생도(高等小學校女生徒)', 제5, 6권은 '고등소학교남생도'용으로 구성되어 있고, 악보뿐만 아니라 교사를 위한 해설서가 포함되어 있다. 이자와 자신을 비롯해 야마다 겐이치로[山田源一郎], 메가타 마요키치[目賀田万世吉] 등 일본인들이 작곡한 노래가 다수 들어 있다. 작사는 이자와 외에 이나가키 지카이[稻垣千穎], 가베 이와오[加部嚴夫], 사사키 노부쓰나[佐佐木信綱] 등이다(伊澤修二編,『小學唱歌』, 大日本圖書株式會社, 1893).

의 『소학창가집』과는 달리 일본인 작곡가의 노래와 와라베우타를 많이 채용하고 있다는 특징이 보이는데, 그럼에도 불구하고 창가집의 내용과 해설을 보면 『소학창가집』의 '서언'을 떠올리게 하며, 실려 있는 노래의 가사 또한 '덕성의 함양'을 위한 가사말로 되어 있는 것을 발견할 수가 있다.

예를 들면, 제1집 두 번째 노래로 실려 있는 이자와가 작곡하고 개사(改詞)한 '까마귀[からす]'라는 노래이다.

からす	까마귀
からす からす かんざぶろう	까마귀야 까마귀야 간자브로
おやのおんをば わするなよ	부모의 은혜를 잊지 말아라

마찬가지로 이자와가 작곡하고 개사한 제1집 세 번째 노래 '기러기[雁, かり]'라는 노래 또한 부모의 덕을 이야기하고 있다.

かり	기러기
かり かり わたれ	기러기야 기러기야 날아라
おおきな かりは さきに	큰 기러기는 앞에서
ちひさい かりは あとに	작은 기러기는 뒤에서,
なかよく わたれ	사이좋게 날아라

이자와는 1890년 '국가교육사(國家敎育社)'라는 단체를 주재(主宰)하며 충군애국주의(忠君愛國主義) 국가주의교육사상(國家主義敎育思想)을 주장하며 '교육칙어' 보급에도 앞장섰다.[65] 국가주의교육사상은 말할 필요도

없이 천황제와 국가주의 사상을 근간으로 하는 교육 사상이었다. 이렇게 본다면 『소학창가집』, 『유치원창가집』에 실려 있는 덕육의 색채가 진한 창가들은 문부성과 이자와의 합작품이라고 해도 과언이 아닐 것이다.

근대 일본의 교육정책을 비롯한 각종의 문화정책에 관한 연구는 권력으로부터 강제되는 왜곡된 국민사상의 구축과, 그 결과 나타나는 일그러진 문화의 한 단면을 살펴보는데 있어 중요한 단서를 제공한다. 이자와 슈지는 당초 서양의 창가를 일본교육에 도입함으로서 유아들의 지각(知覺)과 심경(心經)을 활발히 하고, 정신적 쾌락과 심적 감동을 불러일으키며, 나아가 일본어의 발음을 정확하게 하고 호흡을 조절할 수 있다는 순교육적 효과를 기대했다. 그러나 메이지 신정부는 창가 교육을 통해 자라나는 아이들에게 덕성을 함양하고, 충군애국의 정신을 주입시키길 원했다. 아이들의 신체나 정신에 대한 직접적인 효용을 추했던 음악교육 본래의 목적이 권력에 의해 덕육과 충군애국의 교육정책으로 전환되어버린 것이다.

음악조사계는 『소학창가집』과 『유치원창가집』을 편찬한 후 더 이상의 창가집을 만들지 않고 1887년 현재의 도쿄예술대학 음악학부의 전신인 도쿄음악학교로 발전해갔고, 이자와는 이 학교의 초대 교장으로 부임했다.

이자와 슈지에 대해서는 상반된 평가가 존재한다. 오쿠나카 야스토

---

[65] 문부대신 모리 아리노리[森有禮]가 암살당하고 메이지헌법[明治憲法]이 반포된 날로부터 정확히 1년 후인 1890년 2월 11일 이자와는 국가교육사의 설립취지를 발표하고, 같은 해 5월 창립회가 열려 발기인인 이자와가 초대 사장으로 추대되어 국가교육사는 결성된다. 국가교육사는 기관지 『國家敎育』을 발간, 주로 출판활동을 통해 교육에 관한 계몽활동을 전국 규모로 전개해 간다.

[奧中康人]의 표현을 빌리자면 '덕육(德育)에 소극적인 이자와'와 '덕육에 적극적인 이자와'의 모습이다.[66] 서양음악의 보급과 음악교육 활동을 문명개화와 결부시켜 생각할 때는 근대 일본음악의 창시자로서의 긍정적 이자와의 모습이 부각된다. 반면, 말년의 국가주의적 활동에 주목해 천황제국가의 권력과 관련지어 봉건주의적 음악활동이라는 측면을 강조한다면 네가티브적 평가에서 벗어나기 어렵다. 그렇다면 미국 유학 후 음악조사계에 몸담았던 1879년부터 1887년까지의 시기는 이자와의 교육관이 전환하는 시기였다고 볼 수 있다.

문부성 음악조사계를 통해 『소학창가집』과 『유치원창가집』이 세상에 나온 이후 그야말로 다양다종의 창가집이 홍수처럼 쏟아져 나왔다.[67] 그 중에서 1888년부터 1892년에 걸쳐 오와다 다케키(大和田建樹, 1857~1910)와 오쿠 요시이사(奥好義, 1858~1933)의 공동 편찬으로 출판된 『메이지창가[明治唱歌]』는 『소학창가집』을 제외하면 당시 가장 많이 보급된 민간 제작 창가집이다.[68] 거기에 1891년 출판된 『국민창가집(國民唱歌集)』은 충군애국 사상과 '근학축덕(勤學蓄德)'의 정신을 한층 구체적으로 전면적으로 내세운 가사들로 구성되어 있다.

1886년 모리 아리노리의 '소학교령(小學校令)'에 의해 교과서에 대한

------

66 奧中康人, 『國家と音樂』, 春秋社, 2008, 195~196쪽.
67 메이지[明治]・다이쇼[大正]・쇼와[昭和] 시대에 편찬된 다양한 창가집의 소개와 내용에 대해서는 堀内敬三, 井上武士偏, 『日本唱歌集』(岩波文庫, 1958), 239~278쪽, '해설' 부분 참조.
68 편자인 오와다[大和田]는 훗날 '철도창가(鐵道唱歌)'의 작사자로 유명한데, 이 당시에는 도쿄고등사범학교[東京高等師範學校]에서 국문학을 가르치고 있었다. 공동 편자 오쿠 요시이사[奥好義]는 원래 시키부[式部] 소속 악사(樂師) 및 영인(伶人)으로, '기미가요[君が代]'의 작곡가로 유명하나, 이 당시에는 도쿄고등사범학교와 도쿄고등여자사범학교 등에서 음악을 가르치고 있었다. 수록된 곡의 3분의 2는 외국곡이고, 가사의 대부분은 오와다가 직접 작사했다.

검정제도(檢定制度)가 공포되었다. 교과서 검정에 관한 구체적 내용은 '교과용도서검정조령(敎科用圖書檢定條令)'을 통해 알 수 있다. 교과서 검정제도는 소학교령에 대한 개정이 이루어진 1903년 이전까지 시행되었는데, 이에 따라 창가교과서도 검정을 받아야 했다. 여기에 1907년에는 심상소학교(尋常小學校)가 6년간의 의무교육으로 되면서 '창가과(唱歌科)'는 필수과목이 되었다.[69]

음악과 음악교육은 본래 어떠한 이데올로기에 의해서도 구속되어서는 안 되는 것이며 그것이 특히 어린 아이들을 대상으로 할 때는 더욱 그러하다. 그러나 메이지 정부는 국체(國體)라는 국가적 이데올로기 형성을 위한 도구로써 창가를 이용했다. 다시 말해, 메이지정부의 서양음악 도입의 근저에 자리 잡고 있던 애시 당초의 목적은 근대 국민국가에 걸맞은 국민의 규범 형성을 위한 도구로써 창가라는 집단 창화(唱和)를 이용한다는 것이었지 예술의 영역으로서의 음악이라는 개념은 안중에도 없었다는 것이다.

결국, 학교 교육으로서의 창가 교육은 교학성지·교육칙어에서 말하는 충군애국·인의충효 사상을 바탕으로 하는 국민사상의 규범 형성을 위한 하나의 도구에 불과했으며, 덕육을 통한 덕성(德性)의 함양이라는 교육의 가치는 창가 교육을 통해 구체적으로 구현되어져 갔던 것이다.

------

69 물론 이에 대한 비판적 움직임도 있었다. 1918년 기타하라 하쿠슈(北原白秋)를 중심으로 하는, 이른바 다이쇼데모크래시 시기에 발간된 『아카이도리(赤い鳥)』에 발표된 동요와 이를 중심으로 전개되는 동요창작운동은 종래의 창가 혹은 창가 교육에 대한 비판이라는 측면이 강했다.

제4장
국민국가 형성과 창가(唱歌) Ⅱ
―메이지 후기 창가 교육을 중심으로

문부성창가(文部省唱歌)

　1879년의 교학성지 발표 이후 학교교육은 인의충효(仁義忠孝) 사상을 중심으로 하는 전통적 유교주의를 바탕으로 덕육(德育)에 중점을 두고, 공리주의·실용주의적 교육과 수신주의(修身主義)적 교육을 조화시켜 국가주의라는 새로운 이데올로기 형성이라는 대의를 실현하기 위한 방향으로 추진되었다. 창가 교육 역시 본래의 취지와는 달리 새롭게 설정된 교육이념을 구현하는 기재(器材)로써 기능했다.
　메이지 시대의 창가 교육은 보통 메이지 20년 이전까지를 전기, 20년대를 중기, 30년대 이후를 후기로 나누어 고찰의 대상으로 삼는다. 구체적으로는 문부성 음악조사계[音樂取調掛]에 의한 창가교과서 편찬시기, 검정교과서(檢定敎科書) 시기, 국정교과서(國定敎科書) 시기라는 말로 이를 대신할 수도 있다.
　창가 교육은 주로 전기의 정조(情操)를 중심으로 하는 덕목교육에서 후기로 가면 갈수록 충군애국(忠君愛國) 사상을 한층 강조해 갔으며,

1894년의 청일전쟁, 1904년의 러일전쟁을 전후로 해서는 전쟁을 소재로 한 군국미담(軍國美談)과 전쟁영웅(戰爭英雄)을 소재로 한 창가의 제작과 보급을 통해 어린 아이들에게 전의(戰意)를 고양시키는 도구로써 활용되었다. 이른바 문부성창가(文部省唱歌)라 불리는 일련의 창가집에 수록되어 있는 노래들이 이러한 역할을 담당했다.

문부성창가란 1910년부터 1944년까지 문부성이 편찬한 심상소학교(尋常小學校), 고등소학교(高等小學校), 초등학교(國民學校) 및 예능과(芸能科) 음악교과서에 실려있는 창가의 통칭으로 문부성이 정한 정식명칭은 아니다. 구체적으로는『심상소학독본창가(尋常小學讀本唱歌)』(1910),『심상소학창가(尋常小學唱歌)』(1~6학년, 1911~1914),『고등소학창가(高等小學唱歌)』(1930),『신정심상소학창가(新訂尋常小學唱歌)』(1~6학년, 1932),『신정고등소학창가新訂(高等小學唱歌)』(1~3학년, 남녀 별, 1935),『우타노혼(ウタノホン)』상・하(국민학교 초등과 1, 2학년, 1941),『초등과음악(初等科音樂)』一~四(초등학교 초등과 3~6학년, 1942~1943년까지),『고등과음악(高等科音樂)』一(남녀 별, 1944) 등의 창가집에 실려 있는 노래가 문부성창가의 범주에 속한다.

『심상소학독본창가(尋常小學讀本唱歌)』

메이지 후기에 접어들면서 정부는 창가 교육을 통해 청각과 발성의 이중작용을 도야(陶冶)함은 물론, 합창을 통해 대동단결의 정신을 강화하고, 고대의 영웅과 러일전쟁 당시의 전쟁영웅들의 진취적 기상을 담은 가사를 소리 높이 부르게 함으로써 국민의 사기를 진작하고 애국심을 함양시킨다는 효과를 겨냥했다. 다름 아닌 대일본제국(大日本帝國)의 국민으로서의 자각과 사상적 통일이다. 국가 제창이나 교가, 응원가, 아니면 애창곡을 함께 부르

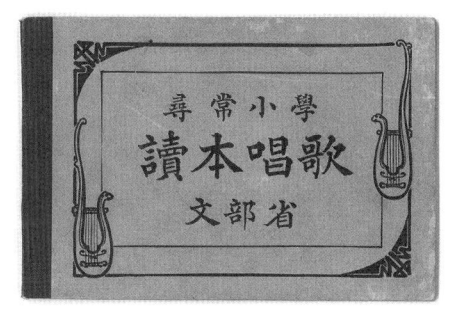

〈그림 13〉『심상소학독본창가(尋常小學讀本唱歌)』

며 공유한다는 것이 공동체 성원의 연대의식을 높이기 위한 가장 유효한 수단이라는 것을 우리는 19세기에 유럽에서 일어난 합창운동이나 플라톤의 선법론(旋法論)을 운운할 필요도 없이 유소년시절부터의 일상생활의 경험을 통해 우리는 잘 알고 있다.[1] 메이지 정부가 창가 교육을 통해 기대했던 것이 바로 이와 같은 국민사상의 공유라는 것이었다.

『심상소학독본창가(尋常小學讀本唱歌)』(1910)는 당시 '소학교령(小學校令)'의 '교과통합(敎科統合) 시행규칙'에 의해 수신, 국어독본(國語讀本), 일본역사 등의 교과서와 공통된 소재를 다루고 있는데, 『심상소학독본창가』라는 명칭에서 알 수 있듯이 국어독본 교과서 『심상소학독본(尋常小學讀本)』에 실려 있던 시(詩)에 곡을 붙이거나, 거기에 나와 있는 이야기를 제재로 하여 노래를 만들어 보다 쉽고 친숙하게 이해시키거나, 또는 효과적

---

[1] 프랑스혁명 시에는 '혁명상송'이라 불리는 노래가 다수 만들어졌으며 시민들이 이러한 노래를 합창하며 혁명의 대열에 참가해 연대감을 느끼며 혁명을 성공으로 이끌었다는 것은 잘 알려진 사실이다. 또한 19세기 영국과 프랑스, 독일을 중심으로 해서 일어난 합창운동은 유럽 전역으로 퍼져 수많은 시민합창단이 탄생했다. 또한 플라톤은 『국가』를 통해 국가의 지도자는 이상적인 국가를 만들기 위해 음악에 대한 지식을 갖고 적절한 때에 적절한 음악을 사용하는 것으로 사람의 마음을 컨트롤하고 용감하고 절도 있는 인격을 갖는 젊은이를 키워가야 하는 것이 필요하다고 역설했다.

으로 학습시키기 위한 목적으로 만들어진 준(準) 국정(國定) 창가집이다.

수록되어 있는 27곡의 노래는 민간에 퍼져 있던 와라베우타인 '가조에우타(かぞへ歌)'를 제외하고는 모두 문부성이 음악조사계의 후신인 도쿄음악학교에 의뢰하여 그곳 교수를 중심으로 구성된 편찬위원들의 합의하에 만들어졌다.[2] 전 곡은 이듬해에 만들어지는 『심상소학창가』에도 그대로 실려 있을 뿐만 아니라 약간의 개사(改詞)는 있었지만 1932년의 『신정심상소학창가』와 1941년부터 소학교에서 이름을 바꾼 초등학교(國民學校)의 예능과 음악교과서에도 계속해서 실려 있다. 게다가 몇몇 노래들은 패전 이후 만들어진 검정교과서(檢定敎科書)에도 수록되었고, 심지어 100년이 지난 지금도 일본인들에게 친숙한 노래가 있다.

전 장에서 살펴본 『소학창가집』과 『유치원창가집』은 비록 문부성 산하의 음악조사계에서 만들어지긴 했지만 서양음악의 선율을 그대로 차

문부성에서 편찬한 『심상소학독본창가(尋常小學讀本唱歌)』(1910)

第一	カラス(烏)	第十一	日本の國	第二十一	われは海の子
第二	ツキ(月)	第十二	かぞへ歌	第二十二	出征兵士を送る
第三	タコノウタ(紙鳶の歌)	第十三	ゐなかの四季(田舎の四季)	第二十三	同胞こゝに五千萬
第四	こうま(小馬)	第十四	家の紋	第二十四	鎌倉
第五	かへるとくも(蛙と蜘蛛)	第十五	何事も精神	第二十五	國産の歌
第六	ふじの山(富士山)	第十六	たけがり	第二十六	卒業
第七	とけいのうた(時計の歌)	第十七	近江八景	第二十七	アサガホ(朝顔)
第八	母の心	第十八	舞へや歌へや		
第九	春が來た	第十九	三才女		
第十	蟲のこゑ(虫の聲)	第二十	水師營の會見		

*第一~第二十七의 번호와 곡명의 한자어 표시는 필자. 원본에는 표시되어 있지 않음.

2 東京芸術大學百年史 編集委員會編, 『東京芸術大學百年史 東京音樂學校篇』 第二卷, 音樂之友社, 2004, 749~772쪽.

용하고 있다는 점에서 문부성창가의 범주에 들어가지 않는다. 그런 의미에서 『심상소학독본창가』는 이전 창가집과는 일획을 긋는 획기적 창가집이라 할 수 있다.

준(準) 국정창가집(國定唱歌集)

『심상소학독본창가』는 1903년 소학교 교과서에 대한 국정제도(國定制度)가 결정된 이후 처음으로 만들어진 창가집이다. 일본의 교과서는 1872년 학제가 공포되었을 당시에는 자유발행, 자유채택제를 취했다. 1881년에 이르러서는 개신제(開申制)라 하여 각 학교에서는 자유롭게 교과서를 채택하고, 채택한 교과서를 감독관청에 보고만 하면 되었다. 그러던 것이 1883년의 인가제(認可制)를 거쳐, 1886년에는 검정제(檢定制)를 시행했는데, 교과서 채택을 둘러싸고 회사 측과 교육관계자들 간에 부정한 거래가 적발되어 전국적으로 157명이 검거된 '교과서의옥사건(敎科書疑獄事件)'이 일어났고, 이를 계기로 1903년 국어독본·수신·일본역사·지리 교과서에 대해서 국정제(國定制)를 시행하게 되었다. 그 밖에 가키카타테혼(書方手本)·산술(算術)·도화(圖畵)·창가 교과서는 문부성에서 저작권을 소유하는, 이른바 준(準) 국정교과서로 문부성에서 직접 이를 출판했는데, 일반인들에게는 규정만 다를 뿐 국정교과서와 마찬가지로 이를 인식했다.[3]

국정교과서 제도는 모든 학교에서 학습하는 학습자에게 동일한 교과서를 사용하게 함으로써 공통된 사항을 학습하게 되며, 그렇게 함으로써 학습내용에 행정기관, 즉 국가의 의지가 여과 없이 반영될 수 있는 제도이다. 그것이 특히 사회나 역사교육일 경우에는 극단적 자국중심주의 사상을 형성하기 쉬운데, 그 결과 아이들은 자유로운 역사관에 기초한 국가관을 갖기보다는 맹목적으로 국가에서 강제하는 역사관을 가지게 되며, 편협하고 편중된 자국중심주의 사상에 무의식중에 지배를 당하게 되는 것이다.

아오야마사범학교(靑山師範學校) 교사 마쓰오카 마모루(松岡保)는 『심상소학독본창가』가 출판된 직후 『국정독본창가의 연구(國定讀本唱歌の硏究)』의 서언(緖言)에서 "창가집의 국정이라는 것은 문명 제국(諸國)에서는 지금껏 들어본 적이 없는 일로, 아마도 .우리나라가 세계에서 첫 번째 일 것이다"라며 음악교과서의 준(準) 국정제를 국정제로 인식하며 이를 비판하였다. '총설(總說)' 부분에서는 다음과 같이 말하고 있다.

세계에서 국정교과서라는 레코드를 만든 이번 독본창가는, 여러 의미로 사회 다 방면에서 빨리 발표되기를 바랐다. 문부성에서 창가집이 만들어진 것은 많이 있었지만 이번에처럼 개인의 작보(作譜)가 아닌 전매(轉賣)적 관영(官營)이라는 수단을 취한 적은 없었다. 지금까지는 단지 중등이나 소학 정도의 교재를 부여했을 뿐이었는데 이번에는 현금의 창가교수계(唱歌敎授界)를 어떠한 이상(理想)하에 통일시키려 해서 일어난 것임으로 일반사회에서 어떠한 이상으로

---

3 1903년 개정된 '소학교령(小學校令)'에서는 교과서에 대해 '修身・日本歷史・地理ノ敎科用圖書及ビ國語讀本ヲ除キ其ノ他ノ敎科用圖書ニ限リ文部省ニ於テ著作權ヲ有スルモノ及ビ文部大臣ノ檢定シタルモノニ就キ府縣知事ヲシテ之ヲ採定セシム'라 규정하고 있다.

통일되는지를 의문과 흥미를 갖고 기다렸다. 이리하여 소학교창가교과서 편찬위원회의 주도한 준비하에 먼저 만들어진 것이 즉, 이 심상독본창가이다.[4]

"문부성에서 창가집이 만들어진 것은 많이 있지만"이라는 것은 아마도 문부성 산하 음악조사계에 의해 만들어진 『소학창가집』과 『유치원창가집』을 말하는 것일 것이다. 마쓰오카가 말하는 '이상(理想)'은 주로 박자, 음정, 음역에 대한 분석을 통한 순수한 음악교육의 입장에서 보는 '이상'이긴 하지만, '사회 다방면'에서 이를 주목했던 이유가 단지 '창가교수'만의 문제는 아니었을 터이다. 왜냐 하면 인간이 만든 노래에는 인간의 사상과 역사, 인간이 살아온 여정과 정념(情念)이 깃들기 마련이기 때문이다. 따라서 『심상소학독본창가』가 국가의 의도된 기획하에 만들어졌다는 것은 분명 국가가 '이상'으로 삼는 사상과 역사뿐만 아니라 개인의 정념과 정조조차 국가에 의해 '이상'적으로 획일화, 강제했다는 것을 의미한다.

메이지 정부는 국가신도(國家神道)적 이데올로기에 바탕을 둔 국체의 형성과, 근대 국민국가로서의 일본을 지향함에 있어 거기에 속하는 국민들의 통일된 아이덴티티의식을 만들어내는 것을 중요한 과제로 삼았으며, 교육을 통해 이것을 실현하려 했다. 그러한 목적을 실현시키기 위해 정부는 서양 여러 나라에서 '국민'이 공유할 수 있는 '국민음악'을 만들어내고 이를 공유함으로써 '귀속의식'과 '연대의식'을 고양시켜 나가는 것이 근대적 국민국가를 형성해 가는 데 큰 역할을 했다는 점에

---

[4] 松岡保, 『國定讀本唱歌の研究』, 東京廣文堂書店, 1910. 본 글에서는 鎌谷靜男, 『尋常小學讀本唱歌編纂秘史』(文芸社, 2001), 48~49쪽에서 재인용.

주목하였다. 이에 신정부 출범 후 비교적 이른 시기에 음악교육을 담당하는 기관인 음악조사계의 설치를 통해 각국의 음악교육 실태를 조사하게 하였고, '음악교육을 통한 국민사상의 통일을 기초로 하는 국민국가 형성'이라는 목표를 설정해 『소학창가집』과 『유치원창가집』을 통해 이를 실험하였으며, 『심상소학독본창가』, 『심상소학창가』라는 준 국정창가집 편찬을 통해 이를 공고히 했던 것이다.

문부성에서 편찬한 『심상소학창가(尋常小學唱歌)』 제1학년~제6학년(1911~1914)

제1학년 1911년 5월	제2학년 1911년 6월	제3학년 1912년 3월	제4학년 1912년 12월	제5학년 1913년 5월	제6학년 1913년 6월
日の丸の旗	櫻	春が來た	春の小川	八岐の大蛇	明治天皇御製
鳩	二宮金次郎	かがやく光	櫻井のわかれ	舞へや歌へや	兒島高德
おきやがりこぼし	よく學びよく遊べ	茶摘	みなかの四季	鯉のぼり	朧月夜
人形	雲雀	青葉	靖國神社	運動會の歌	我は海の子
ひよこ	小馬	友だち	蠶	加藤淸正	故鄕
かたつむり	田植	汽車	藤の花	海	出征兵士
牛若丸	雨	虹	曾我兄弟	納凉	蓮池
夕立	蟬	虫のこゑ	家の紋	忍耐	燈台
桃太郞	蛙と蜘蛛	村祭	雲	鳥と花	秋
朝顔	浦島太郞	鴨越	漁船	菅公	開校記念日
池の鯉	案山子	日本の國	何事も精神	三才女	同胞すべて六千万
親の恩	富士山	雁	廣瀨中佐	日光山	四季の雨
烏	仁田四郞	取入れ	たけがり	冬景色	日本海戰
菊の花	紅葉	豊臣秀吉	霜	入營を送る	鎌倉
月	天皇陛下	皇后陛下	八幡太郞	水師營の會見	新年
木の葉	時計の歌	冬の夜	村の鍛治屋	齋藤實盛	國産の歌
兎	雪	川中島	雪合戰	朝の歌	夜の梅
紙鳶の歌	梅に鶯	おもひやり	近江八景	大塔宮	天照大神
犬	母の心	港	つとめてやまず	卒業生を送る歌	卒業の歌
花咲爺	那須与一	かぞへ歌	橘中佐	*みがかずば *金剛石・水は器	

『심상소학창가(尋常小學唱歌)』

『심상소학창가(尋常小學唱歌)』는 1911년부터 신정판(新訂版)이 만들어지는 1932년 3월까지 약 21년이라는 오랜 기간 동안 학교에서 사용하는 창가교과서의 표준이 되었다. 『심상소학독본창가』에 수록되어 있던 27곡의 창가에 새롭게 만들어진 창가를 포함한 120곡을 1학년에서 6학년까지 각 학년별로 1책 20곡씩을 수록해 전 6권으로 구성하였다.[5]

『심상소학독본창가』도 그렇지만 연이어 편찬된 『심상소학창가』에 수록된 창가의 작곡가와 작사가는 당시 공식적으로는 미상으로 되어 있다. 물론 현재는 선학들의 연구에 의해 대부분의 창가의 작곡가와 작사가가 누구였는지는 다 밝혀졌다. 그러나 당시에는 전혀 알려지지 않았는데, 이를 일반인들에게 은폐했었다는 것은 의미하는 바가 크다. 문부성은 작사가와 작곡가에게 거액의 보수를 지불하고 이를 철저히 비밀로 했다고 하는데, 그 이유는 '국가'에서 직접 노래를 만들고 가사를 지었다는 것을 강조하고 싶었기 때문이라고 한다.[6]

『심상소학독본창가』, 『심상소학창가』가 세상에 나옴에 따라 그야말로 일본 근대음악교육의 아버지라 불리는 이자와 슈지가 문부성 산하 음악조사계를 설치함에 있어 목표로 했던 "동서이양의 음악을 절충하여 신곡을 만드는 것[東西二洋の音樂を折衷シテ新曲ヲ作ル事]"이라는 국악창성(國樂創成)의 원대한 목표가 표면적으로는 일단 달성된 셈이다.

---

5 5학년용에는 21수, 6학년용에 19수.
6 團伊玖磨, 『日本人と西洋音樂』, NHK人間大學テキスト, 1997.

『심상소학창가』의 노래 분류

· 애국심 고양(高揚)을 위한 일본의 사물(事物) 소재로 한 창가

　日の丸の旗(1), 富士山(2), 日本の國(3), 港(3), 靖國神社(4), 日光山(5), 同胞すべて六千万(6), 國産の歌(6), 我は海の子(6)

· 신화나 천황가를 소재로 한 창가

　天皇陛下(2), 皇后陛下(3), 八岐の大蛇(5), 天照大神(6)

· 역사·전설·설화(옛날이야기) 속 인물이나 사건을 소재로 한 창가

　牛若丸(1), 桃太郎(1), 花咲爺(1), 二宮金次郎(2), 浦島太郎(2), 仁田四郎(2), 那須与一(2), 鵯越(3), 豊臣秀吉(3), 川中島(3), 櫻井のわかれ(4), 曾我兄弟(4), 八幡太郎(4), 加藤清正(5), 菅公(5), 三才女(5), 齋藤實盛(5), 大塔宮(5), 兒島高德(6), 鎌倉(6)

· 효행과 충의를 중심으로 하는 유교적·도덕적 사상을 소재로 한 창가

　親の恩(1), 母の心(2), 友だち(3), おもひやり(3), かぞへ歌(3), 家の紋(4)

· 동식물을 포함한 자연과 경물(景物)을 소재로 한 창가

　鳩(1), ひよこ(1), かたつむり(1), 夕立(1), 朝顔(1), 池の鯉(1), 鳥(1), 菊の花(1), 月(1), 木の葉(1), 兎(1), 犬(1), 櫻(2), 雲雀(2), 小馬(2), 雨(2), 蟬(2), 蛙と蜘蛛(2), 案山子(2), 紅葉(2), 雪(2), 梅に鶯(2), 春が來た(3), 青葉(3), 虹(3), 虫のこゑ(3), 雁(3), 春の小川(4), 藤の花(4), 雲(4), 霜(4), 近江八景(4), 海(5), 鳥と花

(5), 冬景色(5), 朝の歌(5), 朧月夜(6), 蓮池(6), 燈台(6), 秋(6), 四季の雨(6)

・강인한 정신과 신체, 근학·계몽사상을 소재로 한 창가

おきやがりこぼし(1), よく學びよく遊べ(2), 何事も精神(4), つとめてやまず(4), みがかずば(5), 金剛石・水は器(5), 運動會の歌(5), 忍耐(5), 明治天皇御製(6)

・전쟁과 군인을 소재로 한 창가

かがやく光(3), 廣瀨中佐(4), 橘中佐(4), 入營を送る(5), 水師營の會見(5), 出征兵士(6), 日本海海戰(6)

・풍습이나 생활상을 소재로 한 창가

人形(1), 紙鳶の歌(1), 田植(2), 茶摘(3), 村祭(3), 取入れ(3), 冬の夜(3), ゐなかの四季(4), 蚕(4), 漁船(4), たけがり(4), 村の鍛冶屋(4), 雪合戰(4), 鯉のぼり(5), 納涼(5), 故鄕(6), 新年(6)

・그 밖의 것을 소재로 한 창가

時計の歌(2), 汽車(3), 舞へや歌へや(5), 卒業生を送る歌(5), 開校記念日(6), 卒業の歌(6)

『심상소학창가』에 실려 있는 120곡을 노래 가사의 내용분석을 근거로 하여 크게 상기의 9항목으로 분류해 보았다. 쇼켄[昭憲] 황태후(皇太后)가 직접 작사를 했다는 "みがかずば(1절)와 '天皇陛下'(1절)을 제외하고는 2~3절의 구성으로 되어 있는 것이 보통이고, 4절 혹은 '我は海の子', '同

胞すべて六千万', '水師營の會見'과 같이 길게는 7~9절의 가사를 갖는 노래들도 있다. 따라서 '我は海の子'처럼 가사의 앞 절에서는 자연과 경물(景物)을 소재로 노래를 하다 마지막 7절에 가서 "자, 이제 큰 배를 타고 나가 나는 주울 것이다 바다의 재물을. 자 군함에 올라타 나는 지킬 것이다 바다의 나라(いで大船を乗出して 我は拾はん海の富。いで軍艦に乗組みて 我は護らん海の國)"와 같이 '애국심 고양을 위한 일본의 사물을 소재로 한 창가'에 분류하기에는 1절부터 6절까지의 내용이 바다의 여러 정경을 그리고 있다. 이에 상기의 분류방식에 100퍼센트 상응하지 않는 다소 애매한 경우도 있음을 인정하더라도, 전체적으로는 상기의 분류 항목에 크게 무리는 없을 것이다.

『심상소학창가』의 노래 분석

먼저 1학년부터 6학년까지의 120곡 전체를 놓고 봤을 때, 화조풍월(花鳥風月)을 소재로 한 아문조(雅文調) 가사로 된 자연과 경물(景物)을 소재로 한 노래가 41곡('我は海の子'를 포함한다면 42곡)으로, 전체의 약 33퍼센트 정도로, 3분의 1이라는 압도적 수치를 차지하고 있다. 이는 "지각심경을 활발히 하여 정신을 쾌락하게 만들고, 마음에 감동을 일으키며 즐겁게 함과 동시에 선한 심성을 분기케 한다"는 창가 교육 본연의 목적에 충실한 결과였다고 할 수 있는데, 한편으로 문부성창가 출현을 전후로 하여 출현하기 시작한 구어체(口語體) 창가에 대해서 이를 '창가의 기품

(氣品)을 저해하는 것'이라 규정하고, 이에 대한 반발로써 '기품 있는 창가'를 지향 했던 도쿄음악학교를 중심으로 하는 사람들의 의향이 반영된 결과로도 볼 수 있다.[7]

つとめてやまず	노력을 멈추지 마라
一. 額に汗してはたらくも	이마에 땀 흘리며 일하는 것도
心を砕きていそしむも	마음을 다해 정진하는 것도
同じく御國の爲にして	모두가 나라를 위한 일로써
人の道なり 務なり	인간의 도리이다 책무이다
二. 榮ゆく御國の御民われ	번영하는 나라의 국민인 우리
あだには一日も 過さめや	헛되이 하루도 보내지 마라
急がずやすまず 撓みなく	서두르지 말고 쉬지도 말고
心たのしく勵みなん	게으름피지도 말고 마음 즐겁게 정진하자
三. 荒むな國民 怠るな	흐트러지지 마라 국민이여
みづから彊めて 息まざれと	게으름 피우지 마라 스스로 노력을 멈추지 말라고

----

[7] 1884년 국어학자 모즈메 다카미[物集高見]가 '언문일치론'을 주장한 이래 문학계에서는 언문일치체 문학작품이 나타나게 된다. 창가 분야에서도 동경고등사법학교 교관이었던 다무라 도라죠[田村虎藏]가 언문일치체 창가의 보급에 앞장섰다. 이른바 미문형(美文型) 문어체의 가사가 아니면 창가의 기품을 떨어뜨린다는 통념을 타파하고 아이들에게는 아이들 말로, 아이들의 생활감정에 맞는 창가를 부르게 해야 한다는 주장이었다(堀內敬三, 井上武士偏, 『日本唱歌集』, 岩波文庫, 1958, 257쪽).

諭させ給ひし みことのり　　깨우쳐주시는 천황의 말씀
肝にきざみて 忘れめや　　마음에 새기며 잊지 말아라

하지만 중요한 것은 『심상소학창가』에 수록되어 있는 전체의 노래를 분석해 보면, 거기에는 『철도창가(鐵道唱歌)』(1900)나 『역사교육애국창가(歷史敎育愛國唱歌)』(1900), 『교육칙어축일창가(敎育勅語唱歌)』(1900)처럼, 처음부터 노골적으로 근대 제도에 대한 지식과 계몽, 애국을 표방하고 있지는 않다고 하더라도 무언가 의도된 방향성을 갖고 만들어졌음을 알 수 있다.

1학년을 대상으로 한 창가는 '히노마루의 깃발(日の丸の旗)'과 같이 자국을 상징하는 국기 '히노마루'를 찬양하는 노래와, 예로부터 전해져 내려오는 이야기 속 인물을 소재로 한 노래가 포함되어 있기는 하지만, 그 무엇보다도 동물과 식물을 주로 하는 경물을 소재로 한 노래가 20곡 중에 12곡을 차지하고 있다. 이러한 경향은 2학년을 대상으로 하는 노래에도 그대로 나타나, 20곡 중 10곡이 이른바 화조풍월이라는 말로 대표되는 자연 경물을 소재로 만들어진 노래이다. 그러던 것이 3학년을 대상으로 할 경우에는 20곡 중에 5곡, 4학년의 경우에도 5곡, 5학년의 경우에는 4곡, 6학년의 경우에는 5곡으로, 점점 그 비중이 줄어들고 있는데, 이와는 대조적으로 효행과 충의를 중심으로 하는 노래와 애국심 고양을 위해 일본의 사물을 소재로 한 노래의 숫자가 학년이 올라갈수록 점점 많아진다.

또한 '히노마루의 깃발(日の丸の旗)', '후지산(富士山)', '일본국(日本の國)', '야스쿠니신사(靖國神社)' 등 국가적 심벌을 소재로 한 노래는 물론이거니와, '천황폐하(天皇陛下)', '황후폐하(皇后陛下)', '야마타노오로치(八岐の大蛇)', '아마테라스오카미(天照大神)' 등, 신화에 등장하는 신이나 천황가 사

람들을 직접 소재로 한 노래가 다수 포함되어 있다는 것은 그야말로 국가신도적 이데올로기에 바탕을 둔 국체의 형성 위에 근대국가의 완성을 꾀하고, 최고 통수권자로서의 천황에 충실한 신민 만들기의 정서적 도구로써 문부성창가가 기능했음을 의미하는 것이다.

天皇陛下	천황폐하
神と仰ぎ奉り	신으로 우러러 모시고
親とも仰ぎ奉る	부모로도 우러러 모시는
天皇陛下の御爲ならば	천황폐하를 위해서라면
わが身も家も忘れて	내 몸도 집도 잊고서

皇后陛下	황후폐하
一. 天に日月 ある如く	하늘에 해와 달이 있는 것처럼
並びています 御光を	나란히 계시는 빛을
仰ぐもたかき 大宮居	우러르기도 고귀한 황거에 계시누나
二. 國土あまねく うるほはす	국토 모두를 풍요롭게 하시는
雨にも似たり 御惠の	비와 같은 은혜의
露のかからぬ 草もなく	이슬이 맺지 않는 풀도 없구나
三. 寒さおほはん 袖も無き	추위를 덮을 소매도 없는
貧しの民も おん母と	가난한 백성도 어머님이라
畏けれども 仰ぎ見る	외경스럽지만 우러러 본다

四. 時計の針の 絶間なく	시계바늘이 쉴 새 없이 (움직이듯)
業をはげめの 御さとしを	일에 정진하라는 가르침을
學びの子等も 忘れめや	배우는 이이들도 어찌 잊으랴

또한 『심상소학독본창가』에는 두 곡밖에 수록되어 있지 않던 역사나 전설·설화 등을 포함하는 옛날이야기 속 주인공을 소재로 만들어진 노래가 『심상소학창가』에는 무려 18곡이나 새롭게 만들어졌다는 점에 주목하고 싶다.[8]

물론 이것은 앞에서 살펴본 바와 같이 교과통합(敎科統合)이라는 방침에 따라 당시의 교과서가 각 교과에서 다루는 교육의 소재를 공유함으로써 나타난 현상이라 가볍게 생각할 수도 있다. 그러나 '모모타로[桃太郎]'나 '우라시마타로[浦島太郎]'처럼 옛날이야기의 주인공들의 모험을 소재로 의협심을 고취시키는 노래가 만들어지기도 했지만, 그것은 극히 소수에 불과하고 대부분은 소가[曾我] 형제나 사이토 사네모리[齋藤實盛], 또는 고지마 타카노리[兒島高德] 등과 같이 전세(戰勢)의 불리함에도 불구하고 주군(主君)을 위해 끝까지 고군분투(孤軍奮鬪)하다 끝내는 장렬히 전사한 무장(武將)이라는, 역사적 실존인물들을 소재로 하고 있다는 점은 특기할만하다. 청일(淸日)전쟁과 러일(露日)전쟁을 거치며 애국심 발양, 또는 전의 고양을 위해 역사적 인물들의 충용미담(忠勇美談)이 호재로 활용되었다는 것을 쉽게 짐작할 수가 있다.

---

8 『심상소학독본창가』에는 헤이안[平安] 시대의 세 명의 귀족 여성의 기지(機知)를 칭송하는 내용의 '삼재녀(三才女)'와 『다이헤이키[太平記]』, 『아즈마카가미[吾妻鏡]』, 『기케이키[義経紀]』 등의 역사서 속에서 가마쿠라[鎌倉]를 배경으로 해 벌어진 여러 사건을 노래하고 있는 '가마쿠라[鎌倉]' 두 곡이 있다.

전쟁영웅(戰爭英雄)과 창가

한편, 히로세 중좌[廣瀨中佐]나 다치바나 중좌[橘中佐]와 같이 가깝게는 러일전쟁 시 나라와 전우를 위해 극한 상황에서 목숨을 버린 전쟁영웅(戰爭英雄)을 소재로 한 노래도 만들어졌다.

橘中佐	다치바나 중좌
一. かばねは積りて山を築き	시체는 쌓여 산을 이루고
血汐は流れて川をなす	피는 흘러 강을 이룬다
修羅の巷か、向陽寺	아수라장인가 샤온즈이
雲間をもるる月青	구름 사이에서 새나오는 달빛도 파랗구나
二. みかたは大方 うたれたり	아군은 모두 쓰러졌다
暫く此處をと 諫むれど	잠시 여기를이라고 훈계를 해도
恥を思へやつはものよ	창피한 줄 알라 병사여
死すべき時は今なるぞ	죽어야 할 때는 바로 지금이다
三. 御國の爲なり 陸軍の	나라를 위해서다 육군의
名譽の爲ぞと 諭したる	명예를 위해서라 설득하는
ことば半ばに 散りはてし	말도 대부분 땅에 흩어진다
花橘ぞ かぐはしき	귤꽃이여 향기롭도다

다치바나 슈타(橘周太, 1865~1904)와 히로세 다케오(廣瀨武夫, 1868~1904)는

〈그림 14〉 히로세 중좌(廣瀨中佐)

모두 러일전쟁(1904) 당시 큰 공을 세운 전쟁영웅이다. 다치바나 슈타는 수산보(首山堡) 공략에서 부대원의 맨 앞에 서서 적진에 뛰어들어 장렬한 최후를 맞이했다는 것으로 인해 군신(軍神)으로 추앙되었다. 히로세 다케오는 여순(旅順) 항구 폐쇄라는 특별작전에 참가하여 쏟아지는 포탄 속에서 자신의 목숨을 돌아보지 않고 행방불명된 부하를 찾아 배 안을 3번 수색하고, 끝내 구명보트 위에서 러시아의 포탄에 맞아 전사하는 등, 상사로서 부하를 배려하는 행동과 평소의 품성도 훌륭했다는 점이 신문 지상 등을 통해 대대적으로 보도되어 대중에게 군신으로 추앙받았다.

　히로세는 청일전쟁에서는 이렇다 할 군신이 탄생하지 않았기 때문에 근대 일본 최초의 군신이라고 말할 수 있다. 애국심 고취 및 민족적 자긍심을 강조하는 사회통합의 방법으로서 전쟁영웅의 창출과 수용이라는 점에 있어 미디어를 포함한 여러 매체와 더불어 창가 또한 그 일익을 담당했던 것이다.

　군신이라는 칭호는 군부나 정부에서 만든 공식적인 호칭이 아니고, 연일 전황(戰況)을 보도하던 신문이나 잡지에서 만들어낸 용어가 정착된 것이다. 일본 최초의 군신이라 할 수 있는 히로세 다케오는 전기(傳記)에서 "이 존호(尊号)는 사람들이 모여 평의(評議)하여 수여한 것이 아니라 소위 하늘의 소리, 즉 하늘의 명이기 때문에 영원히 전해질 것이다"라며 군신의 정의에 대해 직접 언급을 하고 있기도 하다.[9]

일반적으로 군신에는 세 가지 유형이 있다고 한다. 첫 번째는 전선의 지휘관으로서 전사한 위관급(佐官級) 장교이다. 그들은 부하를 대신해서 전사하는 훌륭한 인격의 소유자로서 존경을 받아왔다. 히로세 중좌나 다치바나 중좌가 여기에 속하는 대표적인 인물이라 할 수 있겠다. 두 번째는 전쟁의 승패를 좌우하는 큰 작전을 이끈 지휘관이다. 노기 마레스케(乃木希典, 1849~1912)가 대표적 인물이라 하겠다.

〈그림 15〉 다치바나 중좌(橘中佐)

노기 마레스케는 러일전쟁에서 일본의 승리를 이끌어낸 명장으로, 메이지천황 서거 후에는 부인과 함께 자결함으로써 천황에 대한 충절이 대중으로부터 높이 평가되어 다른 전쟁영웅들보다 더욱 높게 추앙되었다.[10] 세 번째는 1931년부터 시작하는 이른바 15년 전쟁을 통해 부각되는 새로운 타입의 군신이다. 이들은 한 개인이 아니라 집단으로 자신의 목숨을 걸고 작전을 수행한 젊은이들로, '육탄삼용사(肉彈三勇士)', '구군신(九軍神)' 등이 가장 대표적이라 할 수 있다.[11]

---

9   井田麟鹿編, 『七生報國廣瀨中佐』, 廣瀨家, 1928, 3쪽.
10 전 시대의 전쟁영웅이 시대가 바뀜에 따라 부정적으로 평가되는 경우가 있기도 한데, 시바 료타로(司馬遼太郎)의 『坂の上の雲』에서 노기 마레스케는 많은 병사를 죽음으로 내몬 우장(愚將)으로 묘사되었고, 이로 인해 '노기 무능력론'이 대두되기도 하였다.
11 육탄삼용사는 상해사변에 참가하여 1932년 2월 22일 진입로를 확보하기 위해 적진에 폭탄을 메고 돌진한 일등병 3명으로, 소위 '폭탄삼용사(爆彈三勇士)'라고도 불린다. 『大阪朝日』가 '일본정신의 극치'라는 제목을 단 사설에서 야마토(大和) 민족의 우수성을 주장하면서 '육탄 삼용사의 장열한 행동도, 실로 신(神)으로서의 민족정신의 발로에 의한 것'이라고 선동하

한 번 만들어진 군신과 전쟁영웅의 활약을 전하는 군국미담은 이른바 15년 전쟁이라 불리는 기간 동안 국어독본과 수신교과서에 실리거나 창가 등을 통해 어른 아이들의 귀감이 되었으며, 사후에는 그들을 기리는 신사와 동상 등이 건립되었다.[12] 학교 교육, 특히 창가 교육을 통한 정부의 의도적인 군국미담의 설파는 자라나는 아이들에게, 혹은 가까운 장래에 전쟁터로 나갈 어린 학생들에게 충군애국 사상, 즉 천황에 대한 충절을 고취시키고 국민을 통합하기 위해 그 무엇보다도 유효한 방법이었다.

『심상소학창가』만큼은 채택되지 않았지만 1894년 제1편이 발행된 이후 7편까지 나온 『교과적용 대첩군가(大捷軍歌)』에는 '황해의 전투[黃海の戰鬪]', '용감한 수병[勇敢なる水兵]' 등, 청일·러일전쟁 당시는 물론 아

는 등, 이들의 행동이 미담으로 확산되는데 있어 당시의 신문이 큰 역할을 했다. 육군성(陸軍省)은 삼용사에게 은상(恩賞)을 수여하고, 이들의 행동을 교과서에 게재한다. 특히 1942년의 국정교과서에는 그 중 한명이 "천황폐하만세"라고 외치며 죽었다는 날조가 이루어지기도 한다. 각 신문사는 이들의 남은 가족을 위해 위로금을 모금하고, 이들을 소재로 한 공연예술 노[能], 영화, 노래 등이 만들어지는 등, 온 국민을 동원하며 영웅으로 추앙했다. 이와사 나오지[岩佐直治]를 비롯한 장교 4명과 하사관 5명으로 구성된 구군신은 1941년 12월 8일 하와이 해전에서 갑표적(甲標的)에 승선하여 인간어뢰로 미해군함정을 공격하여 전사하였다. 결사적 공격 후 전사한 것이 높이 평가되어 군신으로 추앙받게 된 케이스이다(山室建德, 『軍神』, 中新公書, 2007 참조).

12 1931년부터 1945년까지 일본이 치렀던 전쟁에 대한 호칭은 다양하다. 우선 '태평양 전쟁'이다. 미국이 일본을 점령하면서 공식 명칭이 되었다. 태평양을 강조하면서 미국과의 전쟁이 부각되는 호칭이다. 그 때까지의 '대동아 전쟁'이라는 말은 즉각 사용이 중지되었고 불온한 금기어가 되어버렸다. 반면, 중국을 포함한 아시아와의 전쟁을 경시하는 호칭으로 받아들여지기 쉽다. '아시아·태평양 전쟁'이라는 호칭은 1937년 중일 전쟁부터 1941년 발발한 미일 간의 전쟁을 아우른다. '15년 전쟁'이라는 호칭은 1931년의 만주사변부터 1945년의 패전을 불가분으로 여기며 일본의 침략성을 한층 강조하는 호칭이다. 가치중립적인 이름도 있다. '제2차세계대전'이다. 하지만 너무 건조하고 밋밋하여 그 당시 전쟁이 갖는 복합적 성격을 전혀 담아내지 못한다.

시아・태평양전쟁 시에도 군민(軍民) 구별 없이 많이 불리게 되는 노래가 다수 실려 있다.

교육을 통한 천황제이데올로기 창출

메이지 신정부가 근대국가로서 자리매김 할 수 있었던 것에 전쟁의 역할이 컸다는 점은 부정할 수 없다. 전쟁은 국가가 정한 정치적 목적을 달성하기 위한 수단이었고, 교육은 이러한 목적 실현을 위해 자발적 국민의 협력을 이끌어내기 위한 통합된 이데올로기 형성의 장으로 변질되어 간다.

1880년 교육령의 개정에 따라 1881년 그 시행규칙으로서 발표된 '소학교교칙강령(小學校教則綱領)'은 국가의 교육에 대한 의지와 지향점을 보여주는 좋은 예이다. '소학교교칙강령'에서는 소학교의 역사교육을 일본의 역사로만 한정해 가르치도록 규정하고 있다.[13] 역사교육을 일본사만으로 한정시킨 것은 역사교육의 목적을 만세일계(萬世一系)의 황통(皇統)의 연면성을 강조함으로써 일본국과 그 군주인 천황에 대한 충군애국정신의 배양에 둔다는 것을 의미한다. 이러한 목적을 달성하기 위해 민중이 정치 주역으로 등장하는 세계사의 흐름은 오히려 방해가

---

13 소학초등과에서는 역사교육이 이루어지지 않았으며 소학중등과에서는 일본사에 한정하고 있다.

되었을 것이다.[14] 1886년에 시행된 교과서에 대한 검정제와 1903년의 국정제는 이러한 국가권력의 의지를 여실히 보여주는 것이었다.

일찍이 1874년 「문부성잡지(文部省雜誌)」 제3호에는 「애국심의 교육(愛國心ノ敎育)」이라는 제목으로 독일의 교육론에 관한 초역(抄譯)되어 실렸다.

> 애국창가를 선정해 이것을 교수하고 또한 이것을 노래하게 할 것. 어느 나라에도 호걸의 사(士)라 칭할만한 자가 없는 곳이 없음으로, 즉 그 사람을 상찬하는 시가(詩歌)가 있어야 한다. 이들 노래는 사기를 작흥(作興)시키고 심사(心思)를 진기시키는 것으로, 아동들이 즐겨 배우려 하는 것이다. 또한 이 노래를 만드는 이유의 기전(記傳)을 설화(說話)한다면 한층 더 감각심(感覺心)을 일으키게 함으로 그 역사상에 관한 날에 이르러서는 반드시 이들 노래를 부르게 해야 한다. 이상과 같이 들고 있는 개소(個所)는 애국심을 교육하기 위한 제안이다.[15]

이 논문에서는 부모를 애모(愛慕)하고 고향을 그리워하는 것은 자연의 정(情)이지만 애국심은 '상상(想像)의 감각(感覺)에서 생기는' 것이고, 감각을 일으키는 것은 어릴 때 특히 학교에서 시작하는 것이 좋다는 견해를 소개하고 있다. 애국심을 교육하기 위한 구체적인 방법으로는 '애

---

14 山住正己, 『戰爭と敎育』, 岩波書店, 1997, 20쪽.
15 愛國ノ唱歌ヲ選ヒテ敎授シ且之ヲ謠ハシム可コト何レノ國ニ於テモ豪傑ノ士ト称ス可キモノ有ラサルハナシ有レハ則其人ヲ称贊スルノ詩歌アルヘシ是等ノ歌ハ志氣ヲ作興シ心思ヲ振起スルモノニシテ兒童ノ好ヲ學ハント欲スル所ナリ又此歌ノ作ル所以ノ記伝ヲ說話スレハ更ニ一層ノ感覺心ヲ起サシム故ニ歷史上ニ關スルノニ至リテハ必是等ノ歌ヲ謠ハシム可シ以上揭クル所ノ個所ハ愛國心ヲ敎育スルノ提案ナリ 원문은 國立國會図書館, 近代デジタルライブラリー(http://kindai.ndl.go.jp)에서 검색 가능.

국창가'를 교수하고 노래 부르게 할 것을 제안하고 있는데, 이자와 슈지 등에 의한 창가 교육의 제언 이전에 이미 문부성에서는 애국심 교육을 위한 한 방법으로써 창가를 주목하고 있었음을 조심히 추측해 본다.

창가 교육을 포함해서, 유교적 교양을 바탕으로 하는 메이지 전기의 학교 교육이 지향했던 궁극의 목표점이 국체 형성이라는 국민의 공통된 이데올로기를 창출함과 동시에 이를 강제적으로 주입시킴으로써 국가와 군주에 충실한 신민(臣民)을 만드는 것에 있었다면, 청일전쟁을 경험하는 메이지 중반 이후부터 특히 창가교과서에 충군애국사상과 전의고양을 목적으로 만들어진 노래가 다수 등장한다는 것은, 몇 번의 전쟁을 계기로 충군애국정신의 함양과 전의고양을 위해 날조된 군국미담(軍國美談)을 설파하는 심리적·정서적 수단으로 창가가 이용되었다는, 메이지 후기 창가 교육의 특징을 잘 보여주는 것이다.

근대 국민국가는 국민통합이라는 절대적 조건 위에 성립하며, 국민통합은 공통된 이데올로기의 공유를 전제로 한다. 일본의 근대 국민국가 형성기에 있어 국민통합을 위한 이데올로기는 다름 아닌 문명개화를 통한 근대화이며, 그 선두에서 이를 이끌 강력한 전제군주, 즉 만세일계의 황통보(皇統譜)를 자랑하는 천황 그 자체였다. 외부에 강력한 적이 상존(常存)했다면 국외의 가상 적을 만들어 국민통합에 이용할 수도 있었을 것이며, 서구 세계와 같은 절대적 종교체계가 있었다면 그리스도라는 이름하에 혼연일체(渾然一體)의 사상을 만들어냈을 지도 모른다. 그러나 유사 이래 섬나라 일본에 상존하는 외적은 없었고 민중을 하나로 묶을 만한 절대적 종교 체계 또한 갖고 있지 않았다. 이에 메이지 정부는 국민통합을 극대화시키기 위해 그들만의 종교가 필요했던 것이다. 천황을 정점으로 하는 국가신도(國家神道)의 등장은 바로 이와 같은 근대국가의 논리에 의해 창출된 것이다. 즉, 천황제 이데올로기의 형성과 강화는 다름 아닌 국민통합의 기재(機材)로써 새롭게 착목한 그들의 오랜 '전통'이었던 것이다.

천황제 이데올로기의 창출과 강화를 위해 메이지 신정부는 다양한 방법을 동원했다. 그 중에 하나가 바로 창가 교육이었다. 메이지 신정부는 전의고양과 애국심의 배양을 위하여 교과서를 통한 교실 안에서의 교육뿐만 아니라, 병식(兵式) 체조, 운동회 등 다양한 실외 의식(儀式)을 제정했으며, 이러한 현장에서 창가는 중요한 역할을 담당한다. 정부에 의한 '축일대제일(祝日大祭日)'의 제정과 이에 맞춰 문부성에서 제작한 8곡의 '축일대제일창가(祝日大祭日唱歌)'는 그 대표적인 예라 할 수 있다.[16]

1890년 교육칙어가 반포되자 바로 이듬해부터 축일(祝日)에는 학교를 중심으로 봉축(奉祝)의식이 거행되게 되었다. 만세 봉축, 교육칙어의 봉독과 더불어 1893년부터는 '기미가요(君が代)'를 비롯해 '1월 1일의 노래', '천장절(天長節)', '기원절(紀元節)' 등의 '축일대제일의식창가(祝日大帝日儀式

---

16 축일대제일창가(祝日大祭日唱歌) 8곡은 ① 기미가요(君が代) ② 칙어봉답(勅語奉答) ③ 일월일일(一月一日) ④ 원시제(元始祭) ⑤ 기원절(紀元節) ⑥ 신상제(神嘗祭) ⑦ 천장절(天長節) ⑧ 신상제(新嘗祭)이다. 1873년 10월 10일 태정관(太政官) 포고에 따라 기원절, 천장절 등의 축일이 정해졌다. 1885년 모리 아리노리가 초대 문부대신으로 취임하면서부터 축일(祝日)에 학교에서 처음 의식을 거행하게 되었다. 1890년 '교육칙어'가 발포되자 1891년 6월부터 '축일대제일(祝日大祭日)' 의식에 관한 구체적 시행규칙인 문부성령 제4호 '소학교축일제일의식규정(小學校祝祭日儀式規定)'이 제정되었는데, 여기에서는 '어진영(御眞影)'에 최고의 경례(最敬礼)를 하고 만세(万歲) 교육칙어 봉독(敎育勅語奉讀), 교장 훈화, 창가 합창 등의 식순을 자세히 정하고 있다. 이 규정은 1893년에 간소화 되어 1월 1일, 기원절, 천장절의 삼대절 의식은 반드시 거행하고 나머지는 임의대로 해도 좋게 되었다. 메이지 시대 이후에는 특히 사방절(四方節, 1월 1일), 기원절(紀元節), 메이지절(明治節), 천장절(天長節)의 '사대절(四大節)'로 고정되어 갔다.

唱歌)' 제창이 정해졌다. 시간이 지날수록 의식의 간소화는 있었어도 창가 제창이 생략된 경우는 없었다.

종장
음악교육을 통한 국민국가 만들기

　메이지 신정부는 서구 선진문화의 적극적인 섭취·수용을 통한 근대 국민국가의 지향이라는 국가적 어젠다(Agenda)를 설정하였다. 그들이 지향하는 근대화된 국민국가는 국민통합이라는 절대적 조건 위에 성립하며, 국민통합은 공통된 이데올로기의 공유를 전제로 한다. 메이지 신정부가 국민통합을 위해 설정한 공통체적 이데올로기는 바로 문명개화를 통한 근대화였으며, 그 선두에서 이를 이끌 강력한 전제군주로서 천황, 즉 국체(國體)의 창출이었다.

　통치수반임과 동시에 절대 권력자인 근대 천황상의 창출과, 이것을 민중에게 각인시키기 위한 방법은 다양한 방식으로 이루어졌는데, 그 내실은 대부분의 경우 새롭게 창출된 '전통'에 의해 분석된 것이었다. 만세일계의 황실의 연면성(連綿性)과 신국(神國) 일본의 중국과 조선을 비롯한 아시아 제국(諸國)에 대한 절대적인 우위에 대한 맹신, 이세신궁(伊勢神宮)이나 야스쿠니신사(靖國神社)와 같은 국가적 제사 체계의 확립, 그리고 황실의 국화 문장(紋章)이나 히노마루(日の丸) 등은 모두 불과 19세기 말에서 20세기 초에 걸쳐 새롭게 창출된 것이었다.

새롭게 창출된 '전통'은 '문명'이라는 국민국가 형성기의 새로운 이데 올로기와 일체화됨으로써 비로소 강력한 국민통합을 이끌어내는 역할을 수행한다.[1] 교육의 현장에서도 다양한 '전통'이 새롭게 만들어졌다. 일본의 근대교육은 자라나는 어린 아이들에게 이것을 직접 각인시킴으로써 충실한 신민(臣民)을 키워내는 제도적 장치였던 셈이다. 메이지 신정부가 비교적 이른 시기에 학제 반포를 통해 교육의 근대화 개혁을 도모했던 이유가 바로 여기에 있다.

제국일본은 창가(唱歌)와 대중가요와 같은 '소리'라는 문화매체를 통해 조선과 대만을 비롯한 주변 식민지로 자국의 사상과 이념, 문화 등을 발신하였다. 식민지 지배의 당위성을 근거 짓는 국책의 선전, 때로는 사상과 이념의 강제를 위한 도구로써 '소리'라는 매체를 이용한 것인데, 식민지 문화정책의 일환으로 실시한 '소리' 문화의 전파와 보급이라는 사상의 통제와 강요가 자국 일본 내에서 먼저 어떠한 양상으로 전개되었는가를 규명하는 것은 식민 제국에서 행한 '소리'를 이용한 문화정책을 이해하기 위한 선결과제일 것이다.

종래 국내에서의 제국일본에 대한 연구는 한국과의 관련하에 통치구조 및 정치·군사적 지배에 대한 연구가 주를 이루어 왔으며, 이와 같은 연장선상에서 제국의 문화권력이라는 식민지문화정책연구에 치중해 왔다. 혹 일제강점기시대의 문화연구의 한 부분으로 창가나 대중가요로 대표되는 '소리문화'의 연구가 있었다 하더라도, 일본을 통한 서양음악의 도입과 자국 내 전개 양상이라는, 일방향적 영향관계에 관한

------

1 박진우, 『근대 일본 형성기의 국가와 민중』, 제이엔씨, 2004, 64쪽.

연구의 틀을 크게 벗어나지 못했다.[2]

이러한 고착화된 연구의 틀 속에서도 나름대로 상당한 정도의 성과와 연구의 축적을 보이고 있기는 하나 '권력과 문화의 관계' 또는 '일본으로부터의 영향'이라는 피상적이고도 비실증적인 한계성을 극복하지 못하고 있을 뿐만 아니라, 그 대상이 한국의 창가나 대중가요에 국한되어 있다는 점은 아쉬운 점이라 하겠다. 그러나 다행이도 최근의 제국연구의 동향은 각종의 문화매체가 제국주의의 확산과 정당성을 확보하기 위한 고도의 전략적 기술에 의해 동원되고 보급되었다는 사실에 초점을 맞춘 면밀한 연구가 진행되고 있으며, 이에 다양한 문화매체가 제국의 우월성과 지배 질서를 정당화하는 도구로써 이용되었음이 규명되어지고 있다.[3]

이러한 연구의 흐름 속에서 최근에는 조선과 대만(臺灣)을 필두로 하는 주변 식민지에 제국일본의 문화매체가 식민지배의 정당성과 민족적 우월성을 과시하는 무기로 동원되었으며, 문화적 우월주의에 입각한 제국의 세력 팽창에 일익을 담당했다는 실증적 연구가 이루어지고 있다.[4] 게다가 연구의 대상도 다양해져 출판 인쇄물과 영화, 연극 등의 대중문화매체가 주변 식민지에 제국, 혹은 황국일본의 정체성을 선전하는 수단으로 이용되었다는, 문화식민지에 관한 연구 또한 주목을 받고 있다.[5] 그러나 기존의 연구는 단편적인 소재와 전시(戰時)라는 제한

---

2 김광혜 외, 『일제강점기 대중가요연구』, 박이정, 1999; 이영미, 『한국 대중가요사』, 민속원, 2006 등.
3 에드워드 사이드, 김성곤 외역, 『문화와 제국주의』, 창, 2001.
4 赤澤四郎 外編, 『戰時下の宣伝と文化』, 現代史料出版, 2001; 戶ノ下達也, 『音樂を動員せよ』, 青弓社, 2008.

된 시기의 문화매체의 역할에 집중된 연구 방법을 모색하고 있다는 점에서 근대 일본의 문화권력의 총체적 모습을 구상화하고 있지 못하다. 거기에 무엇보다도 중요한 것은 일본의 문화매체, 그 중에서도 근대 일본의 창가 교육을 문화권력이라는 측면에서 접근하는 국내 연구자가 거의 없다는 점은 아쉬운 점이라 할 수 있다.

이에 필자는 본서를 통해 최근의 일본 내 연구동향을 계승하면서도, 문화매체에 대한 연구가 역사・권력・근대라는 상호관련 속에서 규명되어야 한다는 시각을 견지하며, 창가라는 문화매체를 통해 제국일본의 문화적 기술과 방법을 규명하고자 했다. 나아가 선하지 못한 권력의 고의적 의도에 의해 왜곡된 채 확대・재생산되어 온 일본문화의 한 단면을 실증적으로 검증한다는 뚜렷한 주제의식하에, 다양한 개인과 집단에 의해 구현된 '소리문화'를 이들이 담아내는 사상과 내용을 제국에서 군국으로 치닫는 극한 상황 하의 일본인들의 일상과 생활세계의 문화로서 이해하며, 이에 대한 담론과 문화표현 연구를 지향하고자 했다.

구체적으로는 창가의 문화사적 의미와 주로 메이지기[明治期]에 만들어진 창가집과 개개의 창가 분석을 통해 제국일본의 문화적 영역에서 수행되었던 문화권력의 특권적 역할이 무엇을 어떻게 가능하게 만들었는가 하는, 근대 일본의 국민국가 형성의 내부 장치로써 기능한 학교 교육, 그 중에서도 특히 창가 교육에 의해 창출되고 통제되는 제 사상(事象)에 대해 생각해 보았다.

문부성 산하 음악조사계[音樂取調掛]는 메이지 신정부의 근대 국민국

---

5 吉見俊哉 編, 『1930年代のメディアと身体』, 靑弓社, 2002.

가 형성기의 국책사업의 하나로, 당시의 민간의 기방(妓房)을 중심으로 한 퇴폐 성향의 음악문화 전반을 정비하고, 서양음악 도입과 이를 교육·발전시키기 위한 지반 형성이라는 시대적 사명에 의해 만들어졌다. 그런데 여기서 주목해야 할 것은 국책으로서의 음악조사계나 도쿄음악학교와 같이 음악교육을 담당하는 부서나 기관의 설치가 메이지 신정부 발족 이후 다른 어떤 제도나 기관 설치에 뒤지지 않는 비교적 이른 시기에 이루어졌다는 점이다.

1867년 1월 메이지천황 즉위와 그 해 12월의 대정봉환(大政奉還)과 더불어 시작된 메이지 신정부의 근대국가로서의 출발은 1869년의 판적봉환(版籍奉還)과 1871년의 폐번치현(廢藩置縣)으로 대표되는 행정구역의 재편, 태정관(太政官)을 중심으로 하는 행정조직의 재편을 거치며 1889년의 대일본제국헌법의 제정을 통한 입헌정치와 자본주의경제체제를 근간으로 하는 절대주의적 천황제국가로서 완성된다. 이러한 일련의 과정을 조감해 볼 때 의회의 개설이나 사법·행정 조직의 정비와 같은 통치조직의 완비나 학교조직의 정비, 나아가 철도와 도로, 항만이라는 인프라 건설보다 훨씬 앞서 국악창성이라는 원대한 목표하에 1879년에 음악조사계가 설치되고, 1887년에는 도쿄음악학교의 설립이 이루어졌다는 것은 무엇을 의미하는가.

불요불급(不要不急)의 문화정책, 그 가운데에서 창가를 중심으로 하는 음악교육 정책이 그 어떤 제도나 인프라의 정비에 앞서 이른 시기에 수립되고 시행되었다는 것은 메이지 신정부의 국민국가 형성에 있어 음악교육, 즉 창가 교육이 그 어떤 필요성에 의해 특별한 사명을 띠고 이루어졌다는 것을 의미하는 것일 것이다. 그것은 지각심경(知覺心經)을 활발히 하여 정신을 쾌락하게 만들며, 마음에 감동을 일으키고 나아가 발음을 정확하게 하고 호흡을 조절할 수 있게 한다는 창가 교육 원래의 취지나 목적과는 달리, 국가신도(國歌神道)적 이데올로기에 바탕을 둔 국체(國體)의 형성이라는 근대 국민국가 형성의 궁극적 지향점과, '국민(國民)' 혹은 '신민(臣民)'으로서의 자각과 지켜야 할 규범 형성을 위한 심리적·정서적 도구로써 창가가 이용되었다는 것이다. 창가는 다름 아닌 '교학성지(教學聖旨)'와 '교육칙어(教育勅語)'에서 강조하는 '충군애국(忠君愛國)', '인의충효(仁義忠孝)'라는 유교적 국민사상을 창조하는 도구였으며, 덕육(德育)을 통한 '덕성(德性)의 함양(涵養)'이라는 메이지 신정부의 교육이념은 창가 교육을 통해 구체적으로 구현되어져 갔다.

자라나는 어린 아이들을 대상으로 하는 교육, 특히 음악·미술 등의 예술교육은 그 어떠한 이데올로기에 의해서도 구속되어서는 안 될 것이다. 그러나 근대 일본의 창가 교육은 안타깝게도 신정부가 지향하는 국민국가 형성의 한 수단으로써 활용되었다. 다시 말해 근대 일본의 문화권력은 '교학성지'와 '교육칙어'에서 강조한 '덕육을 통한 덕성의 함양'이라는 시대의 교육이념을 창가 교육을 통해 구현해 갔으며, 메이지 후기에 들어서는 이른바 문부성창가라 불리는 일련의 창가를 통해 충군애국(忠君愛國)과 인의충효(仁義忠孝)를 절대적 가치로 하는 국민사상 창조를 위한 기재(器材)로써 이용되었다. 1931년 중일전쟁 개시 이후 이러한 경향은 더욱 짙어진다. 1941년 태평양전쟁 발발을 계기로 소학교가 국민학교(國民學校)가 됨에 따라 새롭게 만들어진 음악교과서에 이르러서는 메이지기에 만들어진 서정성 풍부한, 그래도 거의 모든 창가집에 대략 반 수 이상을 차지했던 서정적 창가는 대부분 삭제되었고 오로지 충군애국 사상을 강조하는 노래 일색이 되어버린다.

『심상소학독본창가』, 『심상소학창가』가 세상에 나온 다이쇼大正 시대 초는 20세기 초 독일을 중심으로 유행했던 예술교육사조(藝術教育思潮)가 소개되어 문예・회화・음악・예술교육 방면에서 활발한 운동이 전개되었다. 그러한 흐름 속에서 기타하라 하쿠슈(北原白秋), 사이조 야소(西條八十) 등의 시인과, 히로타 류타로(廣田龍太郎), 야마다 고사쿠(山田耕作) 등과 같은 작곡가를 중심으로 '어린이에게는 어린이의 노래' 라는 슬로건 아래 자유로운 사상과 새로운 감각의 시적 노래를 지향하는 '동요운동(童謠運動)'이 일어났다. 기타하라 하쿠슈는 "동요는 예부터 아이들이 자연스럽게 부른 것은 정말 좋습니다. 어른이 아이들을 위해 만든 것은 왠지 어른냄새가 나서 못 쓰겠습니다. 맘껏 아이가 되어 간단히 불러야합니다. 그렇게 해서 깊이가 있는 것이 이상적입니다. 아이들이 보는 자연은 모두 어리고 청신하며 놀라움에 가득 차 있습니다. 리듬만이 동요 풍으로 되어 있어도 내용이 어른스러우면 안 됩니다. 전적으로 아이로 돌아가 부르세요"라고 했다.[6] 이것은 문부성창가로 대표되는 관제(官制) 음악이 아이들의 정조(情操) 교육상 좋지 않다는, 기존의 덕육을 중심으로 하는 창가 교육에 대한 반발이었다.

동요운동은 동요동화잡지인 「아카이토리(赤い鳥)」의 발간을 계기로 전국적으로 확산되어갔고, 그 어떤 사상에도 구속되지 않는 순수 동요가 잡지 『「赤い鳥」童謠』를 통해 발표되어 많은 사람들로부터 환영을 받았다.[7] 이렇듯 문부성창가는 어린이들의 정서함양이나 정조교육과

---

6 "童謠は, 昔から子供が, 自然と歌い出したものは實にいいのでありましょう。大人が, 子供の爲に作ったものは, どうも大人臭くていけません。思いっきり子供になって簡單に歌うことです。そうして深みのあるのか理想です。子供の觀る自然は, 全て幼くて淸新で驚きに滿ちています。調子ばかりが童謠風になっても內容が大人くさくては何もなりません。すっかり子供に還って歌って下さい。"(「青い鳥」, 1918.8)

는 관계가 먼, 즉 국민의 계몽과 국가주의 사상과 이념의 강제를 통해 도덕교육과 역사교육의 일익을 담당하는 예술성이 결여된 순수하지 못한 노래였다. 일본인이라고 해도 창가와 동요의 차이를 구별할 수 있는 사람은 그리 많지 않다. 그러나 창가와 동요는 그 태생부터 전혀 이질적인 것이었다.

비록 이자와 슈지[伊澤修二], 메가타 다네타로[目賀田種太郞] 등과 같은 메이지 초기 음악교육자들이 꿈꾸던 창가 교육의 목적은 어린아이들의 정조(情操)와 신체적인 측면을 최우선적으로 고려하는 것이었지만, 점차 메이지의 문화권력에 의해 인의충효를 강조하는 덕목주의 교육의 수단으로 변질되어 갔음을 우리는 본서를 통해 똑똑히 확인할 수 있었다. 기회가 된다면 1931년부터 1945년까지의 이른바 15년 전쟁 기간 동안의 창가 교육의 실태와 특징에 대해서는 별지를 통해 언급하고 싶다.

......
7   1919년 10월의 제1집부터 1925년 6월까지 제8집이 발간되었다.

부록
에도[江戶] 시대의 교육

에도 시대의 교육 형태

 일본의 근대교육은 서구 선진 제국(諸國)의 교육제도를 받아들여 그 영향하에 성립했다. 그런 의미에서 일본의 근대교육은 전 시대의 그 어떤 교육 상황과도 또렷이 구별되는 일대 혁신이었다고 해도 과언이 아닐 것이다. 그러나 교육의 내용을 들여다보면 그것이 꼭 서구의 교육 내용과 일치하지만은 않는다는 것을 알 수 있다. 교육행정에 관한 제도와 교과목 등 교육 전반에 관한 아웃라인은 서구의 것을 차용해 만들어졌다고는 하나 일본 또한 에도[江戶] 시대까지의 긴 역사의 과정을 거치며 형성된 생활과 사상이 있고, 그것을 바탕으로 독자적인 교육 문화와 전통을 계승하고 있었다고 봐야 할 것이다. 따라서 일본의 근대교육이 서구의 교육제도를 모방해 만든 학제와 더불어 시작되었다고 하는, 전 시대와 단절되는 제도적 혁신에 의해 이루어졌음을 강조하는 나머지 에도 시대의 문화와 교육의 역사를 등한시하거나 소홀히 생각해서는 안 될 것이다.

에도 시대는 기본적으로 봉건주의 구조의 사회로, 교토(京都)를 중심으로 하는 구게(公家)를 특별한 계층으로 놓고, 지배계급이었던 무사(武士)를 정점으로 사농공상(士農工商)의 신분이 엄격히 구별되는 신분제 사회였다. 특히 지배계급으로서의 무사와 일반서민들의 구별은 엄격했는데, 이것은 에도 시대의 생활과 문화의 모든 면에서 나타나는 특색으로 교육에 관해서도 기본적으로 무가(武家)의 교육과 서민의 교육은 각각 독자적인 형태를 띠고 있었다.

에도 시대의 교육기관으로는 막부 직할의 교육기관인 쇼헤이코(昌平黌)가 있었으며, 각 번(藩)에는 주로 무사계급의 자제들을 대상으로 한학(漢學)을 중심으로 문무(文武)의 교양 쌓기 교육이 이루어지는 번교(藩校)가 있었다. 또한, 하급 무사와 서민의 자제를 대상으로 유학(儒學)을 중심으로 해서 문무서산(文武書算)을 가르치는 영주(領主)공인의 교육기관인 향교(鄉校), 서민의 성인을 대상으로 도덕교육을 실시하던 교유소(教諭所), 난학(蘭學)을 비롯한 특정 전문 학문을 가르치던 사숙(私塾)과 가숙(家塾), 일반 평민들의 자식들이 읽기와 쓰기와 주산(珠算)을 이용한 덧셈과 뺄셈 등, 일용상행에 필요한 실기적 교육이 이루어지던 데라코야(寺子屋) 등 다양한 교육기관이 존재했다.

이렇듯 에도 시대의 교육기관은 그야말로 다종다양하였는데, 각 교육기관은 상호 계통성이나 연속성이 없었고, 국가가 이를 통제하지도 않았다. 즉, 위로는 무사계급으로부터 밑으로는 특정 직능인과 상업과 농업에 종사하던 일반 평민에 이르기까지 엄격한 신분제하에서 신분에 따라, 살아가는 방식이나 문화가 다른 계층이 필요로 하는 교육 내용이 다를 수밖에 없었던 것은 어찌 보면 당연한 일이었겠지만, 중요한 것은 이러한 신분에 맞는 다양한 교육기관이 존재했었다는 점이다.

에도 시대는 당시의 서양의 어느 나라와 비교를 해도 교육수준이 꽤 높았다고 하는데, 이는 무사계급의 자제를 교육하는 교육기관은 물론이고 승려나 낭인(浪人)들이 아이들을 가르치는 데라코야에서부터 덕망 높은 학자가 특정 분야 학문의 전수와 인재 배출을 위해 가르치던 사숙에까지, 다양한 형태의 교육기관이 존재했기 때문이다. 여기에는 문자문화의 공통화, 이에 따른 공통의 교양 공급과 독서의 민중 침투 및 대량출판의 기술과 보급 등이 전제가 되었다. 게다가 에도 말기로 들어서면서부터는 난학숙(蘭學塾), 병학숙(兵學塾), 의학숙(医學塾) 등 특정 양학을 배우고 가르치는 사숙이 번창하게 되는데, 여기서 공부한 인재들이 메이지유신의 주체로 활약을 하게 되며, 신정부 수립 후에는 관료가 되어 근대국가 일본의 틀을 만들고 완성하는 주역이 되었다는 점은 특기할만하다.

무가(武家)의 교육 － 쇼헤이코〔昌平黌〕

쇼헤이코(昌平黌)는 에도 시대 최고의 교육기관으로, 그 기원은 학문장려를 위해 3대 장군 도쿠가와 이에미쓰(德川家光, 1604~1651)가 유학자 하야시 라잔(林羅山, 1583~1657)에게 불하한 우에노(上野) 시노부가오카(忍ヶ丘)에 있던 공자묘(孔子廟)에 딸린 학문소(學問所)에 있다. 그 후 장군 쓰나요시〔綱吉〕시대 때 이것을 유시마(湯島)로 옮겨 반듯한 성당(聖堂)을 세워 공자를 모시면서 이것을 교학의 중심으로 삼았는데, 이것을 유시마세이도

〈그림 16〉 유시마세이도의 대성전(大成殿)

[湯]島聖堂]라 불렀고, 또한 부근의 언덕의 명칭을 따서 쇼헤이자카세이도 [昌平坂聖堂]라고 부르기도 했다. 당시는 공자를 제사지내는 성묘(聖廟)가 주체였고 린케[林家]의 사숙(私塾) 성격의 학문소가 부속해 있는 형태였는데, 이것을 총칭하여 세이도[聖堂]라 부른 것이다. 이것이 훗날 쇼헤이자카가쿠몬조[昌平坂學問所] 혹은 쇼헤이코[昌平黌]라 불리게 되었다.

유시마세이도가 처음 만들어졌을 때는 막부의 보호하에 반관반사(半官半私)의 교육기관으로서의 성격을 갖고 있었는데, 막부의 직할 문교시설의 필요에 따라 1797년 세이도의 학문소를 막부 직할의 학교로 인정했다. 이때부터 관학(官學)으로서의 쇼헤이자카가쿠몬조 또는 쇼헤이코가 확립되었고, 이전과는 반대로 학문소가 주체가 되었고 성묘는 이에 부속하는 형태가 되었다. 쇼헤이코가 막부의 직할이 된 이상 종래의 린케의 가숙(家塾)으로서의 성격을 고쳐 막부의 지키산[直參], 즉 하타모토[旗本]·고케닌[御家人]의 자제들만을 가르치게 되었는데, 그 후 점차로 문호를 넓혀 여러 번(藩)의 가신(家臣)의 자제들에게도 교육의 기회를 주었다.

쇼헤이코는 막부 교학의 중심으로서, 또한 당시 막부의 최고 교육기관으로 번창해 갔으나 에도 말기에는 막부의 쇠퇴와 양학의 발달 등에 따라 예전과 같은 권위를 유지하지는 못하였다. 그러나 쇼헤이코는 번교의 모델로서, 이를 모방해 번교를 설립·정비한 번도 적지 않았고, 쇼헤이코 출신을 유신(儒臣)으로 채용하거나 번사(藩士) 가운데 유능한 인재를 쇼헤이코로 유학을 보내는 번도 많았다. 그런 의미에서 쇼헤이코는 막부 직할의 최고의 학문소임과 동시에 번교의 교원 양성소의 기능도 함께 갖고 있었다고 봐야 할 것이다.

번교(藩校)

무가(武家) 자제의 교육을 담당했던 번교(藩校)는 에도 시대 초기에는 일부 번에만 존재했었는데, 중기 이후부터는 급속도로 보급되어 말기에는 2백 수십 교에 달했다. 번교 중에는 한학 중심의 가숙(家塾)과 사숙(私塾)이 훗날 번교로 확대·정비된 곳이 많다. 교육 내용도 주로 한학을 중심으로 문무(文武)의 기초교양 쌓기 교육에서 점차로 국학·황학(皇學) 등으로 확충해 나갔으며, 에도 말기에는 서양의학 등의 양학(洋學)을 가르치는 곳도 많아졌다. 이른바 번 직할의 번사(藩士)들의 종합적인 교육기관이었다고 할 수 있다.

번교에서의 교육은 한학, 그 중에서도 유학이 중심이었는데, 당시의 한학은 일반적으로 경(經)・사(史)・시문(詩文)을 중시하여 저명한 경서(經書)・사서(史書)・시문집(詩文集) 등이 교과서로 사용되었다. 효경(孝經)을 비롯해 대학(大學)・중용(中庸)・논어(論語)・맹자(孟子)의 사서(四書)와, 역경(易經)・서경(書經)・시경(詩經)・춘추(春秋)・예기(禮記)의 오경(五經)이 일반적으로 중시되었다. 또한 입문서로써는 천자문(千字文)과 삼자경(三字經) 같은 것이 사용되기도 했다.

　앞에서도 살펴보았듯이 막부는 주자학자(朱子學者)인 하야시 라잔(林羅山)을 등용하고, 이를 계승하여 린케(林家)는 라잔의 주자학을 조술(祖述)했기 때문에 쇼헤이코에서는 주자학을 정통의 학문으로 삼았다. 그러나 에도 시대에는 주자학뿐만 아니라 양명학(陽明學) 등 유학의 여러 학파 또한 발달했으며 주자학파 이외의 학파에 속하는 유관(儒官)도 많았다. 그러던 것이 1790년의 이른바 '이학(異學)의 금(禁)' 조치에 따라 이후 주자학을 정학(正學)으로 하고 다른 학파를 이학(異學)으로 여긴다는 막부의 방침이 명시되어 여러 번의 번교에서도 주자학파의 세력은 날로 커져갔다.

　번교 가운데 역사가 오래되고 규모도 컸던 유명 번교에는 나고야번(名古屋藩)의 메이린도(明倫堂), 아이즈번(會津藩)의 닛신칸(日新館) 등이 있다. 메이린도는 번조(藩祖)였던 도쿠가와 요시나오(德川義直) 때, 닛신칸은 번조 호시나 마사유키(保科正之) 때 번주의 보호하에 설립된 유신의 가숙이 훗날 번교로 정비・확충된 케이스인데, 그 발달과정이 쇼헤이코와 비슷해 그러한 점에 있어서도 대표적 번교라 할 수 있다.

　번교는 에도 시대 중기라 할 수 있는 겐로쿠(元祿) 시대(1688~1704)부터 그 수가 급속히 늘어나면서 발달했다. 그 가운데 유명한 것을 설립연도 순

〈그림 17〉 닛신칸의 일본 최고(最古)의 수련장(水練場)

으로 나열해 보면, 1697년에 설립된 요네자와(米澤)의 고조칸(興讓館), 1713년 설립의 와카야마(和歌山)의 각슈칸(學習館), 1719년 설립의 하기(萩)의 메이린칸(明倫館), 1736년 설립의 센다이(仙台)의 요켄도(養賢堂), 1755년 설립의 구마모토(熊本)의 지슈칸(時習館), 1773년 설립의 가고시마(鹿兒島)의 조시칸(造士館), 1781년 설립의 사가(佐賀)의 고도칸(弘道館) 등이다.

　막부 말기로 가면 번교는 각 번 번사들의 교육기관으로써 확충·정비되어 갔고, 그와 동시에 학습 내용도 점차 근대화의 과정을 밟게 된다. 번사들에 대한 취학 의무제는 이른 시기부터 실시되었는데, 막부 말기로 가면 갈수록 서민의 입학을 허가하는 번교가 늘어났다. 또한 학습 정도에 따른 등급제가 생겨나거나, 교육 내용에 양학과 관계된 과목이 늘어나는 등, 근대 학교와 유사한 모습을 갖춘 번교도 찾아볼 수도 있게 되었다.

번교는 1871년의 폐번치현 후 폐지되는데, 학제 반포 후의 중등·고등학교의 직접 또는 간접적인 모체가 된 것이 바로 번교였던 것이다. 또한 번교에서 교육을 받은, 이른바 하급무사들이 메이지유신 이후 신정부의 주요 요직에 오르며 근대 일본을 건설하는 중심적 테크노클라트로서 활약하게 된다.

서민의 교육—데라코야(寺子屋)

에도 시대의 서민 교육은 일반적으로 가정생활이나 사회생활 속에서 이루어졌다. 당시는 도제봉공(徒弟奉公)을 비롯한 다양한 봉공생활, 또는 촌락의 경비·소방·제례·노동봉사 등을 담당했던 와카모노구미(若者組) 등의 집단생활 속에서 이루어지는 교육이 중요한 의미를 갖고 있었다. 또는 사회교육시설로서의 교유소(敎諭所)[1]와 심학강사(心學講舍)[2]가 발달하였고, 니노미야 손토쿠(二宮尊德)의 보덕교(報德敎)[3] 등도 서

---

1 에도 시대 중기 이후 각지에 만들어진 성인과 청년을 위한 사회교육기관. 대부분이 향학(鄕學)을 겸하고 있었고 일상생활에 필요한 교양과 인륜도덕(人倫道德)에 대한 설유(說諭), 책읽기·습자의 교수, 여러 기술의 지도 등이 이루어졌다.
2 심학(心學)은 에도 시대 중기의 사상사 이시다 바이간(石田梅岩, 1685~1744)을 개조(開祖)로 하는 윤리학의 일파를 가리키며, 정식으로는 세키몬신가쿠(石門心學)라고 한다. 처음에는 도시를 중심으로 퍼져나가 점차로 농촌이나 무사들에게까지 보급되어 에도 시대 후기에는 전국적으로 크게 유행했다. 그 사상은 신도·유교·불교의 삼교일치설(三敎一致說)을 기반으로 하고 있었다. 그 실천도덕의 근본은 천지(天地)의 마음으로 돌아가는 것으로 인해

민 교육에 있어 큰 역할을 담당했다. 그러나 에도 시대 중기 이후에는 데라코야가 발달하여 서민 자제들의 교육기관으로써 점차 중요한 위치를 차지하게 된다.

데라코야는 서민 자제들이 주로 간단한 읽고 쓰기 정도를 배우는, 에도 시대 서민생활을 기반으로 해서 만들어진 사설 교육기관이다. 그 기원은 중세시대 말기의 사원(寺院)교육에 있다. 데라코야·데라코[寺子]라는 호칭도 바로 거기에서 온 것이다.

데라코야는 에도 시대 중기 이후 점차 그 수요가 늘어 막부 말기에 이르러서는 에도나 오사카(大坂) 등의 대도시의 작은 동네뿐만 아니라 지방 소도시나 농어촌 등지에까지 설치되어 전국적으로 널리 보급되었다. 1872년의 학제 발표 이후 만들어진 소학교(小學校)가 단기간 내에 전국적으로 개설될 수 있었던 것에는 교사(校舍)나 교원의 수급이라는 면에서 에도 시대에 전국에 개설되어 있던 데라코야의 역할이 컸다.

데라코야에서 교육을 담당하던 교사는 시쇼(師匠)라 부르고, 학생은 데라코(寺子)라 불렀다. 시쇼의 신분은 평민이 가장 많았고, 그 다음으로 무사나 승려가, 그 밖에 신관(神官)이나 의사 등이 직접 가르치며 경영하

그 마음을 획득하고, 사심을 버리고 무심(無心)의 상태가 되어 인의(仁義)를 행한다는 것. 그 중에서도 가장 존중했던 것은 '정직의 덕(德)'이라고 한다. 그 사상의 일반 민중에 대한 도화(道話)의 강석(講釋)과 심학자의 수업(修業)의 장이 바로 심학강사(心學講舍)라 불리던 시설이다. 최성기(最盛期) 때는 전국적으로 180개소 이상의 심학강사가 있었다.

3 '보덕(報德)의 가르침[敎え]' 정도로 해석해야 할 것이다. '보덕'은 나노미야 손토쿠[二宮尊德]가 독학으로 배운 신도·불교·유교 사상과 농업의 실천으로부터 터득한 풍요로운 삶을 위한 지혜의 복합체이다. 유불신을 궁극적으로는 하나에 다다르는 다른 길[道]에 지나지 않다고 정의하고, 유불신 각각의 개념을 자유롭게 조합한 이론을 펼치고 있다. 그 때문에 '보덕의 가르침' 혹은 '보덕교'라 부르는데, 종교를 의미하는 것은 아니다.

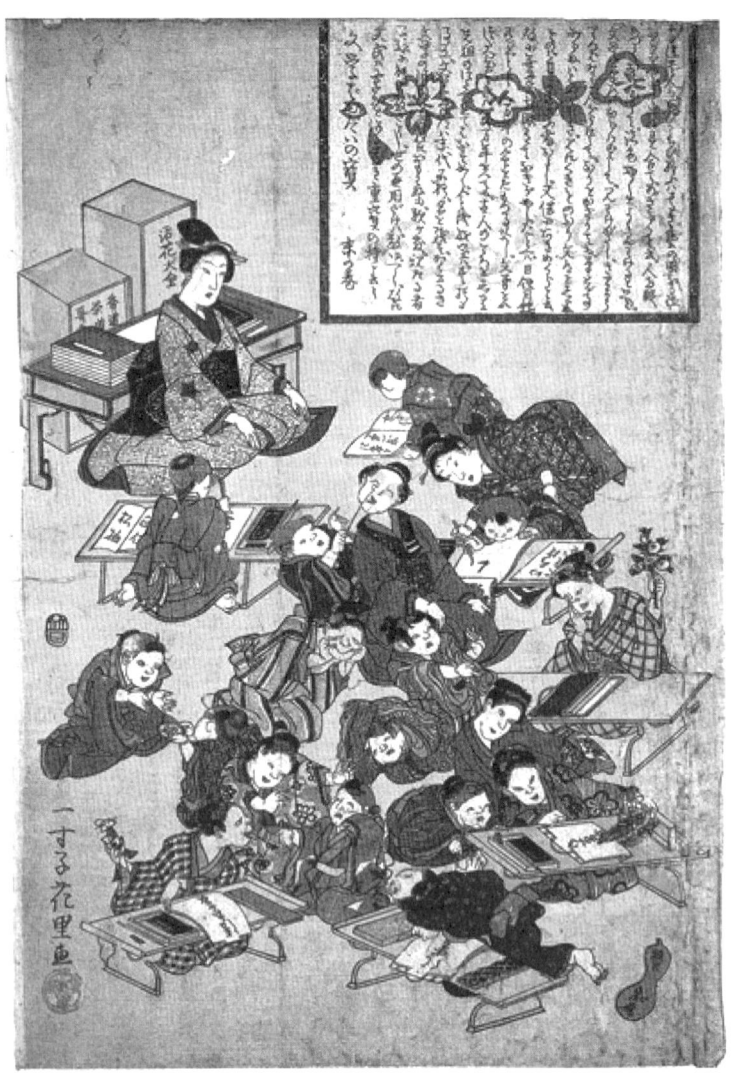

〈그림 18〉 데라코야寺子屋의 수업 모습

는 곳도 있었다. 데라코야라는 명칭을 봐서는 승려가 꾸려가는 곳이 가장 많을 것 같으나 실제로는 평민이 가장 많았다는 것은 에도 시대 후기에 급격히 늘어나는 서민교육의 보급에 따라 데라코야가 많이 만들어졌기 때문이다.

데라코야에서는 번교와 같이 동양의 고전을 중심으로 하는 고상한 학문을 배우는 것이 아니라, 서민의 일상생활에 필요한 실용적이면서도 간단한 내용들이었다. 초기에는 학습의 대부분은 글을 쓰는 데나라이(手習)였으며, 거기에 글을 읽는 것 정도였다. 수를 계산하는 산용(算用), 즉 소로반(주판)기술은 주로 집에서 배우거나 아니면 소로반주쿠(算盤塾)에서 따로 배웠다. 그러나 에도 후기로 가면 읽고 쓰고 계산하는 독(讀)·서(書)·산(算)의 세 가지를 같이 가르치는 곳도 많아졌다.

향교(鄕校)

에도 시대의 대표적 교육기관은 무가의 번교와 서민의 데라코야였다. 그러나 그 밖에도 다양한 교육기관이 있었는데, 그 가운데 주목할 만한 것에 번교와 데라고야의 기능을 함께 갖고 있었던 향교 혹은 향학(鄕學)이 있다.

향교 혹은 향학에는 크게 두 가지 종류가 있다. 하나는 번교의 연장 혹은 작은 번교라 부를 수 있는 것으로, 번주가 번 내의 요지에 만들거나 가로(家老)나 중신(重臣)들이 영지에 번교를 모방해 만든 것이 바로 그것이다. 그야말로 번교의 분교적 존재였다. 이러한 종류의 향교는 무가의 자제들을 대상으로 하고 있다는 점에서, 또는 교육의 내용 면에 있어서도 규모만 작을 뿐이지 번교와 같은 성격의 교육기관이라고 할 수 있다. 향교의 대부분은 가신(家臣)을 교육시키기 위한 것이었다. 또 다른 하나는 주로 영내 서민의 교육을 목적으로 번주나 대관(代官)에 의해서 만들어진 것이다. 이러한 종류의 향교는 서민을 위한 교육기관이라는 점에서 데라코야와 별반 차이가 없었으나, 막부의 보호와 감시를 받아 운영되었다는 점에서 사설 교육기관으로서의 데라코야와는 차별된다. 또한 무사나 서민의 신분 구별 없이 입학을 허가했던 향교도 있었다.

에도 시대 대표적 향교라 하면 오카야마[岡山] 번주 이케다 미쓰마사[池田光政]의 명에 의해 1700년대 초반에 완성된 시즈타니[閑谷] 혹은 시즈타니코[閑谷黌], 이세자키번[伊勢崎藩]의 25개의 향교, 미토번[水戶藩]의 15개의 향교가 있다.

사숙(私塾)의 발달

사숙은 일반적으로 교사의 사택에 교장(敎場)을 만들어 학문이나 예능을 전문적으로 교습하는 교육시설이었다. 사숙은 본래 고대・중세의 비전사상(秘傳思想)의 흐름을 이어받아, 사제지간의 긴밀한 인관관계를 바탕으로 특정한 학파나 유파(流派)의 심오한 학문과 예능의 세계를 전수하는 것을 목적으로 만들어진 것이었다. 그러나 에도 시대에 들어서는 시대의 추이와 함께 점차 공개적 교육기관으로 변모해갔고, 근대의 학교로 발전할 조건을 갖추어 나갔다.

　막부 말기의 사숙에는 한학숙(漢學塾)·습자숙(習字塾)·산학숙(算學塾)·국학숙(國學塾)·양학숙(洋學塾) 등 특정 분야를 전문적으로 가르치는 사숙뿐만 아니라, 이들 과목을 통합해서 가르치는 사숙 등, 등 다양한 성격의 사숙이 있었다. 막부는 한학, 그중에서도 특히 유학(儒學)을 교학의 중심에 두고 학문을 장려했기 때문에 에도 시대 때는 뭐니 뭐니 해도 유학을 가르치는 한학숙이 가장 발달했었고 그 수도 가장 많았다. 유명한 유학자가 개설한 사숙에는 많은 문제(門弟)들이 몰려들어 뛰어난 인재를 배출했는데, 에도 시대 초기에는 양명학파(陽明學派)의 나카에 도주[中江藤樹]가 1639년 이전에 오미[近江], 현재의 시가현[滋賀縣] 다카시마시[高島市]에 설립한 도주서원(藤樹書院), 1662년 고학파(古學派) 이토 진사이[伊藤仁齋]가 교토의 호리카와[堀川]에 설립한 고기도[古義堂], 다른 이름으로 호리카와주쿠[堀川塾], 호리카와학교[堀川學校] 등이 유명했고, 에도 후기에 생긴 사숙 중에는 히로세 단소[廣瀨談窓]의 간기엔[咸宜園], 말기에는 다카스기 신사쿠[高杉晋作]·이토 히로부미[伊藤博文] 등 메이지 신정부에서 활약한 많은 인재를 낸 요시다 쇼인[吉田松陰]의 쇼카손주쿠[松下村塾] 등이 유명했다.

　또한 습자숙(習字塾)이나 산학숙(算學塾) 혹은 소로반숙처럼 주로 서민의 자제를 대상으로 하는 사숙도 막부 말기에는 전국 각지에 많이 생겨났는데, 학습 내용이나 체제에 있어서 데리코야와 구별할 수 없는 것도 많았으며, 이 또한 데라코야와 함께 학제 반포 이후 소학교 설립의 모체가 되었다. 또한 막부 말기에서 메이지유신을 전후로 하는 시기에는 존황사상(尊皇思想)과 관련 깊은 국학숙·황학숙(皇學塾)도 많이 생겨났고, 이와 대조적으로 서구문화의 도입에 따라 서구의 문화를 배우는 양학숙(洋學塾)도 발달했다.

막부 말기의 사숙은 막부나 번 등의 제도와는 관계없이 필요에 의해 개인의 의지에 따라 개설된 사설 교육기관으로서, 번교나 데라코야와 같은 신분상의 차별에 따른 입학의 제약도 적고, 대부분은 무사와 일반 평민들이 한데 섞여 학문을 배우는 교육기관으로, 근대교육제도의 사립학교의 전신 또는 모체로서 중요한 의의를 갖는다.

서양학문에 대한 관심

막부 말기서부터 메이지유신을 전후로 하는 시기에 난학(蘭學)이라 불리던 양학(洋學)이 급속도로 발달·보급되었다. 난학은 원래 의학(醫學)을 중심으로 하는 네덜란드 학문을 연구하거나, 아니면 널리 네덜란드의 학문 그 자체를 가리키는 말이다. 에도 시대는 막부의 쇄국정책에 따라 서구와의 통상·교류는 오랜 세월 네덜란드 한 나라로 한정되어 있었기 때문이다. 그러나 막부 말기라 할 수 있는 1858년 가나가와(神奈川), 니가타(新潟), 나가사키(長崎), 효고(兵庫)의 4개 항의 개항 이후 양학이라 불리며 새롭게 일본에 소개된 영국·프랑스 등 유럽의 학술·문화·기술 등이 물밀 듯이 밀려들어오는데, 양학을 그냥 난학이라 부르는 경향 또한 강하게 남아 있었다. 따라서 난학이란 양학이란 말과 함께 서양의 학문 전반을 가리키는 말로 이해하면 될 것이다.

일본에 처음 난학을 소개한 것은 주로 나가사키에 상주하던 네덜란드어 통역관들이었다. 이후 국학자 아라이 하쿠세키(新井白石, 1657~1725)가 『서양기문(西洋紀聞)』(1715)을 통해 해외에 대한 개명(開明)적인 이해를 나타낸 이후, 도쿠가와 요시무네(德川吉宗)가 한역난서(漢譯蘭書)의 수입 금지를 완화하고, 아오키 곤요(靑木昆陽, 1698~1769), 야로 모토타케(野呂元丈, 1693~1761) 등에게 네덜란드어 학습을 명하여 실학을 장려한 후부터 서양학문에 대한 연구가 활발해졌다.

에도 시대 후기에 들어서면 사쓰마번(薩摩藩)의 시마즈 시게히데(島津重豪, 1745~1833)를 비롯한 재력 있는 서국대명(西國大名)들 가운데에서도 난벽대명(蘭癖大名)이라 불릴 정도로 난학에 심취한 자들이 나타났고, 그들의 지원을 받아 난학은 한층 활기를 띤다. 1774년에는 스기타 겐파쿠(杉田玄白, 1733~1817), 마에노 료타쿠(前野良澤, 1723~1803) 등이 네덜란드 의학서 *Tafel Anatomia*(타헬 아나토미아)[4]를 번역한 『해체신서(解体新書)』(1774)를 간행하였고, 시즈키 다다오(志筑忠雄, 1760~1806)는 뉴튼의 역학(力學)을 연구한 『역상신서(曆象新書)』(1798~1802) 3권을 번역하기도 했다. 또한 히라가 겐나이(平賀源內, 1728~1779)는 난학을 바탕으로 한난계(寒暖計)를 발명하기도 했으며, 데비(出羽)의 구보타번(久保田藩)에서는 겐나이의 난화(蘭畵) 지도에 의해 아키타난화(秋田蘭畵)의 흥륭을 이루기도 했다.

막부의 천문방(天文方)에서는 세계지도의 번역 사업을 통해 『신정만국전도(新訂万國全図)』(1810)를 간행했다. 이세(伊勢)의 상인 다이코쿠야 미쓰다유(大黑屋光太夫, 1751~1828)는 1782년에 항해 도중 표류해 아류샨 열도에

------

[4] 독일인 의사 크루무스가 쓴 *Anatomische Tabellen*(解剖図譜)를 네덜란드 의사 딕텐이 네덜란드어로 번역한 *Ontleedkundige Tafelen*의 일본에서의 통칭.

서 러시아로 건너가 십 수년을 머문 후 귀국을 했는데, 그의 풍부한 해외 지식을 가쓰라가와 호슈(桂川甫周, 1751~1809)가 『북차문략(北槎聞略)』(1794)으로 정리해 난학 발전의 자극이 되었다. 사전은 하르마의 『난불사전(蘭仏辞書)』을 바탕으로 1796년에는 일본 최초의 난화(蘭和)사전이 이네무라 산파쿠(稻村三伯, 1758~1811)・우다가와 겐즈이(宇田川玄隨, 1755~1797) 등에 의해 편찬되어 1798년 『하르마와게[和解]』로 간행되기도 하였다.

반쇼시라베쇼 〔蕃書調所〕

난학이 유행함에 따라 막부는 천문학자 다카하시 가게야스(高橋景保, 1785~1829)의 제안에 따라 1811년 천문을 관장하는 부서인 천문방(天文方)에 반쇼와게고요[蛮書和解御用]를 따로 설치해 난서(蘭書)와 외교문서 등의 양서번역을 담당케 했다. 에도 시대 초기에 만들어진 천문방(덴몬가타)은 나중에는 천문력도(天文暦道) 이외에도 측지(測地), 지도의 제작, 양서의 번역, 해외사정의 조사, 외교사무 등을 담당하는 등, 양학에 관련된 사항을 총괄하는 막부의 중요한 기관이 되었다.

에도 말기, 긴박하게 돌아가던 국・내외 정세 속에서 대외관계의 긴박화에 따른 외교사무의 중요성의 증대에 따라 반쇼와게고요를 대신해 양학소(洋學所)를 설치하였고, 1856년에는 반쇼시라베쇼[蕃書調所]로 그 이름과 조직을 개편하였다. 여기에서 처음으로 반쇼시라베쇼가 막부의 양학기관으로써 정식 설립된 것이다. 반쇼시라베쇼에서는 바로 학생을 모집하고 막신(幕臣)의 자제들을 입학시켜 1857년부터 수업을 개시했는데 학생 수는 191명 정도였다고 한다.

양학연구와 함께 양학을 가르치는 교육기관으로서의 반쇼시라베쇼는 1862년부터는 그 대상언어를 종래의 네덜란드어에서 영어·불어·독일어 등으로 확대해 나갔다. 그 후 반쇼시라베쇼는 1862년 요쇼시라베쇼(洋書調所)라 개칭을 하였고, 1863년에는 다시금 가이세이조(開成所)라 이름을 바꾸었다. 가이세이조는 메이지 신정부 출범 이후에도 양학연구의 메카로 자리매김을 하며, 가이세이각코(開城學校)·대학남교(大學南校) 등을 거쳐 훗날 도쿄대학(東京大學)으로 발전하게 된다.

막부 말기의 양학기관으로서 반쇼시라베쇼와 함께 중요한 역할을 담당했던 곳이 바로 바로 나가이 나오무네(永井尙志, 1816~1891)와 기무라 가이슈(木村芥舟, 1830~1901)의 나가사키(長崎) 해군전습소(海軍傳習所)였다. 이 전습소에서는 네덜란드인으로부터 직접 과학기술의 전수를 받았다. 나가사키해군전습소는 페리 내항 후 얼마 지나지 않아 막부가 나가사키부교(長崎奉行)을 통해 네덜란드로부터 함선(艦船)을 기증받고 교관대(敎官隊)를 초빙하여 항해술·포술 등의 전습을 받기위해 설치한 기관이었다. 1855년 첫 번째 전습이 이루어졌고, 1857년에 두 번째 전습이 이루어졌다. 이 교습소는 1859년에 폐쇄되는데, 비록 설치 기간은 짧았지만 당시 일본의 근대화에 많은 영향을 미쳤다.

먼저 해군전습소에서는 네덜란드어를 비롯해 항해술·조선술·포술·측량술·기관학(機關學) 등을 교수하고, 또한 그것의 기초가 되는 서양 수학·천문학·지리학 등을 가르쳤다. 전습소에는 막부에서뿐만 아니라 여러 번으로부터 다수의 인재들이 몰려들어 네덜란드 교관들로부터 직접 기술을 전수받았다. 이곳에서 배운 사람들 중에는 가쓰 가이슈(勝海舟, 1822~1899)를 비롯해 막부 말기와 유신기(維新期)에 걸쳐 활약하는 지도적 인재가 다수 포함되어 있다. 그 밖에도 막부가 1859년 쓰키지[築地]의 강무소(講武所)[5] 내에 설치한 양식 군함의 교련소(敎鍊所)인 군함조련소(軍艦操鍊所)도 막부의 대표적 양학기관으로서 유명하다.

그 밖에도 막부 말기에 막부에서 관심을 가졌던 양학은 다카시마 슈한(高島秋帆, 1798~1866)의 서양포술, 에가와 히데타쓰(江川英龍, 1801~1855)의 니라야마반사로[韮山反射爐], 사쿠마 쇼잔(佐久間象山, 1811~1864)의 대포 주조, 가쓰 가이슈[勝海舟]의 고베해군조련소[神戶海軍操鍊所] 등 군사적·실학성이 강한 것들이었다.

난학(蘭學)에 대한 탄압

1823년에는 나가사키[長崎] 데지마[出島]의 네덜란드상관(商館)의 난관의(蘭館医)로서 일본에 온 독일인 의사 시볼트(Philipp Franz Balthasar von Siebold, 1796~1866)가 나가사키 외곽에 나루타키주쿠[鳴瀧塾]를 열고 의학을 중심으로 한 난학을 가르쳐 큰 영향을 주었다. 그러나 난학의 융성은 동시에 그 사상적 영향이 막부의 지배체제를 흔들 것이라는 우려의 목소리

---

5 1854년 에도 막부가 하타모토[旗本]와 고케닌[御家人]에게 검술(劍術)·창술(槍術)·포술(砲術) 등을 강습시키기 위해 설치한 무도장(武道場). 1866년 육군소(陸軍所) 설치에 따라 폐지되었다.

가 막부 내부에서 높아지기 시작했다. 마침내 막부는 난학의 자유로운 연구를 억압하기 위한 여러 시책을 만들어냈다. 난서의 번역출판을 규제함과 동시에 막부가 난학의 지식을 독점적으로 장악하여 이를 이용하려 하였고, 이러한 움직임은 1821년의 출판단속령(出版取締令)과 시볼트사건,[6] 반샤노고쿠(蛮社の獄) 등, 난학에 대한 일련의 탄압사건으로 나타났다.

1839년 천문방의 견습생이었던 시부카와 히로나오(澁川敬直, 1815~1851)는 로쥬(老中) 미즈노 다다쿠니(水野忠邦, 1794~1851)에게 의견서(意見書)를 제출하여 네덜란드 풍설서(風說書)는 통사(通詞)를 거치지 않고 나가사카 부교(長崎奉行)로부터 직접 에도로 상정(上呈)해서 일본 국외의 정보가 민간에 들어가기 쉬우니 이를 엄히 단속할 것, 네덜란드어를 비롯해 서양서적에 대한 검열과 번역에 대한 규제를 강화할 것, 천문방의 업무와 의사가 난방의학(蘭方医學)을 배우는 것 이외에 일절 난학을 금지할 것 등을 강력히 제언했다. 여기에는 사부카와를 포함한 천문방이 자기들의 조직을 유지를 위해 태양태음력(太陽太陰曆)의 유지와 난학을 포함한 양학에 관한 지식을 독점하기 위한 속내가 있었다. 상소가 바로 받아들여지지는 않았지만 1845년 7월에는 네덜란드어 등의 번역서에 대한 출판 권한이 마치부교(町奉行)에서 천문방으로 이관되었다.

그러던 중에 1849년에 한방의(漢方医)와 난방의(蘭方医)의 대립이 심화

---

[6] 1828년 9월 임기가 끝나 귀국하던 시볼트를 태운 배가 폭풍우를 만나 난파하게 되는데, 그 짐 속에서 이노 다다타카(伊能忠敬)의 일본지도 등 많은 금제품(禁制品)이 발각되어, 1년간 조사 끝에 시볼트가 추방된 사건. 이 사건에 천문방(天文方)이었던 다카하시 가게야스를 비롯한 많은 난학자들이 연루되어 처벌을 받았다.

〈그림 19〉 데시마 전경

되자, 한방의 측의 정치공작도 있고 해서 난학에 대한 단속이 시작된다. 같은 해 3월 막부의(幕府医)의 난방의술 사용이 금지되고, 모든 의학서는 한방의가 장악하고 있던 의학관(医學館)의 허가를 받도록 하였다. 또한 이듬해인 1850년에는 난서를 수입함에 있어 나가사키부교(長崎奉行)의 허가를 받게 하였고, 해방(海防)에 관련된 서적을 번역 중인 번(藩)은 로주에게 서명(書名)을 제출하고 번역물 1부를 천문방에 제출하도록 하였다. 이러한 일련의 '난서번역단속령'에 의해 난학 관련 서적의 출판이 어렵게 되었고, 난학의 자유로운 연구에 제동이 걸렸다.

에도 말기 외세의 강압에 의해 개국을 하자, 영국・프랑스・독일 등, 종래의 네덜란드 이외의 서구 여러 나라의 학문이 일본으로 대량으로 유입되었다. 이에 막부는 1858년 6월부터 새로 찍는 번서와 번역서는 신설된 반쇼시라베쇼에 제출하게 하여 이를 검열하였다. 그러던 중에 막부는 같은 해 7월 돌연 막부의에 대한 화란겸학(和蘭兼學)을 인정하는데, 이런 와중에 이토 겐보쿠(伊東玄朴, 1800~1871), 도즈카 세이카이(戶塚靜

海, 1799~1876) 등의 난의(蘭醫)가 장군과 그 가솔의 주치인 오쿠이시[奧医師]에 등용되기에 이르렀다. 이어서 안세이[安政]의 5개국조약의 발효에 따라 외국과의 무역이 본격화되자, 난서를 비롯한 양서가 각지의 개항지를 통해 무차별적으로 유입되었고 이에 수입허가제는 점차 유명무실해져 갔다.

번사의 옥〔蠻社の獄〕

번사[蛮社]란 번학사중[蛮學社中]의 약자로 양학으로 결사한 사람들이라는 의미로, 난학숙을 중심으로 모인 사람들 정도로 해석할 수 있을 것이다. 다하라번[田原藩]의 가로(家老) 와타나베 가잔(渡辺崋山, 1793~1841)은 번정 개혁을 위해 다카노 조에이(高野長英, 1804~1850), 고세키 산에이(小關三英, 1787~1839) 등의 난학자들과 상치회(尙齒會)라는 모임을 통해 서양지식 흡수에 진력했다. 여기에 막신(幕臣)・제 번사(藩士) 등이 가세해 그 세력이 점점 커져갔다. 이에 막신으로서 주로 다이묘[大名]를 감찰하는 임무인 메쓰케[目付]였던 도리이 요조(鳥居耀藏, 1796~1873)는 가잔을 위시로 한 난학자들을 못 마땅히 여겼다. 때마침 1837년 6월 표면적으로는 일본인 표류민의 송환을 위해서라지만 내심 일본과의 무역을 바라며 우호적인 제스쳐를 취하고 있던 미국 상선 모리슨호가 에도만[江戶湾]에 들어오자 이국선추방령[異國船打拂令]에 따라 우라가[浦賀]에서 이를 격퇴하는 사건이 일어났다. 이에 가잔은 『진기론(愼機論)』(1838)을, 조에이는 『무술꿈

이야기[戊戌夢物語]』(1838)등의 저술을 통해 세계사의 흐름을 읽지 못하고 인도(人道)에 반한 행동을 했다며 막부를 비판한다.

1839년 로주 미즈노 다다쿠니는 수구파인 도리이와 개명파인 이즈[伊豆] 니라야마[韮山]의 다이칸[代官] 에가와 히데다쓰(江川英龍, 1801~1855)에게 에도만의 소나에바[備場] 순시를 명한다. 이에 에가와는 가잔에게 조언을 구했고 가잔은 에도만 방비의 의견서와 『서양사정서(西洋事情書)』 등을 에가와에게 주었다. 도리이는 에가와가 가잔과 친분이 있다는 것을 알고 가잔이 조에이 등과 난학을 통해 막부를 비판했다는 누명을 씌워 같은 해 5월 가잔과 조에이 등 개명파(開明派) 난학자들을 체포하였다. 이에 막부를 비판했다는 죄목에 따라 같은 해 12월 가잔에게는 다하라[田原]에서 칩거할 것을, 조에이에게는 영뢰(永牢)라는, 지금으로 말하자면 무기징역의 판결이 내려졌다. 고세키 산에이[小關三英]는 자기도 죄에서 벗어나기 힘들다 생각해 자결하였고, 가잔과 조에이도 결국 자살을 하기에 이른다. 이 사건을 계기로 난학・난학자들에 대한 막부의 탄압이 본격화되며, 막부 내에서도 수구파와 개명파 간의 대립이 현저해지기 시작한다.

난학숙(蘭學塾)

메이지 신정부에 의해 추진된 교육의 근대화 정책 수립과 이를 실시하는데 있어 서양의 교육정보는 매우 큰 역할을 했다. 서양의 교육정보는 주로 난학숙(蘭學塾)・양학숙(洋學塾)이라 불리는 서양의 학문, 즉 양학을 사사(師事)하는 특정 교육집단에 의해 일본에 소개되었다. 난학은 일본에 가장 먼저 들어온 서양 학문이 네덜란드의 학문이었고, 에도 말기 개항 이후 영국의 학문과 프랑스의 학문이 가세하면서 서양의 학문을 총칭해 양학이라는 이름으로 불리기 전까지 서양 학문 전체를 가리키는 말로써 통용되었다.

주지하는 바와 같이 에도 막부는 나가사키 데지마(出島)에 한해 중국과 네덜란드와의 교역을 허용하기는 했어도 기독교의 확산을 우려해 서양과의 교역을 금지하는 강력한 쇄국정치를 실시했다. 난학이라는 말로 대표되는 서양의 학문의 수입 또한 금지하였는데 8대 장군 요시무네(吉宗) 때에 이르러 막정(幕政) 개혁의 일환으로 규제를 풀어 이때부터 서양학문에 관한 본격적인 연구가 시작되었다. 그러나 의학을 중심으로 하는 초기 난학은 데지마의 네덜란드 상관의(商館医)에게 지도를 받은 몇몇 통역관들을 중심으로 홍모외과(紅毛外科)라 부르는 화양절충(和洋折衷)식 의학을 자식에게 전수하는 일자상전(一子相伝)식 유파를 낳았을 뿐 본격적인 연구가 이루어지지는 않았다.

이러한 상황을 타개한 것은 앞에서도 언급하였듯이 서양학문의 해금 이후 약 50여 년이 지난 후에 난의(蘭醫) 마에노 료타쿠(前野良澤)와 스기타 겐파쿠(杉田玄白) 등이 독학으로 서양의학서를 번역 출판한『해체신서(解体新書)』였다. 이『해체신서』의 성공에 의해 겐파쿠 밑에 서양의 학문을 배우려는 많은 이들이 모여들었고, 그들의 교육을 위해 난학숙 덴신로(天眞樓)가 창설되었다.

이렇듯 양학은 난학의 대명사인 의학계통의 학문으로부터 시작하여, 개항 이후에는 영국과 프랑스를 중심으로 하는 천문학·약학·화학 등의 자연과학 분야와, 병법과 역학 등 군사와 관련된 학문, 거기에

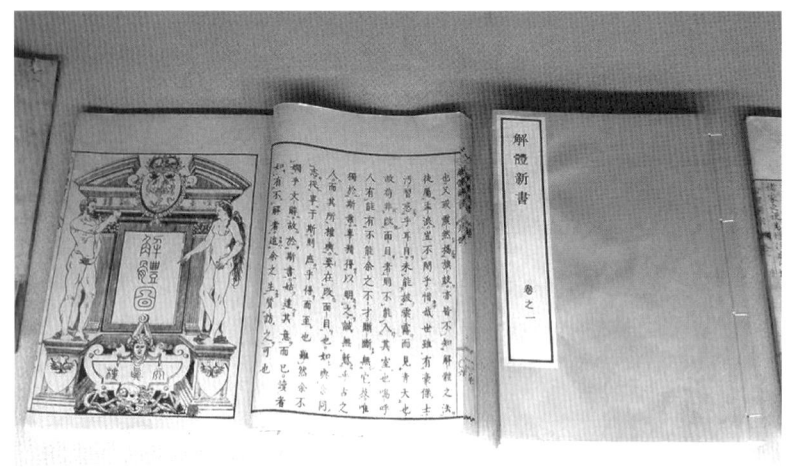

〈그림 20〉 데키주쿠[適塾] 소장의 『해체신서(解体新書)』

세계지리와 세계사 등의 인문학 등의 분야로 점차 확대되어 갔다.

또한 양학은 에도 시대의 관학이었던 주자학과는 달리 일상생활에 직접 도움이 되는 실학(實學)적 학문이 주를 이루었는데, 에도 말기에 들어서는 많은 젊은 지사(志士)들은 자신들을 위협하는 서양에 대한 관심과 이를 극복하기 위한 하나의 수단으로써 양학에 관심을 갖게 되었고 이를 배우기 위해 사숙에 모여들었다.

난학을 처음으로 조직적으로 가르치기 시작한 것은 덴신로에서 수학한 난방의 오쓰키 겐타쿠(大槻玄澤, 1757~1827)였다. 오쓰키는 무쓰(陸奧) 지방 이치노세키번[一關藩]의 번의(藩医)였던 겐료(玄梁)의 영향으로 의사 다케베 세이안[建部清庵]에게 의학을 배우고, 에도로 나와서는 스기타 겐파쿠와 마에노 료타쿠에게 난학을 배웠다. 1785년에는 나가사키로 가 네덜란드어 통역관 모토키 요시나가[本木良永] 밑에서 네덜란드어를 배웠다. 이듬해 다시 에도로 돌아와 시란도[芝蘭堂]라는 난학숙을 열고 네덜란드 의학서를 통한 의학지식 교수와 직접 자신이 경험한 임상적 지식과 기술을 전수했다. 이를 바탕으로 1871년 『난학계제(蘭學階梯)』 2권을 1783년에 완성하여 1788년에 간행하였다. 『난학계제』는 난학을 소개한 입문서로서 많은 이들에게 영향을 미쳤다. 또한 스승인 스기타 겐파쿠의 지시로 『해체신서(解体新書)』의 개정(改訂)과 엘 하이스텔(L. Heister)의 외과서(外科書)의 번역 등을 묶어 1826년에 『중정 해체신서(重訂解体新書)』 13책과 『양의신서(瘍医新書)』 4책을 간행하기도 하였다.

또한 같은 난방의 오가타 고안(緒方洪庵, 1810~1863)은 에도의 쓰보이 신도[坪井信道]의 주쿠에 들어가 난학을 배우고 우타가와 신사이[宇田川榛齋], 미쓰쿠리 겐포[箕作阮甫] 등에 사사를 받았다. 고안은 『인신궁리소해(人身窮理小解)』, 『시력빈약병론(視力乏弱病論)』, 『화한사회약설(和蘭詞解略說)』, 『백내예치술집편(白內翳治術集編)』 등의 의학서의 번역을 통해 네덜란드 의학을 소개하는 한편, 1838년에는 오사카에 데키주쿠[適塾]을 열어 제자 양성에 진력했다. 오가타의 사숙에는 한때 600명이 넘는 학생들이 배웠다고 하며 외숙생(外塾生)을 합치면 2,000명 혹은 3,000명이 넘었다고도 한다. 후쿠자와 유키치[福澤諭吉]와 하시모토 사나이[橋本左內], 오무라 마스지로[大村益次郎] 등을 비롯하여 메이지 초기에 활약한 문화인들 중에는 이 데키주쿠 출신자가 많았다.

이토 겐보쿠는 16세 때 한방의술을 배우고 1822년에는 사가번의[佐賀藩醫] 시마모토 료슈쿠[島本龍嘯]에게 난학을 배웠다. 나가사키에서 네덜란드어를 배운 이토는 난방의학을 시볼트로부터 배운다. 1826년 에도에 난학숙 쇼센도[象先堂]에서 의학서를 번역하는 한편으로 난학을 가르쳤다. 1835년에 번역한 내과 계통의 의학서 『의료정시(医療正始)』 24권이 호평을 얻었고, 1838년에는 『우두종법편(牛痘種法篇)』을 번역해 출판했다. 1858년에는 오쓰키 슌사이[大槻俊齋] 등과 함께 간다[神田] 오타마가이케[お玉が池]에 종두소(種痘所)를 개설했는데, 이것이 1860년 막부 직할의 종두소가 되고, 이듬해에는 서양의학소(西洋醫學所)라 개칭되었다. 일명 의학소는 훗날 일본에 서양식 의료기관이 생기는 초석을 쌓았으며, 훗날 가이세이죠[開成所]와 함께 도쿄대학 창설의 모체가 되었다.

막부 말기가 되면 의학을 중심으로 하는 난학숙 이외에도 영학(英學)을 비롯해 프랑스학·독일학 등 특정 양학과 학문을 전수하는 많은 사숙이 개설되었다. 그 중에서도 영학숙이 가장 인기가 있었는데, 이는 양학의 대세가 난학에서 영학으로 옮겨갔음을 의미한다. 또한 양학숙에서 가르치는 내용도 항해·측량·조선·포술 등 국방과 군사에 관련된 학문·기술이 중시되게 되었다. 그러나 당시의 양학은 전문화된 기술을 배운다기보다는 어디까지나 전문기술을 배우기 위한 기초 과정으로써의 어학교육이 중심이었다.

이처럼 막부 말기에는 에도와 나가사키를 중심으로 막부가 직접 관할하는 양학기관이 발달하게 되는데, 여러 번에서도 양학에 대해 적극적으로 이를 받아들이려 했다. 뿐만 아니라 민간에서도 점차로 양학이 양학숙을 중심으로 발달해갔는데, 메이지유신 이후 신정부가 추진했던 교육의 근대화, 교육혁신이 성공할 수 있었던 조건은 이미 에도 시대 때 충분히 성숙해 있었다고 해도 과언이 아닐 것이다.

【참고문헌(參考文獻)】

김순전 외,『수신하는 제국』, 제이엔씨, 2004.
박삼헌,『근대 일본 형성기의 국가체제』, 소명출판, 2012.
박진우,『근대 일본 형성기의 국가와 민중』, 제이엔씨, 2004.
방광석,『근대 일본의 국가체제 확립과정』, 혜안, 2008.
윤종혁,『한국과 일본의 학제 변천 과정 비교 연구』, 한국학술정보, 2008.
이권희,『古事記 王權의 내러티브와 가요』, 제이엔씨, 2010.
이영미,『한국 대중가요사』, 민속원, 2006.
이지선,『일본의 전통공연예술』, 제이엔씨, 2007.
장인성,『메이지유신 현대일본의 출발점』, 살림, 2007.
한용진,『근대 이후 일본의 교육』, 문, 2010.

久米邦武, 정애영 역,『특명전권대사 미구회람실기』제1권 미국, 소명출판, 2011.
＿＿＿＿, 방광석 역,『특명전권대사 미구회람실기』제2권 영국, 소명출판, 2011.
＿＿＿＿, 박삼헌 역,『특명전권대사 미구회람실기』제3권 유럽대륙(상), 소명출판, 2011.
＿＿＿＿, 서민교 역,『특명전권대사 미구회람실기』제4권 유럽대륙(중), 소명출판, 2011.
＿＿＿＿, 정선태 역,『특명전권대사 미구회람실기』제5권 유럽대륙(하) 및 귀향일정, 소명출판, 2011.
堀尾輝久, 심성보・윤종혁 역,『일본의 교육』, 小花, 1996.
吉見俊哉 外, 이태문 역,『운동회 근대의 신체』, 논형, 2007.
鈴木正幸, 류교열 역,『근대 일본의 천황제』, 이산, 1998.
北桐芳雄 外, 이건상 역,『일본 교육의 역사』, 논형, 2011.
辻本雅史 外, 이기원・오성철 역,『일본교육의 사회사』, 경인문화사, 2011.
S. Edward, 김성곤 외역,『문화와 제국주의』, 창, 2001.

加藤陽子,『徵兵制と近代日本』, 吉川弘文館, 1996.
＿＿＿＿,『戰爭の日本近現代史』, 講談社現代新書, 2002.
＿＿＿＿・佐高信,『戰爭と日本人』, 角川oneテーマ21, 2011.
犬塚孝明,『密航留學生たちの明治維新』, NHKブックス, 2001.

鎌谷靜男,『尋常小學讀本唱歌編纂秘史』, 文芸社, 2001.
堀內敬三,『定本 日本の唱歌』, 實業之日本社, 1970.
_____・井上武士偏,『日本唱歌集』, 岩波文庫, 1958.
吉見俊哉 編,『1930年代のメディアと身体』, 靑弓社, 2002.
金田一春彦・安西愛子 編,『日本の唱歌』(上)明治編, 講談社文庫, 1977.
_____,『日本の唱歌』(中)大正昭和編, 講談社文庫, 1977.
_____,『日本の唱歌』(下) 學生歌・軍歌・宗敎歌編, 講談社文庫, 1982.
團伊玖磨,『日本人と西洋音樂』, NHK人間大學テキスト, 1997.
大久保利謙,『大久保俊謙歷史著作集 4明治維新と敎育』, 吉川弘文館, 1987.
_____ 編,『森有礼全集』1卷, 宣文堂書店, 1972.
渡辺裕,『歌う國民』, 中公新書, 2010.
東京芸術大學百年史編集委員會 編,『東京藝術大學百年史』, 音樂之友社, 1987.
東京芸術大學音樂取調掛研究班,『音樂敎育成立への軌跡』, 音樂之友社, 1976.
藤原正彦,『國家の品格』, 新潮社, 2005.
藤田圭雄,『歌の中の日本語』, 朝日新聞社, 1970.
藤田昌士,『學校敎育と愛國心』, 學習の友社, 2008.
明治維新史學會 編,『幕末政治と社會變動』, 講座明治維新 第2卷, 有志社, 2011.
毛利敏彦,『明治維新の再發見』, 吉川弘文館, 1993.
文部科學省 編,『學制九十年史』, 文部省, 1964.
_____,『學制百年史 記述編』, 文部省, 1972.
_____,『學制百年史 資料編』, 文部省, 1972.
_____,『學制百二十年史』, 文部省, 1992.
文部省音樂取調掛,『小學唱歌集』初編, 大日本圖書, 1887.
_____,『幼稚園唱歌集』第1編, 大日本圖書, 1887.
山東功,『唱歌と國語』, 講談社新書, 2008.
山室建德,『軍神』, 中新公書, 2007.
山住正巳,『唱歌敎育成立過程の硏究』, 東京大學出版會, 1967.
_____,『日本敎育小事』, 岩波新書, 1987.
_____,『敎育の大系』, 近代日本思想史大系 6, 岩波書店, 1990.
_____,『戰爭と敎育』, 岩波書店, 1997.
三谷博,『明治維新を考える』, 岩波書店, 2012.
小島憲之,『上代日本文學と中國文學』上, 塙書房, 1962.

小學校音樂敎育講座 2卷, 『音樂敎育の歷史』, 音樂之友社, 1983.
信夫淸三郎, 『明治維新』, 南窓社, 1978.
安田寬, 「歌導入の起源について」, 『山口芸術短期大學紀要』 第25卷, 山口芸術
　　　　短基大学, 1993.
_____, 『唱歌と十字架』, 音樂之友社, 1993.
羽仁五郎, 『明治維新硏究史』, 岩波文庫, 1978.
遠山茂樹, 『明治維新』, 岩波書店, 2000.
伊藤哲夫, 『敎育勅語の眞實』, 致知出版者, 2012.
伊澤修二(山住正已校注), 『音樂事始』, 平凡社, 1971.
伊澤修二 編, 『小學唱歌』 第1編, 大日本圖書株式會社, 1893.
伊澤修二君還曆祝賀會 編, 『樂石自轉敎界周遊前記』, 1912.
日本敎育音樂會 編, 『本邦音樂敎育史』, 音樂敎育出版協會, 1938.
猪瀨直樹, 『唱歌誕生』, 小學館, 2002.
赤澤四郎 外編, 『戰時下の宣傳と文化』, 現代史料出版, 2001.
田部先生還曆記念論文集刊行會編, 『東亞音樂論叢』, 山一書房, 1943.
田中彰, 『明治維新と西洋文明』, 岩波書店, 2003.
井上武士偏, 『日本唱歌全集』音樂之友社, 1972.
井上勝也, 『國家と敎育』, 晃洋書房, 2000.
町田嘉章・淺野建二編, 『わらべうた』, 岩波文庫, 1962.
井田麟鹿 編, 『七生報國廣瀨中佐』, 廣瀨家, 1928.
中村紀久二, 『敎科書の社會史 ―明治維新から敗戰まで』, 岩波新書, 1992.
千葉昌弘, 「自由民權運動の敎育史的意義に關する若干の考察」, 『敎育學硏究』,
　　　　第三九卷, 第一号, 日本敎育学会, 1972.
坂野潤治・大野健一, 『明治維新』, 講談社現代新書, 2010.
奧中康人, 『國家と音樂』, 春秋社, 2008.
海後宗臣 仲新 編, 『近代日本敎科書總說 解說篇』, 講談社, 1969.
_____, 『日本敎科書大系 近代編 第25卷 唱歌』, 講談社, 1965.
戶ノ下達也, 『音樂を動員せよ』, 靑弓社, 2008.
柿沼肇, 「國民の「戰爭体驗」と敎育の「戰爭責任」』, 近代文芸社, 2005.
黑埼勳, 「自由民權運動における公敎育理論の硏究」, 『敎育學硏究』, 第三八卷,
　　　　第一号, 日本敎育学会, 1977.
安田寬, 『「唱歌」という奇跡 十二の物語』, 文藝春秋, 2003.
井上光貞 外, 『律令』, 日本思想体系 3, 岩波書店, 1976.

明治維新史学会 編,『立憲制と帝國の道』, 講座明治維新 第5卷, 有志社, 2011.
田中彰,『明治維新』, 講談社學術文庫, 2003.

【초출일람(初出一覧)】

　본서는 이하의 6편의 논문을 바탕으로 이를 대폭 수정하거나 부분 발췌하여 연구서라기보다는 일반인들을 대상으로 하는 개론서 형태로 재구성하였다.

1. 「근대 일본의 '소리문화'와 창가 – 창가의 생성과 '음악조사계(音樂取調掛)'의 역할을 중심으로」, 『日本思想』제21호, 한국일본사상사학회, 2011.12.

2. 「근대기 일본의 국민국가 형성과 창가(唱歌) – 문부성창가(文部省唱歌)를 중심으로」, 『日語日文學硏究』제77집, 한국일어일문학회, 2011.5.

3. 「메이지(明治) 전기 국민국가 형성과 교육 – 학제(學制)의 변천과 창가(唱歌) 교육을 중심으로」, 『日本思想』제21호, 한국일본사상사학회, 2011.12.

4. 「메이지(明治) 후기 국민교육에 관한 고찰 – 창가(唱歌)를 통한 신민(臣民) 형성과정을 중심으로」, 『아태연구』제19집, 경희대학교 국제지역연구원, 2012.4.

5. 「근대 일본의 애국심교육에 관한 고찰」, 『日本硏究』제20집, 고려대학교 일본연구센터, 2013.8.

6. 「근대 일본의 여성교육에 관한 고찰 – 메이지기(明治期) 창가(唱歌)교육을 중심으로」, 『인문과학연구』제38집, 강원대학교 인문과학연구소, 2013.9.

근대일본의 국민국가 형성과 교육 | **찾아보기**

ㄱ

가부키(歌舞伎) 87, 89
가숙(家塾) 184, 186, 187, 188
가쓰 가이슈(勝海舟) 45, 105, 200
가쓰라가와 호슈(桂川甫周) 198
가이세이각코(開成學校) 30
가이세이조(開成所) 24, 30, 50, 104, 199, 208
가카쿠(雅樂) 87
간다 다카히라(神田孝平) 91
간이농업학교규정(簡易農業學校規程) 27
개정교육령(改定敎育令) 26, 63, 68, 74, 75, 78, 137, 138
검정교과서(檢定敎科書) 149, 152
견구사절단(遣歐使節團) 31
견미사절단(遣米使節團) 31, 99
고등여학교령(高等女學校令) 27
고등학교령(高等學校令) 27
고베해군조련소(神戶海軍操練所) 200
고토 쇼지로(後藤象二郞) 34, 35
공리주의(功利主義) 4, 46, 55, 57
공업교원양성규정(工業敎員養成規程) 27
교과서 검정제(檢定制) 26
교과서 국정제(國定制) 27

교과서의옥사건(敎科書疑獄事件) 153
교과통합(敎科統合) 151, 164
교유소(敎諭所) 184, 190
교육령(敎育令) 5, 23, 24, 26, 42, 59, 61, 62, 63, 69, 72, 73, 94, 107, 125, 169
교육칙어(敎育勅語) 15, 22, 26, 68, 180
교토여학교(京都女學校) 94, 98
교토제국대학(京都帝國大學) 27
교학대지(敎學大旨) 65, 73, 125
교학성지(敎學聖旨) 63, 65, 66, 67, 68, 73, 124, 125, 127, 130, 133, 135, 138, 148, 149, 180
구국미담(救國美談) 7
구메 구니타케(久米邦武) 39, 112
구화사상(歐化思想) 63, 73, 75, 78
국가교육사(國家敎育社) 145, 146
국가주의(國家主義) 55, 68, 73, 74, 75, 76, 77, 80, 133, 147, 149
국가주의사상(國家主義思想) 68, 137, 146, 182
국민개학(國民皆學) 18, 23, 50, 51, 55, 56, 57
국악창성(國樂創成) 113, 115, 120, 157, 179
국정교과서(國定敎科書) 149, 153, 154, 168
국체(國體) 43, 58, 68, 74, 76, 78, 79, 80, 127, 133, 148, 155, 163, 171, 175, 180
국체사상(國體思想) 138

국학(國學) 24, 28
군국미담(軍國美談) 150, 168, 171
군신(軍神) 166, 167, 168
군악(軍樂) 96
군인칙유(軍人勅諭) 21
군함조련소(軍艦操練所) 99, 200
기도 다카요시[木戸孝允] 18, 20, 25, 34, 35, 40, 52, 59, 63, 70
기원절(紀元節) 77, 172
기타하라 하쿠슈[北原白秋] 148, 181

ㄴ

나고야사범학교[名古屋師範學校] 127, 140
나카에 도주[中江藤樹] 195
난학(蘭學) 91, 184, 196, 197, 198, 200, 201, 202, 204, 205, 206, 208
난학숙(蘭學塾) 185, 203, 204, 205, 206, 207, 208
노가쿠[能樂] 87, 89
니노미야 손토쿠[二宮尊德] 190
니지마 시게키[新島繁] 133

ㄷ

다나카 후지마로[田中不二麿] 33, 39, 42, 59, 61, 75, 78, 101, 102, 107, 108, 110, 111, 112
다마마쓰 미사오[玉松操] 24, 28
다치바나 중좌[橘中佐] 165
대교선포의 칙[大教宣布の勅] 25
대정봉환(大政奉還) 14, 17, 20, 179
대학교(大學校) 25, 29, 41
대학남교(大學南校) 30, 99, 100, 104, 199
대학동교(大學東校) 30
대학료(大學寮) 29, 49
덕육(德育) 62, 64, 67, 69, 73, 78, 121, 126, 129, 133, 137, 138, 147, 149, 180

데라지마 무네노리[寺島宗則] 65, 112
데라코야[寺子屋] 47, 50, 51, 97, 184, 185, 190, 191, 192, 193, 194, 195, 196
데지마[出島] 200, 205
데키주쿠[適塾] 207
도리이 요조[鳥居耀藏] 203
도제학교규정(徒弟學校規定) 27, 81
도쿄대학(東京大學) 26, 50, 75, 84, 99, 100, 104, 105, 199, 208
도쿄사범학교[東京師範學校] 106, 110, 118, 120, 123, 134, 135
도쿄여자사범학교[東京女子師範學校] 94, 97, 98, 110, 118, 123, 141, 144
도쿄예술대학[東京藝術大學] 104, 106, 136, 146
도쿄음악학교[東京音樂學校] 84, 96, 104, 106, 115, 146, 152, 161, 179
도쿠가와 막부(幕府) 14
독학제(督學制) 49
동양도덕(東洋道德) 45, 57, 133
동요운동(童謠運動) 181

ㄹ

러일전쟁[露日戰爭] 22, 24, 80, 150, 165, 166, 167, 168

ㅁ

마에노 료타쿠[前野良澤] 197, 205, 206
마에지마 히소카[前島密] 39
메가타 다네타로[目賀田種太郎] 104, 107, 108, 112, 118, 182
메이로쿠사[明六社] 91
메이슨(Luther Whiting Mason) 105, 107, 108, 110, 116, 117, 118, 119, 120, 134, 137, 141, 143

찾아보기 215

메이지유신[明治維新]　　13, 14, 15, 16, 17, 18,
　　22, 24, 28, 48, 57, 69, 73, 81, 99, 125, 185,
　　190, 195, 196, 208
모리 아리노리[森有礼]　　26, 51, 68, 74, 75, 76,
　　117, 146, 147, 172
모토다 나가자네[元田永孚]　　26, 65, 78
무가[武家]　　184, 185, 187, 193, 194
문부성[文部省]　　4, 25, 48, 94
문부성창가[文部省唱歌]　　149, 150, 153, 160,
　　163, 180, 181
미즈노 다다쿠니[水野忠邦]　　201, 204
민선의원설립건백서[民選議院設立建白書]　70
민요[民謠]　　87, 120

ㅂ

반샤노고쿠[蛮社の獄]　　201
반쇼시라베쇼[蕃書調所]　　24, 198, 199, 202
반쇼와게고요[蛮書和解御用]　　198
번교[藩校]　　50, 51, 184, 187, 188, 189, 190,
　　193, 194, 196
병제[兵制]　　18, 31
병학숙[兵學塾]　　185
보육창가[保育唱歌]　　98
보통교육　　6, 32, 39, 40, 41, 42, 43, 44, 45, 83
부현시정순서[府縣施政順序]　　25, 47
부현학교조사국[府縣學校取調局]　　47, 48

ㅅ

사농공상[士農工商]　　18, 184
사범학교령[師範學校令]　　26, 51, 74
사숙[私塾]　　21, 50, 51, 184, 185, 186, 187, 194,
　　195, 196, 206, 207, 208
사이고 다카모리[西鄕隆盛]　　20, 21, 34, 35
사이조 야소[西條八十]　　181

사쿠마 쇼잔[佐久間象山]　　45, 46, 52, 200
산조 도모미[三條實美]　　34
삼조[三條]의 교헌[敎憲]　　25
서남전쟁[西南戰爭]　　14, 21
소학교교칙강령[小學校敎則綱領]　　26, 169
소학교교칙대강[小學校敎則大綱]　　26
소학교령　　26, 75, 84, 147, 148, 151, 154
소학교령시행규칙[小學校令施行規則]　　27
소학교설비준칙　　77
소학교축일대제일의식규정[小學校祝日大祭
　　日儀式規定]　　26, 77
소학교칙[小學敎則]　　25, 59
소학규칙[小學規則]　　26
소학조목2건[小學條目二件]　65, 66, 67, 73, 125
쇼카손주쿠[松下村塾]　　46, 195
쇼헤이자카가쿠몬죠[昌平坂學問所]　　29, 50,
　　51, 104, 186
쇼헤이쾨[昌平黌]　　184, 185, 186, 187, 188
수신[修身]　　5, 68, 81, 125
수신주의[修身主義]　　76, 137, 149
스기타 겐파쿠[杉田玄白]　　197, 205, 206, 207
신도[神道]　　24
신도[臣道]　　190, 191
신도국교화정책[神道國敎化政策]　　25
신문지조례[新聞紙條例]　　21, 71
신민[臣民]　　4, 64, 68, 76, 171, 176, 180
실업교육국고보조법[實業敎育國庫補助法]　27
실업보습학교규정[實業補習學校規程]　　26,
　　81, 82
실업학교령[實業學校令]　　27, 82
심상소학교[尋常小學校]　　75, 81, 82, 144, 148,
　　150
심상중학교실과규정[尋常中學校實科規程]　27
심학강사[心學講舍]　　190

ㅇ

아라이 하쿠세키[新井白石] 197
아오키 곤요[靑木昆陽] 197
아이치사범학교[愛知師範學校] 94, 97, 101, 102, 104, 105, 109, 117, 118, 124, 137, 144
아이치사범학교연표[愛知師範學校年表] 102, 109, 124
야노 하루미치[矢野玄道] 24, 28
야로 모토타케[野呂元丈] 197
야마가타 아리토모[山縣有朋] 35
야마다 고사쿠[山田耕作] 181
야마즈미 마사미[山住正巳] 124, 134, 136
야스다 히로시[安田寬] 95, 117, 143
양명학(陽明學) 188
양명학파(陽明學派) 195
양학(洋學) 24, 187, 196
양학숙(洋學塾) 195, 196, 204, 208
어진영(御眞影) 77, 172
에토 신페이[江藤新平] 25, 34, 35
오가타 고안[緒方洪庵] 207
오바타 진자부로[小幡甚三郎] 32
오쿠나카 야스토[奧中康人] 112, 146
오쿠마 시게노부[大隈重信] 35
오쿠보 도시미치[大久保利通] 20, 33, 34, 35, 39
오키 다카토[大木喬任] 35, 48, 127
와라베우타[童謠] 87, 102, 103, 118, 137, 145, 152
와카모노구미[若者組] 190
와타나베 가잔[渡辺崋山] 203
왕정복고(王政復古) 17, 20, 28
요나누키[ヨナ拔き] 89, 105
요쇼시라베쇼[洋書調所] 199
요시다 쇼인[吉田松陰] 19, 45, 46, 195
유사전제(有司專制) 70
유학강요(幼學綱要) 65
음악과(音樂科) 90
음악전습소(音樂傳習所) 107, 115
음악조사계[音樂取調掛] 96, 98, 106, 107, 110, 111, 112, 114, 115, 118, 120, 121, 122, 124, 127, 128, 133, 135, 136, 137, 140, 141, 142, 143, 146, 147, 149, 152, 155, 156, 157, 178, 179
음악조사성적신보서(音樂取調申報書) 127, 129
음악조사소(音樂取調所) 115
의학교(医學校) 30, 32, 50
의학소(医學所) 30, 208
의학숙(醫學塾) 185
이국선추방령(異國船打拂令) 203
이노우에 가오루[井上馨] 34, 35
이노우에 고와시[井上毅] 26, 78, 81
이와쿠라 도모미[岩倉具視] 20, 21, 25, 29, 33, 34
이와쿠라사절단[岩倉使節団] 21, 23, 33, 39, 41, 42, 43, 59, 61, 101, 112
이타가키 다이스케[板垣退助] 34, 35, 70
이토 겐보쿠[伊東玄朴] 202, 207
이토 진사이[伊藤仁齊] 195
이토 히로부미[伊藤博文] 25, 26, 33, 36, 46, 61, 65, 70, 74, 117, 195
이학(異學)의 금(禁) 188
인형조루리[人形淨瑠璃] 89

ㅈ

자유교육령(自由敎育令) 26, 62, 68, 73, 78, 84
자유민권운동(自由民權運動) 14, 68, 69, 70, 71, 72, 78
자유민권주의(自由民權主義) 47
전문학교령(專門學校令) 27
전쟁영웅(戰爭英雄) 7, 150, 165, 166, 167, 168
제국대학(帝國大學) 74, 100
제국대학령(帝國大學令) 26, 27, 51, 74
제국의회(帝國議會) 22, 71
조쿠가쿠[俗樂] 109
조쿠쿄쿠[俗曲] 109
존황사상(尊皇思想) 63, 75, 195

종별 학교령 75
중소학교교칙(中小學校規則) 47
중학교령 26, 74
지방장관회의(地方長官會議) 26, 78
지우타(地歌) 87, 98
지육(智育) 62, 69, 73, 121
집회조례(集會條例) 21, 68, 71

ㅊ

찬미가(讚美歌) 95, 96
참방률(讒謗律) 21, 71
창가유희(唱歌遊戱) 94, 97, 98, 101, 102, 103, 105, 117, 118, 124, 127, 137, 144
천장절(天長節) 77, 172
청일전쟁(淸日戰爭) 22
축일대제일(祝日大祭日) 172
축일대제일의식창가(祝日大帝日儀式唱歌) 26, 172
축일대제일창가(祝日大祭日唱歌) 172
출판조례개정(出版條例改正) 21, 71
충군애국(忠君愛國) 5, 80, 133, 149, 180

ㅌ

태평악회(太平樂會) 112

ㅍ

판적봉환(版籍奉還) 21, 179
폐번치현(廢藩置縣) 17, 21, 48, 111, 179, 190
프란시스코 자비엘(Francisco Xavier) 95
프뢰벨(Friedrich Wilhelm August Frbel) 98, 100, 101, 102, 104, 105

ㅎ

하야시 라잔(林羅山) 185, 188
학구제(學區制) 49, 58, 62
학사제(學舍制) 24, 28, 57
학습원(學習院) 24, 29
학제(學制) 4, 18, 21, 23, 90
한학소(漢學所) 24
해군전습소(海軍傳習所) 199
향학(鄕學) 190, 193
화조풍월(花鳥風月) 128, 132, 137, 160, 162
화혼양재(和魂洋才) 45, 57
황도주의(皇道主義) 29, 63, 66, 67, 69, 73, 75, 135
황학(皇學) 29, 187
후쿠자와 유키치(福澤諭吉) 31, 41, 55, 63, 207
히라가 겐나이(平賀源內) 197
히라타 가네타네(平田鐵胤) 24, 28
히로세 중좌(廣瀨中佐) 165
히로타 류타로(廣田龍太郎) 181

글명

「교학성지(敎學聖旨)」 26
「소학교교원심득(小學校敎員心得)」 26
「아카이토리(赤い鳥)」 181
「5개조 서문(誓文)」 17, 18, 20, 25, 51, 52
「유학강요(幼學綱要)」 26
「인심교도의견안(人心敎導意見案)」 26
「학제규칙에 대한 칙유
    (學制規則につき勅諭)」 26
「학제에 관한 피앙출서
    (學制につき被仰出書)」 25, 52, 53, 55, 56

서명

『고등과음악(高等科音樂)』 150
『고등소학창가(高等小學唱歌)』 150
『교과적용 대첩군가(大捷軍歌)』 168
『교육잡지(教育雜誌)』 97
『교육칙어축일창가(教育勅語唱歌)』 162
『국민창가집(國民唱歌集)』 147
『도쿄예술대학백년사
 [東京藝術大學百年史]』 136
『메이로쿠잡지[明六雜誌]』 91
『메이지창가[明治唱歌]』 147
『보육창가(保育唱歌)』 141
『서양사정(西洋事情)』(초편) 31
『서양학교규범(西洋學校規範)』 32
『소학창가(小學唱歌)』 144
『소학창가집(小學唱歌集)』 94, 120, 121, 122,
 123, 124, 127, 129, 130, 131, 132, 133, 134,
 135, 137, 138, 140, 141, 143, 144, 145, 146,
 147, 152, 155, 156
『신정고등소학창가(新訂高等小學唱歌)』 150
『신정심상소학창가(新訂尋常小學唱歌)』 150,
 152
『심상소학독본창가(尋常小學讀本唱歌)』 150,
 151, 152, 153, 154, 155, 156, 157, 164, 180
『심상소학창가(尋常小學唱歌)』 150, 152, 156,
 157, 158, 159, 160, 162, 164, 168, 180
『역사교육애국창가(歷史教育愛國唱歌)』 162
『우타노혼(ウタノホン)』 150
『유치원창가집(幼稚園唱歌集)』 133, 141, 142,
 143, 146, 147, 152, 155, 156
『이사공정(理事功程)』 39, 42, 43
『창가(唱歌)』 98
『철도창가(鐵道唱歌)』 162
『초등과음악(初等科音樂)』 150
『특명전권대사미구회람실기(特命全權大使
 米歐回覽實記)』 39, 42, 112
『학문의 권장(學問のすすめ)』 55

『해체신서(解体新書)』 197, 205, 207